危机与转型

——百年变局下的欧盟发展战略

赵柯 著

Crisis and Transformation
—EU Strategy under the Profound
Changes Unseen in a Century

西苑出版社
XIYUAN PUBLISHING HOUSE
·北京·

序

英国著名政治学家塞缪尔·芬纳在其史诗级的巨著《统治史》中这样描述欧洲：自从西罗马帝国灭亡之后，欧洲的突出特征就是它从来没有停止前进的步伐，它总是躁动不安，总是跃跃欲试……欧洲大陆仿佛在全力追求什么，但这种追求却又永无止境，追求之路没有特定的终点。的确，今天的欧洲“躁动”依然，仍旧在联合的道路上四处奔跑，却始终找不到方向。没有人能说得明白处处以“欧洲”自居的欧洲联盟到底是一个什么样的政治组织；也没有人知道，作为“二战”之后一次大胆而又充满想象力的制度实验，一体化的联合之路又会把欧洲带向何方。

2016 年 6 月，欧盟在十年之后发布了第二份全球战略文件。对于欧盟自身的处境，其序言以略带“忧伤”的笔调写道：“我们联盟的目的，甚至是联盟的存在，正在受到质疑。”面对外部世界的重重危机和内部民众不断上升的质疑情绪，欧洲的“精英们”显得不再那么自信，带着一丝的无奈和怀旧式的迷茫，尝试着放下身段，摆出一副让“人民”选择未来的“谦卑”姿态（2017 年 3 月欧盟发布白皮书，提出未来五种可能的发展方向供各界讨论），但欧洲的民众似乎比欧洲的精英们更迷茫。当今世界面临“百年未有之大变局”，那么作为一支牵动全球格局变动的战略力量，欧洲的未来会是怎样的呢？本书的初衷就是尝试对这一问题进行回答。

社会学家迈克尔·曼曾说，社会现实之复杂，足以击败任何人想要完全理解自身处境的努力。在曼看来，相较于试图用一种理论去苦苦寻求社会发展演变背后根深蒂固的动力，更为有价值的工作是提供一种观察方式来重新审视这种根深蒂固的动力。曼认为，社会的发展是经济权力、政治权力、军事权力和意识形态权力这四种社会权力之间相互冲突、连接和组合的结果，其过程充满了偶然性。欧洲会向何处去？根据曼的分析框架，这取决于欧洲的社会市场经济制度、欧洲的一体化进程、欧洲的安全防务力量建设、欧洲价值观之间的相互碰撞与融合，以及这一过程中，欧洲解决自身结构性问题的方式。

那欧洲人会怎么做呢？经济学家斯蒂格利茨很肯定地说，作为一位政治预言家，他打赌欧洲会采取“蒙混过关”的方式，而非真正的改革。也许他是对的。欧洲人从“二战”之后一片废墟到如今能够打造出一栋虽然摇摇晃晃，但还过得去的“欧洲大厦”，本来就是蒙混过关。如果拉长时间的镜头，我们会看到“蒙混过关”也并非那么“可耻”，它恰恰是历史的本质，是对每一次迫在眉睫的危机的成功应对。目光短期的“蒙混过关”如果积少成多，成功穿透了历史的隧道，那么也就变成了所谓的“长远战略”。我们可以看看欧洲的一体化事业是否也是如此。

2022年3月30日于北京大有庄

目　录

Contensts

Crisis and Transformation

——EU Strategy under the Profound Changes Unseen in a Century

导　论

理解欧盟的危机与转型

欧盟处在十字路口。2008 年爆发的全球金融危机以及随之而来的欧洲主权债务危机（简称“欧债危机”），让欧盟及其成员国经历了严峻的挑战，欧元区甚至一度面临解体的风险。当前金融层面的威胁虽然已经大为缓解，但是，经济增长乏力、乌克兰危机、恐怖主义、难民潮、英国脱欧等挑战又接踵而至，新冠肺炎疫情大流行又使得欧洲经济社会面临“二战”后最为严重的冲击。多重危机之下，欧盟开启了艰难的改革与转型进程，力图通过“大胆变革”来实现“欧洲复兴”。作为全球三大经济体之一，欧盟综合实力雄厚，是全球重要的战略力量和牵动国际格局演变的关键因素。当今世界正经历“百年未有之大变局”，中华民族的伟大复兴以及随之而来的中美之间趋于激烈的战略竞争，无疑是百年变局最为核心的内容，但欧盟在这场百年变局中绝不是旁观者，而是扮演关键角色。对此，知名专栏作家托马斯·弗里德曼这样描述：“不管是美国还是中国，谁能在技术标准、贸易规则和科技竞争中将欧盟争取到自己这边，谁就能为 21 世纪的全球数字商业制定规则。”[①] 正因为此，对欧盟转型及其发展前景的研究成为当前国际关系领域学术界和政策界普遍关注的前沿问题之一。

从中国的国家利益出发来看，欧盟的发展无疑关乎未来全球多边秩序的演变，会对中国实现第二个百年奋斗目标的外部环境产生重要影响。尤其是当前欧盟也开启了新一轮的对华政策调整，认为中国不仅是合作伙伴，还是“制度性”竞争对手，[②] 对华关系中的“对抗性”色彩明显增加，并且有向美国对华政策靠近的趋势。[③] 但欧盟仍是中美欧三角关系中相对薄弱的一环，为中国外交提供了时间窗口和回旋空间，这主要体现在两个方面：第一，欧盟对中国的战略恶意要弱于美国。欧洲政界主流认为“接触”政策虽然没有取得预想的成功，但仍是有效的，应该通过公平竞争与协商合作的方式来发展对华关系，而非简单的敌对与孤立。第二，对于中国崛起所带来的挑战，欧美虽然有很多共识，但关于如何应对，欧美还没有完全达成一致。欧盟不认同美国与中国进行“新冷战”的思维和做法，而美国也怀疑欧盟是否有足够的能力和意愿实现美国在对华政策方面的目标。这为中欧关系的未来留下了很大的发展空间。

作为中国的研究者，我们对欧盟的危机和转型的理解主要基于四个问题，这也构成了本书的基本分析框架。第一个问题是，中国需要一个怎样的欧盟？无论是正确研判欧盟的发展趋势，还是分析欧盟未来前景对中欧关系的影响，首先需要明确的就是，一个怎样的欧盟才符合中国的国家利益，这是判断欧盟未来发展趋势给中欧关系带来机

---

① Thomas L. Friedman, “To deal with China, Trump should learn German”, *The New York Times*, August 25, 2020.

② European Commission, “EU-China—A strategic outlook”, European Commission and HR/VP contribution to the European Council, March 12, 2019.

③ 赵柯、李刚：《欧盟产业结构变化对中欧经贸关系的影响》，《国际贸易》2020 年第 4 期，第 72-79 页。

遇还是挑战的衡量标准。据此，才能清晰地理解我们要为中欧关系做些什么，以及能够做到什么程度。2016 年 6 月英国脱欧公投结果出来之后，美国布鲁金斯学会资深研究员杜大伟（David Dollar）发表评论文章《英国脱欧后：西方的衰落与中国的崛起》，认为英国脱欧对中国经济并无太大直接影响，尽管它的确加大了金融动荡的风险，但从长远来看，英国脱欧对中国有利无弊，因为英国脱欧本身或许并没有那么重要，但它却是一个信号，预示着欧洲的衰落和中国的崛起。杜大伟从地缘战略的角度分析，认为中国是英国脱欧事件的大赢家。欧洲在世界舞台上的影响力可能会变弱，并被英国脱欧谈判、控制移民、将边缘国家留在欧元区等内部事务缠身。美国也有可能因欧洲带来的这些挑战分心。而这却给了中国更多机会来追求在南中国海的权益，并使之与欧洲国家在各种问题的谈判上占据优势地位。① 这种观点在西方的政策界和研究界很有代表性，背后折射出的是一种典型的对立思维，即把中国的成功建立在欧洲的失败之上，反之亦然。在国内，不少观察家对杜大伟的这种看法也津津乐道，似乎欧洲的衰落更加反衬出中国的强大，中国对此应“乐见其成”。那么问题就来了，一个衰落的欧洲真的就符合中国的利益吗？为了回答这个问题，我们还不得不再追问一步，中国需要一个怎样的欧洲？

一个怎样的欧洲才符合中国的利益？习近平主席 2014 年 4 月 1 日在比利时布鲁日欧洲学院的演讲中对这个问题给予了精彩的阐述。他说，我们要建设增长繁荣之桥，把中欧两大市场连接起来。中国和欧盟经济总量占世界三分之一，是世界最重要的两大经济体……要积极探讨把中欧合作和丝绸之路经济带建设结合起来，以构建亚欧大

① David Dollar, “Brexit aftermath: The West’s decline and China’s rise”, Brookings, June 27, 2016.

市场为目标，让亚欧两大洲人员、企业、资金、技术活起来、火起来，使中国和欧盟成为世界经济增长的“双引擎”。从习近平主席的演讲可以看出，中欧关系的定位和发展已经远远超出了双边的范畴，着眼于带动整个世界经济的复苏，为世界经济的长期增长提供持久、可靠的动力。所以，我们首先需要的是一个繁荣的欧洲，而不是一个衰落的欧洲。只有一个繁荣的欧洲才有能力同中国一起，一东一西形成合力，让古老的丝绸之路焕发新的活力，实现亚欧大陆的经济整合，让各类生产要素在亚欧大市场内自由流通，为全球经济增长提供新的动力。

相反，一个不断衰落的欧洲不仅无法提供与中国共建“一带一路”所需要的经济动力和活力，并且长期的衰落会逐渐改变整个欧洲的气质，由开放、包容、温和逐渐滑向封闭、狭隘和偏执，这对于致力于推动全球自由贸易、主张构建开放型世界经济的中国而言，显然不是什么福音。历史的经验一再证明，当一个经济体从繁荣走向衰落时，会越来越倾向于贸易保护主义，会越来越热衷于构建自我保护的狭隘经济集团。两次世界大战之间的大英帝国在一连串危机的打击之下，失去了自信，放弃了自由贸易原则，转向在英联邦内建立更为封闭的“帝国特惠制”和“英镑区”，其他国家也纷纷群起而效仿，整个统一的世界市场被分割成为一个个“势力范围”，各国竞相采取排他性的对外经济政策，这导致各国间政治互信恶化，继而开始军备竞赛，最终走向第二次世界大战的深渊。无论是从历史的经验还是从现实的利益来看，中国真诚地希望欧洲走出危机的阴影，从而保持其一贯的繁荣。

21 世纪的第一个十年在某种意义上来说是一个“欧洲时代”，欧元横空出世，成为可以与美元一争高下的全球第二大储备货币，欧盟实现了梦寐以求的东扩，成功地从 15 国扩大到 27 国，欧盟人口增加到近5亿，欧洲统一大市场的规模不仅极大地得到了扩展，欧盟的东部边界也从柏林移到了华沙，欧盟核心国家的地缘政治地位大为改善。当时，无论是欧洲的政治精英还是学术精英，最热衷谈论的话题就是“欧盟是一支什么样的力量”，强调欧盟以自身经济力量、国际多边主义和人道主义精神为代表的软实力与美国以军事实力、霸权支撑下的单边主义为代表的硬实力的不同，强调欧盟是独立于美国的一支独立的战略力量。欧盟踌躇满志地试图用软实力来重新构造世界秩序。那时的欧洲显然是充满自信的，在对外政策上也更具包容性和远见卓识。2003年，中欧建立全面战略伙伴关系，欧洲领导人开始认真考虑解除对华武器禁运和承认中国市场经济地位问题，中欧关系一度进入“蜜月期”。

“欧债危机”以及随后的乌克兰危机无异于给了欧洲的精英阶层一记闷棍，他们意识到欧洲在变化的世界中是如此脆弱，如此易于受到伤害，意识到以中国为代表的新兴国家具有如此强大的竞争力。欧洲的政治经济精英正在慢慢地失去自信，他们痛苦地意识到欧洲原来并不是一支独立的力量，他们重新把目光投向了大西洋，投向了大西方，试图通过加强跨大西洋联盟来保护自身免遭外部世界的风险，巩固其在全球政治经济格局中的既有地位。于是，我们看到欧盟在奥巴马政府时期积极地推动与美国的“跨大西洋贸易与投资伙伴关系协定”（TTIP）的谈判，同时主动加强与日本的经贸和安全合作，与日本签署经济伙伴协定。与之相反，中欧双方互为第一大和第二大贸易伙伴，欧盟却不承认中国的市场经济地位，2017年欧盟颁布反倾销新规，将中国单列为市场严重扭曲经济体，在事实上否认了中国的市场经济地位。显然，一个失去自信、在对外经济中走向封闭、在战略上加速倒向美国的欧洲是中国不愿看到的，中国需要一个繁荣而自信的欧洲，需要一个有自信以更具包容性和长远眼光看待中国未来发展的欧洲。

在新形势下，中欧全面战略伙伴关系需要两大支柱作为支撑：第一，欧洲的繁荣；第二，欧洲的自信。前者让欧洲大市场更加开放，后者让欧洲在战略上不至于完全滑向美国，这些都是中国的利益所在。

第二个问题，欧盟是否在走向衰落？目前在欧美舆论和研究界，认为欧盟正在走向衰落的观点非常流行。2012 年 9 月，芝加哥大学曾经召集几十位全球最杰出的经济学家组成了一个专家小组，就欧洲经济的未来以及以往政策的效果进行研究，虽然学者们对欧洲遭受危机的症结和欧洲未来前景的回答千差万别，但其中只有少数学者表示对欧洲的未来充满信心，大部分学者坦言他们并不知道答案。[①] 对于欧盟前景的分析，研究者们的分析思路大致分为两类：一类是外部冲击说。持这一分析视角的研究者认为欧盟走向衰落的原因在于无法有效地应对当前接二连三突发的外部冲击。根据沃尔夫冈·明肖 (Wolfgang Münchau) 的分析，欧洲正疲于应对五场未曾预见的、正处于不同阶段的危机——难民危机、欧元区外围国家债务危机、全球经济低迷危机、乌克兰危机以及大众汽车丑闻引发的对欧洲制造业的信心危机。这五场处于不同阶段的危机又相互叠加，彼此制约和压缩了克服这些危机所需政策的实施空间，这让欧盟的前景处于高度的不确定状态。[②] 卡尔·比尔特 (Carl Bildt) 认为乌克兰危机和中东乱局严重恶化了欧盟的地缘政治环境，欧盟不再像以前一样被“朋友圈”包围，而是处于“火药圈”之中。[③] 托尼·巴伯（Tony Barber）认为由于欧洲各国政府、欧盟机构都越来越无力应对同时来自各个方向的众多挑战，欧盟的衰

---

① Klaus Schwab, “The Re-emergence of Europe”, World Economic Forum, p.83.

② Wolfgang Münchau, “Five concurrent crises push Europe into the realm of chaos”, *The Financial Times*, September 27, 2015.

③ Carl Bildt, “Europe Surrounded not by a Ring of Friends but by a Ring of Fire”, Statesman Leaureate Lecture, at Center for Strategic and International Studies, April 2015.

落越来越成为一种现实；巴伯更进一步认为欧盟的衰落应当引起全球的关注，因为这不仅仅说明欧洲人难以处理好自己的内部事务，更在于，作为西方世界的核心力量，欧盟的衰落预示着整个西方社会在全球文化、经济、政治及技术领域丧失优势，这一趋势让西方人熟悉的生活方式受到威胁（2015 年 11 月的巴黎恐怖袭击事件就发生在音乐厅、体育馆和咖啡厅等这些象征现代生活方式的地点），降低了人们对西方自由民主制度的信任，削弱了西方国家政府的行动能力。[①]欧洲一体化之父让·莫奈将欧洲一体的动力归结为危机的推动，特别是外部危机的冲击，强调欧洲将通过危机而建立，欧洲联合将是各种危机解决方案的总和。莫奈提出的这一原则也是欧洲一体化的黄金法则，但在欧盟面临重重危机的背景下，这一黄金法则也受到了挑战。新近研究表明，如果外部压力过大，非但不会为欧洲一体化带来动力，反而会成为压垮欧盟的重力。圭索（Luigi Guiso）和津加莱斯（Luigi Zingales）在他们合作的论文《莫奈的错误？》中指出，欧洲一体化并非不可逆，欧盟可以挺过英国脱欧，却不一定能够经受住成员国退出欧元区的后果，特别是当退出的代价不像预料中那么大的时候。[②]马库斯·布伦纳迈耶（Markus Brunnermeier）、哈罗德·詹姆斯（Harold James）和让-皮埃尔·兰多（Jean-Pierre Landau）也认为莫奈的黄金法则发挥作用是有前提条件的，它要求每一次危机都小得足以掌控，如果危机过大或者负荷过重，反而会导致欧盟的崩溃。[③]

另一类是内部缺陷说，持这一分析视角的研究者认为是欧盟内部

---

① Tony Barber, “The decline of Europe is a global concern”, *The Financial Times*, December 27, 2015.

② Luigi Guiso, Paola Sapienza, Luigi Zingales, “Monnet’s Error?”, NBER Working Paper No.21121, April 2015.

③ ［德］马库斯·布伦纳迈耶、［英］哈罗德·詹姆斯、［法］让-皮埃尔·兰多：《欧元的思想之争》，廖岷，等译，北京：中信出版社，2017 年。

固有的治理结构缺陷导致了欧盟无法对外部冲击做出及时、有效的应对，而欧洲的政治精英又缺乏政治决心和勇气来矫正、修复这些缺陷，这让欧盟始终深陷危机的泥潭，只能获得暂时的喘息，无法从根本上避免危机的再次发生。尤尔根·哈贝马斯（Jürgen Habermas）认为欧洲货币联盟的制度缺陷必须通过修改欧盟条约来修正，但欧洲的政治精英面对修改条约的巨大障碍却畏缩不前。[①]彼得·霍尔（Peter A. Hall）从欧盟成员国间的经济制度差异出发来解释欧元区的内部失衡，他将以德国为代表的北欧国家归为“协调市场经济”，以西班牙为代表的南欧国家则是“地中海式经济”。在前一种模式下，劳动力市场相对更有弹性，企业可以有效降低劳动力成本以促进出口；在后一种模式下，劳动力成本具有较强的刚性，面对外部竞争无法有效调整应对，而这些制度上的差异是欧洲一体的巨大阻碍，并不会随着欧盟的改革而消失。[②]尼尔·弗格森（Niall Ferguson）认为，引入欧元本身就是一个错误的计划，它束缚了欧元区国家的经济增长。欧洲一体化也没有实现当初的目标——使欧洲制衡美国，缺乏军事力量让欧洲无法有效解决国际事务。[③]让·皮萨尼－费里（Jean Pisani-Ferry）认为，欧盟是一个法律层面上的共同体，虽然欧盟有相应的政策机构、独立的预算体系，以及议会选举，但欧盟无法享受主权权力，欧盟干预成员国决策的权力是极其有限的。欧元作为一个超主权货币，政府权力的缺失对欧元体系是一种致命的危险，而一个“没有国家”的欧元区缺乏一个统一的财政框架，这为危机再一次埋下隐患，

---

① Habermas Jürgen, “The crisis of the European Union: A response”, *Polity*, 2012.

② Peter A. Hall, “The Euro Crisis and the Future of European Integration ”, *The Search for Europe: Contrasting Approaches,* BBVA, 2016.

③ Niall Ferguson, Daniel Cohn-Bendit, Peter Lord Mandelson, *Has the European Experiment Failed? The Munk Debate on Europe*, House of Anansi Press, November 2012.

所以，对欧盟而言，只要其治理结构没有根本性的改善，危机就是一个远未结束的故事。[①]

如果从“危机—应对”这一分析框架出发，总体而言，欧美学者更为侧重对“危机”本身的根源和发展进行分析，更为注重研究各类“危机”对欧盟政治、经济、安全等方面的影响。相较之下，一方面，对欧盟出台的各类“应对”措施的具体内容、作用机制和实施效果，相对来说还缺乏更为细致的研究，这使得研究者往往“一边倒”地得出欧盟面临悲观前景的结论，忽略了支撑欧盟发展的内在动力机制。另一方面，对欧盟“应对”措施对他国的“外溢效应”，特别是对中欧关系的影响关注度不高。中国的研究者对欧盟前景的看法也存在分歧，经济学家普遍对欧盟未来的发展持不太乐观的态度，认为严重的人口老龄化和缺乏弹性的劳动力市场抑制了欧洲经济的活力；许多国际关系研究者也认为多重危机使得欧盟的全球影响力在下降，一体化进程受阻。[②]但也有研究者保持谨慎乐观，将当前欧盟面临的危机放在更长的历史时段去理解，认为第二次世界大战以来，欧洲一直处于转型与变革之中，目前的危机没有改变欧洲朝一体化方向转型的趋势；[③]同时，一些欧洲问题研究者还从国际格局变革的角度对欧盟前景与中欧关系进行了分析，认为其中既有风险也有机遇。[④]但是对于中国如

① Pisani-Ferry, Andre Sapir, Nicolas Veron, GuntramB.Wolff, “What kind of European Banking Union?”, Bruegel Policy Contribution, Issue 2012/12, June 25.

② 张健：《欧盟衰落问题辨析》，《现代国际关系》2016 年第 2 期；郑春荣：《欧盟未来的发展前景预判》，《人民论坛》2016 年第 20 期；金玲：《世界秩序演变中的欧盟一体化前景》，《人民论坛》2020 年第 22 期。

③ 丁纯：《欧盟当前的困境及其体制根源和发展前景》，《当代世界与社会主义》2017 年第 5 期；陈新：《欧债危机：治理困境和应对举措》，《欧洲研究》2012 年第 3 期。

④ 冯仲平：《欧盟发展前景与中欧关系》，《现代国际关系》2012 年第 9 期；冯仲平：《中欧关系大年要有大考意识》，《现代国际关系》2020 年第 1 期；周弘、金玲：《中欧关系 70 年：多领域伙伴关系的发展》，《欧洲研究》2019 年第 5 期。

何积极去利用和应对欧盟在克服危机过程中出现的种种机遇与挑战，还留有很大的研究和探讨的空间。

欧盟成员国的结构性改革是否能够向前继续推进，欧洲一体化是否能够继续走向深入，这两个因素是观察和衡量欧盟发展前景的关键指标。欧洲经济陷入困境的原因是众所周知的：首先是经济运行的制度成本过高，过分的管制束缚了市场的活力，降低了效率；其次是劳动力市场过于僵化，劳方的工作积极性和资方的雇工积极性都受到了抑制。[①] 而“欧债危机”为改革打开了机会窗口，显然，这次欧洲的领导人进行改革的勇气和决心要比之前坚定很多，将危机作为推进欧洲改革与转型的契机和合法性来源，通过改革来提升和重塑欧洲在全球的经济竞争力，这已经成为当前欧洲精英阶层的共识。所以，面对“欧债危机”的冲击，欧洲国家并没有简单地通过扩张财政和货币来刺激增长，反而让“紧缩”成为欧洲宏观经济治理的主旋律，以降低欧洲内部经济运行成本为目标的结构性改革成为各成员国政府的政策取向。欧洲此次的结构性改革已经初见成效，宏观经济保持了稳定和增长的趋势。总体而言，近年来处于“艰难时世”中的欧洲正力图通过痛苦的结构性改革重拾全球竞争力，实现浴火重生。今天的欧盟仍然是全球三大经济体之一，也是全球最具创新能力的地区之一。在世界知识产权组织（WIPO）2020 年发布全球创新指数排名中，瑞士、瑞典、美国、英国、荷兰、丹麦、芬兰、新加坡、德国和韩国是世界上最具创新力的十个国家，欧盟国家仍在领跑全球创新。

虽然在具体的步骤上还存在分歧，但是目前欧洲精英们的主流共识是，继续推进一体化是应对目前以及未来可能发生的各类危机所必

① 丁纯、高弘：《欧元启动以来欧元区国家私人债务的发展、与欧债危机的关系及前景》，《世界经济与政治论坛》2014 年第 5 期。

需的。经过债务危机的洗礼，欧洲人已经从危机之初的不知所措、相互推诿、各家自扫门前雪，到最终协调一致，在欧盟层面成立了制度化的应对机制，成立了欧洲稳定机制来为出现金融危机的成员国提供短期融资，监管面覆盖欧盟范围的银行业联盟也在不断完善中。更为重要的是，欧洲央行也在不断成长，悄然地突破欧盟条约的禁锢，从一个单纯以维护币值稳定为唯一职责的“不完全央行”，正在成为一个赢得市场尊重和信任的真正的中央银行，针对欧洲金融市场的大规模投机行为变得越来越不可能。财政一体化也开始起步，不仅通过“财政契约”来加强财政纪律，还设立了旨在促进结构性改革的共同预算。2020 年 7 月 21 日，欧盟峰会通过决议，设立名为“欧盟下一代”的复兴基金，[①] 规模为 7500 亿欧元，其中无偿拨款为 3900 亿欧元，其余 3600 亿欧元为贷款。以欧盟的名义在国际资本市场发行债券为建立复兴基金融资，欧盟的财政自主权扩大，可以开征新的税种，比如数字税或金融交易税，来作为自主收入来源，以偿还债务。27 个成员国将根据自己上缴“会费”的份额为欧盟发债进行担保。资金到位后，相当一部分向受疫情影响的成员国和行业发放补贴，并且无须偿还。复兴基金是首次以欧盟名义来发行债券募集资金，这对欧洲财政一体化而言是“革命性”的，甚至有评论认为欧盟迎来了“汉密尔顿时刻”。[②]

① European Council, “Conclusions of Special meeting of the European Council (17-21 July 2020)”, July 21, 2020, https://www.consilium.europa.eu/media/45109/210720-euco-final-conclusions-en.pdf.

② 独立战争结束后的美国实际上只是由十三个州组成的松散邦联，每个州其实都相当于一个主权国家，美国在独立后不久就遭遇债务危机，因为美国各个州和大陆会议在独立战争期间所发行的大量债券在战后无法兑现。1790 年，美国第一任财政部长汉密尔顿向国会提交了解决债务问题的报告，建议美国由中央政府全部接收各个州的地方债务，一次性地免除各个州的债务负担，而中央政府则从各个州获取了征税权和管理国际贸易的权力，以此为担保发行新的国债，用筹来的资金偿还各个州之前欠下的债务。汉密尔顿整顿债务的方式让美国的政治制度发生了根本性的变革，使美国从原先松散的邦联转变为由中央政府统一行使主权的联邦。

在乌克兰危机的刺激下，欧盟增强了在外交与安全领域政策的协调性和一致性。在对俄政策上，欧盟基本做到了“用一个声音说话”，避免了像之前很多观察家所预想的那样，因为欧盟各国与俄罗斯之间千丝万缕，但又有差异极大的历史传统和现实利益的纠葛，最终导致欧盟无法有效地形成对俄罗斯的统一外交。面临“二战”以来最为严重的难民危机，任何单个的欧洲国家都无法应对，解决之道唯有要“更多的欧洲”，而不是相反。大量难民的入境以及随之而来的管理、安全和融合问题，也必将倒逼欧盟在内务司法方面进一步将一体化深入下去。欧洲人没有轻易地“浪费”掉债务危机、乌克兰危机以及难民危机所带来的变革的机遇，一体化这趟列车还在按照既定的方向前进。“欧债危机”不仅影响了欧盟的政治经济形势，更为重要的是，改变了欧洲政治精英对自身力量与外部世界的看法。他们发现欧盟不像他们自己想象中的那么强大，而是完全暴露在经济全球化的风险之中，在当前的国际秩序下，欧盟是脆弱的。于是欧洲人开始思考重新构建国际秩序的安排，将对外战略的重点投向了大西洋，推动发达国家间更紧密的合作，并让这种合作进一步体制化，建立以欧美为核心的“大西方”。正是在这一背景之下，欧盟全面加强与美国在经济金融、军事安全等领域的合作。同时，欧盟自身所长期坚持的和平主义理念也开始动摇，开始注重加强自身军事力量的建设，在对外政策中将军事力量的运用列为必要情况下的一个可行选项。欧盟希望通过在对外战略方面的一系列调整，来加强其全球影响力。

第三个问题是，德国主导下的欧盟是否符合中国的利益？“欧债危机”以来，欧盟内部的权力结构发生了变化，德国地位的上升成为不争的事实，发挥了越来越明显的主导作用。不同于历史上传统霸权国采取的单向强制行动，德国发挥主导作用的方式隐藏在欧盟的集体行动中，以“欧盟”的名义和渠道来投放自身的影响力。除经济事务外，德国在欧盟外交与安全领域的发言权也越来越大，正在取代传统上法国在这些领域的主导地位。德国的“重新崛起”，使得欧盟有了坚强的领导核心，在政治上更具有凝聚力，在全球舞台上行动能力大为增强。英、法、德是欧盟内担任领导角色的关键成员国，当前法国实力下降，在欧盟内的影响力大不如前，在这种情形下英国脱离欧盟，更加剧了欧盟内部原本就已失衡的权力结构，一个德国主导下的欧洲正在形成。我们最为关心的是，一个德国色彩越来越浓的欧洲是否符合中国的利益。

2014 年 3 月 28 日，在对德国进行国事访问之际，国家主席习近平在德国《法兰克福汇报》发表题为“中德携手合作造福中欧和世界”的署名文章。习近平主席在文中谈到了对中德关系发展的期许：让我们超越简单的买卖关系，以更加创新和开放的思维，赋予中德合作更多战略内涵。[①] 这既展现了对两国关系发展前景的希望，同时也精准地点到了中德关系的“困境”和“痛点”——如何超越简单的买卖关系。长期以来，德国政府对华政策的主轴是实用主义，经济利益是其对华政策的出发点和落脚点，德国的政治精英们更多地把中国看作是一个好的做买卖的对象，更多地希望从发展对华关系中分享中国经济增长的红利，内心并没有真正把中国认同为战略性的伙伴。特别是在德国外交界的“少壮派”们看来，中国是一个挑战者，而不是真正意义上的战略伙伴。[②] 不少德国研究界和政策界人士对中德关系的“战略性”是有质疑的，正因为此，习主席才呼吁德方“赋予中德合作更多战略内涵”。

---

① 《习近平在德国〈法兰克福汇报〉发表署名文章》，载新华网，2014 年 3 月 28 日，见 http://news.xinhuanet.com/world/2014-03/28/c_119997636.htm。

② “New Power New Responsibility: Elements of a German Foreign and Security Policy for a changing World”, SWP and GMF, October 2013, pp.33-36.

默克尔第三次连任总理后，德国政府在联合执政协议中明确提出“要在普世价值的基础上深化与亚洲国家的关系”，并且支持美国的亚太政策，认为其对德国而言是机遇，特别是德国认为“与日本的友谊是德国外交政策的重要支柱”。德国对美国亚太政策的支持和对日本战略地位的强调，显然是出于平衡中国的考虑。虽然德国认为因为存在多样化的“共同利益”，中国是德国和欧盟的战略伙伴，但是德国仍然要“致力于使中国在《宪法》中所承诺的权利以及对普遍人权的保障能够得到尊重”。[①] 以中国为代表的新兴国家的崛起正在改变传统上西方占据主导地位的国际格局，这让包括德国在内的欧洲主要国家开始调整其亚太战略。以往欧洲国家亚太政策的关键词是“接触政策”，主轴是拓展市场，分享亚太经济的繁荣成果，获取经济利益。在对亚太地区国家的政治关系上，特别是对华关系上，“接触政策”建立在欧洲人所秉持的这样一个信念之上：中国在与欧洲的接触中会受其影响，实现经济自由化、法治和政治民主。欧洲人相信，长期来讲，中国会发展得越来越像欧洲。这也被称为“无条件接触”政策，也就是说，为了扩大对华各个层面的交流往来，欧洲国家可以在对华关系上单方面做出更多的让步，以便于逐步达到其核心目标：改变中国内部的政治经济体制。在亚太地区的安全事务上，欧洲基本上是置身事外，认为地理上的遥远使得亚太安全并非欧盟的核心关切。

但是，随着近年来中国综合国力的大幅提升以及中日钓鱼岛争端和南海问题的升温，德国敏锐地意识到中国的崛起正在改变亚太地区原有的安全结构，发生地区冲突的风险在增加。德国政界和智库开始重新思考与规划其亚太政策，认为不能再忽视亚太安全事务，而应积

---

① “Deutschlands Zukunft gestalten: Koalitionsvertragzwischen CDU”, CSU und SPD, 18 Legislaturperiode, p.173.

极主动介入其中，因为亚太安全已经成为欧盟不容回避的切身利益，这主要体现在三个方面：第一，如果亚太地区发生军事冲突，那么包括德国在内的欧盟成员国由于在该地区缺乏军事力量和手段，其在该地区巨大的经济利益将因无法得到有效、及时的保护而直接受到威胁，欧洲人在该地区多年的经营很可能被毁于一旦。德国认为这一风险并非杞人忧天，而是一种现实存在。第二，随着中国的崛起，亚太地区的安全结构将不可避免地发生变革，当前美国单独主导的亚太安全格局正在承受越来越大的压力，其可持续性存在疑问。无论未来出现中美共同主导，甚至是中国单独主导的亚太安全格局，或者是其他类型的集体安全格局，都是对现状的根本性改变，这都将迫使德国及其他欧盟成员国要及早做出反应，避免在新的亚太安全结构中被边缘化。第三，在当前脆弱的亚太安全格局中，如果中国内部出现政治动荡或者发生经济危机，那将成为冲击整个亚太的系统性风险，德国对此也需要进行必要的准备和应对。因此，德国主张欧盟在亚太安全问题上要更加积极有为，采取更为清晰的立场。欧盟必须要考虑，如果地区紧张加剧，是站在美国一边？中国一边？像日本这样的国家一边？还是尽可能长地避免选边站？抑或是最终决定要积极地行动起来以避免冲突升级？欧盟必须及早为亚太未来可能发生的变局做好准备。①

区别于以往“旧”的“接触政策”，德国的亚太战略正在转向“新

① 欧盟在2012年6月15日通过了《欧盟在东亚的外交与安全政策方针》（*Guidelines on the EU's Foreign and Security Policy in East Asia*），关注该地区的安全局势。欧盟智库的相关研究报告也督促欧盟要在亚太安全事务中发挥更为积极的作用。参见Nicola Casarini, “EU Foreign Policy in the Asia Pacific: Striking the Right Balance Between the US, China and ASEAN”, European Union Institute for Security Studies, September 2012, pp.4-6；Gudrun Wacker, “Deutsche China-Politik: Doppelte Einbettunggebracht”, October 24, 2014, http://www.swp-berlin.org/publikationen/kurz-gesagt/deutsche-china-politik-doppelte-einbettung-gebraucht；Gehard Will, “Tough Crossing: Europa und die Konflikte in der Suedchinesichen See”, SWP-Studie, Berlin, June 27, 2014, p.35.

接触主义”，即由以往的“经济主导”，对政治安全问题“善意忽略”，转变为积极寻求在亚太政治安全事务中发挥作用；由以往的试图通过接触改变中国的内部政治体制，转变为力求通过接触影响和引导中国的对外政策行为，确保中国不挑战现有的国际秩序，将中国的对外行为“体制化”，避免中国的崛起造成亚太安全结构失衡，进而引发冲突。从亚太安全的视角来重新审视和主动塑造中国的对外行为，是这一“新接触主义”政策的核心。2013年12月默克尔第三次出任总理后，德国的亚洲政策出现明显变化，强调与亚洲国家共同的民主价值观，强调在跨大西洋同盟框架内重新审视与亚洲国家的关系，支持美国的亚洲“再平衡”战略，不仅将美国强化其亚太军事同盟体系视为化解亚太安全困境的途径，并且认为德国也要为此贡献自己的力量。特别值得注意的是，本届德国政府重视发展对日关系，视其为“外交政策的支柱”。[①]2015年3月9日，默克尔在访问日本时的演讲中进一步强调了对日本的支持，明确表示加强国际法的效力是德国和日本的共同利益，特别是在涉及地区安全和稳定方面，比如东海和南海贸易通道的畅通，因为欧洲和这一地区紧密相连。德国以及欧盟之前都避免介入中国与日本和东南亚国家的岛礁争议，保持中立。但这次默克尔在日本的演讲中借与日本共同维护国际法之名，实质上委婉地表达了“德国和日本在地区安全上有共同利益”这一背后所隐藏的立场，这在某种程度上是对欧盟官方一直宣扬的“不选边”政策的一个突破。此后德日在军事安全领域的交流日趋密切。

2020年9月，德国首次发布“印太战略”，表示要积极参与印太地区的安全事务。2021年3月德国与日本签订《情报保护协定》，双

---

① “Deutschlands Zukunft gestalten: Koalitionsvertrag zwischen CDU”, CSU und SPD, 18 Legislaturperiode, p.173.

方将扩大情报交换，并加强在军备和网络安全领域的合作。2021 年 4 月 13 日，德国和日本首次进行外交部长和国防部长的“2+2”会谈，德国国防部长卡伦鲍尔在会谈后表示，印太地区是“当今全球最重要的战略地区”，如果爆发冲突将会直接冲击德国和欧洲的利益。卡伦鲍尔还强调日本和美国、澳洲一样，都是德国在安全领域的伙伴，德国将与日本、美国进行联合军演，深化与日本的军事关系。德日还计划在 2021 年 11 月进行战略对话，具体商讨军事安全领域的合作计划。

2021 年 12 月，担任德国总理十六年的默克尔正式卸任，新一届政府成立，新政府实施更加强硬的对华政策是大概率事件。新政府在联合执政协议中虽然表示要发展与中国的伙伴关系，但同时也涉及了一些中国内政问题，并且强调在对华政策上与美国的协调。当前德国政府的对华政策已经越来越具有“大西方”战略的味道，中国的对欧外交要更具前瞻性，将“德国的欧洲”引导至符合中国国家利益的方向和轨道中来。

第四个问题是，如何“锁定”中欧关系的战略方向？欧盟的对华政策正在由传统的“以商促变”转向“新接触主义”，即由以往的“经济主导”，对政治安全问题“善意忽略”，转变为积极寻求在印太安全事务中发挥作用，支持美国的“印太战略”；由以往的试图通过接触改变中国的经济政治体制，转变为力求通过接触影响和引导中国的对外政策行为，确保中国不挑战现有的国际秩序，避免中国的崛起造成印太安全结构失衡，进而引发冲突。从维护西方主导的国际秩序和印太安全的视角来重新审视与中国的合作，是欧盟这一“新接触主义”政策的核心。这也构成了中欧关系所面临的最大风险之一。

在这一背景下，中国对欧战略的核心是要能够找到合适的政策工具来“锁定”中欧关系的战略方向，避免欧洲走向封闭的“大西方”。化解风险的路径在于要让中欧关系超越简单的买卖关系，通过一系列的制度安排，让中欧之间真正地实现风险共担、收益共享，通过利益的深度捆绑和融合来实现合作共赢，使欧盟的对外战略调整无法脱离中欧战略合作的轨道。要达到这一目标，首先，强化中欧之间的资本纽带是关键。这就需要促进中欧之间的相互直接投资和加强中欧之间的金融合作，其背后的经济逻辑就是用资本纽带将中欧各自的优势产能进行对接，面向全球来开拓新的市场，在广阔的亚欧大陆、拉美地区和非洲寻找更大的投资空间。其次，扩展加强全球层面的合作。当前，中国正努力实现第二个百年奋斗目标，欧盟正加紧自身的改革与转型。一方面，中欧各自战略发展规划的实现都需要一个和平、繁荣的国际环境，中欧内在的发展逻辑需要双方加强在全球治理方面的合作；另一方面，只有将中欧关系更为深度地融入国际秩序的变迁与改革之中，中欧关系才能获得更为广阔的发展空间，才能真正地被“锁定”在战略伙伴的方向上。

第一章

欧盟推进财政一体化

自1999年1月1日欧元诞生并于2002年正式流通以来，政界、学界等关于欧元的可行性与实际效果的讨论就不绝于耳。尤其是在2008年金融危机爆发之后，欧洲债务危机的爆发给欧元的未来蒙上了一层阴影，有关“欧元区或将走向崩溃”的猜测甚嚣尘上，但是欧元还是挺过了第二个十年。在解决欧元危机的过程中，德法两国对待财政一体化的态度也发生了微妙的变化，在实际的政策层面认可了部分的“财政转移支付”，财政一体化逐渐迈出了实质性的小步伐。

一、“后危机时代”欧盟不断推进财政一体化的进程

（一）观望讨论阶段

当2008年金融危机蔓延至欧洲，欧元区重债国爆发主权债务危机时，德国、法国等核心成员国对此并不以为然，认为只不过是个别国家内部的经济危机，不曾想这场危机会引发欧元危机，甚至危及欧盟本身。在“欧债危机”初期，欧元区成员国并没有对当时处于“风暴中心”的希腊给予过多的救助，更多的是持观望态度。《马斯特里

赫特条约》中的“不救助条款”规定：“禁止欧洲中央银行和成员国中央银行（以下简称‘各国中央银行’）以联盟机构、团体、机关或办事机构、成员国中央政府、地区或地方当局及其他公共当局、受公法规范的公共团体或公共企业的名义提供透支信用或任何其他类型的信用贷款，也禁止欧洲中央银行或各国中央银行从上述机构直接购买债券。”① 救助这些重债国有违欧盟条约，欧洲央行也不得直接购买需要救助国家的政府债券。虽然长期以来德国认为，作为欧盟条约的一部分，“不救助条款”应得到严格的执行，但法国认为这只是一条可有可无的规定。② 因此，在债务危机初期，受“不救助条款”的影响，德、法等国政府均未对重债国“伸以援手”，更多的是持观望态度。

“欧债危机”爆发的原因在学界和政届等引发了激烈的讨论，我们可以将其大致划分为五种。第一种观点是“制度缺陷论”，认为统一的货币政策、分散的财政政策是“欧债危机”爆发的原因。希腊和其他一些欧元区国家之所以陷入债务泥潭，根源是欧元的设计缺陷，应对非对称冲击时，欧盟层面缺乏平衡机制。所以，解决危机需要欧盟层面更严格的财政纪律，需要能够为成员国提供短期融资的欧洲货币基金，③ 基金的规模至少能够达到美国问题资产救助计划的水平，即 5000~7000 亿欧元，并发行成员国共同担保的债券。④ 发行欧元区各国政府共同担保的“欧洲债券”也被激烈地讨论，其逻辑在于恐慌

① 程卫东、李靖堃译：《欧洲联盟基础条约——经〈里斯本条约〉修订》，北京：社会科学文献出版社，2012 年，第 94 页。

② [德] 马库斯·布伦纳迈耶、[英] 哈罗德·詹姆斯、[法] 让-皮埃尔·兰多：《欧元的思想之争》，廖岷，等译，北京：中信出版社，2017 年，第 104 页。

③ Meyer, Henning, “The eurozone’s critical design flaws”, The Guardian, February 17, 2010, Opinion Piece.

④ Stefano Micossi, Daniel Gros, “A call for a European Financial Stability Fund”, Centre for European Policy Studies, October 30, 2008.

导致投资者纷纷逃离私人债务，转而购买被视为安全资产的德国等少数几个国家的政府债券，其他重债国如希腊等主权债券利率显著上升并引发债务危机，而“欧洲债券”将为陷入危机的国家提供稳定的融资渠道，也为主权借款人进入资本市场提供便利，从而稳定金融市场，有效应对危机。[①]欧元区国家也可在自愿且符合一定规则的前提下参与“蓝债计划”，参与“蓝债计划”的国家可发行两种债券，一种是由类似欧洲央行的独立理事会决定，并由所有成员国共同担保的蓝色债券；另一种是由成员国自行决定，不被所有成员国共同担保的红色债券，这种做法将有助于降低欧元区形成财政联盟的阻力。[②]

第二种观点是“国家经济竞争力不足”，认为成员国经济竞争力缺乏是“欧债危机”爆发的原因。一方面，在欧元的“掩盖”下，虚假的经济繁荣造成了欧元区边缘国家竞争力的丧失，[③]并且提高了边缘国家的劳动力成本，导致了这些国家所固有的劳动力市场僵化；另一方面是德国在经济结构调整、生产力提高和控制工资的大幅增长等方面表现出色，[④]这使得欧元区边缘国家和核心国家之间的宏观经济严重失衡。危机解决之道在于削减公共支出和实施结构性改革，欧盟应将重点放在形成实施结构性改革的激励措施，从而降低欧元区解体

① Paul De Grauwe, Wim Moesen, “Gains for All：A proposal for a common Eurobond”, Centre for European Policy Studies, April 3, 2009.

② 潘成夫、刘刚：《欧洲债务危机、财政联盟与蓝色债券》，《财经科学》2011 年第 10 期，第 1–10 页。

③ Uri Dadush, Bennett Stancil, Sergey Aleksashenko, Shimelse Ali, Vera Eidelman, Moises Naim, Paola Subacchi, “Paradigm Lost：The Euro in Crisis”, Carnegie Moscow Center, Report, 2010, pp.9-16.

④ Uri Dadush, “Causes and Consequences of the Euro in Crisis”, June 3, 2010, https://carnegieendowment.org/2010/06/03/causes-and-consequences-of-euro-in-crisis-pub-40916#cause.

的可能性。[①]

第三种观点是“过度举债”，认为成员国违反了《稳定与增长公约》的约束，大规模举债是“欧债危机”爆发的原因。希腊危机表明，必须采取措施限制欧元区国家的财政赤字。因为欧元的存在，希腊债券被视为同其他核心成员国发行的欧元债券一样好，其债券利率并没有因该国增加借贷而上升——直到市场开始担心违约，这也意味着希腊可以达到极高的财政赤字。[②]欧盟委员会在2010年也承认并谴责希腊为成功进入欧元区，在财政赤字和公共债务上“做假账”，且在加入欧元区后，希腊的财政赤字和公共债务未有好转，当2008年金融危机来临时，希腊为掩盖本国债务危机的严重程度再一次在财政数据上“有意误报”。欧盟的《稳定与增长公约》具有统计监督薄弱、缺乏繁荣时期的危机预防机制、忽视宏观经济失衡、缺乏强有力的执行力等弱点，[③]因而，尽管明确了3%的赤字率和60%的债务率“红线”，但是欧盟无法对违约国进行严厉处罚，也就导致了危机的扩大与蔓延。

第四种观点是“主权债务风险与银行风险的恶性循环”，认为银行业危机与政府主权债务危机是一组恶性循环的关系，银行业危机的升级是加速“欧债危机”爆发的原因。银行业危机导致主权债务危机的过程主要表现在三个方面：首先，为应对银行业危机，政府制订提高安全计划会导致公共赤字增加；其次，金融机构也可以在政府的支持下，为商业银行提供担保，而这种担保是存在潜在风险的，从而导

---

① Holger Zemanek, “Competitiveness within the Euro Area: the problem that still needs to be solved”, *Economic Affairs*, October 2010, Volume 30, Issue 3, pp.42-47.

② Martin Feldstein, “For a Solution to the Euro Crisis, Look to the States”, *The Washington Post*, May 18, 2010.

③ Martin Larch, Paul van der Noord, Lars Jonung, “The Stability and Growth Pact. Lessons from the Great Recession”, *European Economy-Economic Papers*, 429 ed., European Union, December 2010.

致投资者要求更高的风险溢价；最后，银行危机产生的实际后果，如失业率上升等会影响政府税收，而政府通过社会保障，如增加失业救济金的公共支出，加深了预算赤字并增加了债务，需要政府采取顺应发展的自由裁量性财政政策。然而在《稳定与增长公约》的约束下，限制赤字率与债务率的财政政策会增加家庭违约的风险，不良贷款的增加会使银行的资产负债表更加紧张。① 主权债务危机增加银行业风险的逻辑在于，银行业大量购买主权债券，使得政府的债务状况进一步恶化，而政府的债务问题会引发对银行的信心危机，使得危机更加恶化。因此，切断两者之间的联系，成立银行业联盟，是应对主权债务的有效方式。

第五种观点是“治理能力不足”，认为成员国治理能力不够是“欧债危机”爆发的原因。以希腊为例，希腊的政府官僚机构导致大规模灰色经济和严重偷税、漏税等问题的产生。从宏观经济的角度来看，希腊历届政府未能扭转国民储蓄率下降的趋势是危机产生的主要原因，而不是政府预算赤字本身。② 因而，处理危机的关键不仅在于完善经济方面的管理，更需要提高希腊的治理能力和重塑希腊的制度体系。③

学者们从不同角度出发，为应对“欧债危机”提供了不同的解决思路。这种思路不仅限于学界内部的讨论，更是在欧盟成员国政府间引起反响，部分观点甚至为政府所接纳。根据对上述观点接纳程度的

---

① Bertrand Candelon, Franz C.Palm, “Banking and debt crises in Europe: the dangerous liaisons”, *De Economist*, 158, No.1, 2010, pp.81-99.

② Margarita Katsimi, Thomas Moutos, “EMU and the Greek crisis: The political-economy perspective”, *European Journal of Political Economy*, Volume 26, Issue 4, December 2010, pp.568-576.

③ Takis S. Pappas, “The causes of the Greek crisis are in Greek politics”, November 29, 2010, https://www.opendemocracy.net/en/openeconomy/causes-of-greek-crisis-are-in-greek-politics/.

不同，形成了“南北之争”——以德国为代表的“北方国家”和以法国为代表的“南方国家”，“南北”双方对于危机的解决提供了不同的解决思路。从固有的经济传统理念上看，德法两国差异很大：第一，德国认为规则应基于法律和条约，法国认为规则受制于政治过程，是可协商的；第二，德国强调危机时期的责任与义务，法国强调危机的灵活应对；第三，德国关注最后贷款人制度引发的道德风险，法国认为限制政府的自由借贷是不民主的；第四，德国认为央行的唯一目标是稳定货币价格，法国认为央行的货币政策在稳定价格之外，还要促进经济增长（类似美联储的功能）；第五，德国认为节俭美德会带来回报，法国认为节俭美德是自相矛盾的；第六，德国认为出口是衡量经济竞争力和经济实力的标准之一，法国认为出口过多是“以邻为壑”的重商主义的表现。此外，德国认为应通过强有力的约束条款使货币政策免于政府财政控制，控制政府的赤字率和债务率，通过结构改革的方式实现经济增长。[①] 这不仅是德法两国的差异，而且体现了“北方国家”和“南方国家”经济治理理念的差异，也影响了这些国家关于如何应对“欧债危机”的看法。以德国为首的“北方国家”认为“欧债危机”的爆发是由于重债国的“懒惰”，这些国家没有努力提升本国的经济竞争力，不遵守欧盟“约定”过度举债从而导致危机的发生。欧盟不应该对重债国实施直接救助，而应采取紧缩的财政政策，通过预算监管、债务刹车机制等方式加强财政纪律，实施结构性改革是应对危机的有效方法。以法国为首的“南方国家”则认为德国持续的贸易盈余是对欧元区稳定的最大威胁，反对财政预算机制，特别是在紧缩政策引起新一轮的增长停滞之后，更加反对紧缩性财政政策。

---

① ［德］马库斯·布伦纳迈耶、［英］哈罗德·詹姆斯、［法］让-皮埃尔·兰多：《欧元的思想之争》，廖岷，等译，北京：中信出版社，2017 年，第 69-86 页。

尽管存在“南北之争”，但是在欧盟应对“欧债危机”的实际政策上，以德国为首的“北方国家”占据了主导地位。比如，对于建立财政联盟、推动欧洲财政一体化，法德两国态度迥异。法国认为更多的财政转移支付可以有效缓解债务危机严重的国家，主张“财政的转移支付”，即欧盟内富裕的国家向其他国家转移资金，以应对危机。德国却认为只有该国自己提高经济生产力，并实现财政紧缩政策，才能真正地解决危机。为应对希腊债务危机对欧元的影响，德法两国进行了协商谈判，法国在西班牙的支持下，表示希望通过向希腊提供贷款来寻求解决方案，而德国和欧洲中央银行认为应采取强硬立场，欧元稳定面临的更大风险就来自救助一个挥霍无度的成员国，德国总理默克尔认为在国内预算纪律严格的情况下，选民可能会对救助做出愤怒的反应，德法两国由此协商未果。[①] 随着不断升级的债务危机的压力，德法两国推动了欧盟的重大改革——对 17 国货币集团实施更严格的预算规定。对于此次改革，时任法国总统萨科齐明确表示改革意味着更密切的政府间合作，而不是将控制权交给一个超国家机构。[②] 即法国仅希望在财政的转移支付方面达成合作，而不愿意“交出本国的财政权”。对此，德国意见不一，德国认为财政的转移支付需要以接收国让渡一部分的财政主权至欧盟为前提，接收国应实施国内改革并接受欧盟的监督，德国表示愿意就欧洲“财政联盟”的愿景进行谈判。2012 年 6 月，时任法国欧洲事务部长贝尔纳·卡泽纳夫（Bernard Cazeneuve）在巴黎与德国外交官迈克尔·林克（Michael Link）会谈后表示，法国将支持采取措施实现欧洲的预算一体化，正如柏林所希望

① “Angela Merkel dashes Greek hopes of rescue bid”, *The Guardian*, February 11, 2010, https://www.theguardian.com/theguardian/2010/feb/11/germany-greece-merkel-bailout-euro.

② Reuters, “Germany, France examine radical push for eurozone integration”, November 27, 2011, https://www.reuters.com/article/us-eurozone-crisis-idUSTRE7AQ0CF20111127.

的那样，但首要任务必须是就解决欧元区债务危机的紧急措施达成一致。[①]欧元区是货币联盟历史上第一个将货币政策的制定权集中在一个中央银行，而将财政决策权分散在各成员国的中央银行的制度设计框架，这对经济学家和政策制定者而言都是全新的制度设计。在经济大萧条时期，财政联盟的中心会获得财政事务更多的控制权，这正是欧盟所经历的，[②]危机推动了财政一体化的向前迈进。

（二）实际救助阶段

随着债务危机的扩大，葡萄牙、爱尔兰等国相继深陷债务泥淖，欧盟对成员国的救助不再只是停留在争论上，而是采取具体措施，帮助成员国应对危机。正是在处理债务危机的过程中，欧盟在财政一体化上迈出了实质性的小步伐，具体体现在以下四个方面：

第一，强化财政纪律。2010 年 5 月，欧盟委员会出台改革建议，建议采取强化财政纪律、加大对成员国预算监督力度的措施，以预防希腊债务危机的重现。欧盟强化财政纪律的主要措施有“欧洲学期”和《欧洲经济货币联盟稳定、协调和治理公约》（也称“财政契约”）。欧盟通过“欧洲学期”和“财政契约”的实施，在一定程度上得以分享成员国财政的预算权，获得对成员国财政的监督权。“欧洲学期”的出台是欧盟财政一体化进程的重要一步。为应对债务危机，2010 年 3 月，欧盟理事会峰会宣布成立专项工作组，“欧洲学期”就是被提出的加强欧盟经济政策协调的建议之一，且于 10 月在欧盟理事会的最终报告中被正式引入。[③]该机制是一种新的经济治理框架，允许

① Reuters, “France wants crisis measures before fiscal union”, June 12, 2012, https://www.reuters.com/article/uk-eurozone-crisis-france-idUKBRE85B0UX20120612.

② National Bureau of Economic Research, “A Fiscal Union for the Euro: Some Lessons from History”, NBER Working Paper No.17380, September 2011.

③ 杨继梅、周茂荣：《“欧洲学期”：欧盟改善经济治理的重要一步》，《经济学家》2012 年第 1 期，第 89-96 页。

欧盟委员会、欧盟理事会等机构对成员国的经济进行监督，包含财政纪律、宏观经济稳定和繁荣、结构性改革等方面。[①]2011 年 1 月 12 日，首份《年度增长调查报告》的发布标志着“欧洲学期”的正式启动。“欧洲学期”的运行过程是，首先，欧盟在秋季公布《年度增长调查报告》和《预警机制报告》，部署欧盟整体的经济和社会优先事项，判断成员国是否存在潜在的宏观经济失衡风险，并为成员国提供下一年的政策指导；其次，成员国向欧盟委员会提交《国家改革计划》和《国家稳定和趋同计划》（三年预算计划，前者针对欧元区国家，后者针对其他欧盟成员国），欧盟委员会评估成员国的计划，并在 5 月向每个成员国提出一系列新的针对具体国家的建议；最后，成员国政府在理事会讨论这些政策建议，并在理事会通过后，将建议纳入下一年的改革计划和国家预算。[②]

“欧洲学期”使欧盟分享了成员国的预算权，加强了对欧元区的监督。根据“欧洲学期”的安排，欧元区成员国必须在 10 月 15 日之前向欧盟委员会提交下一年的预算计划草案，然后，欧盟委员会根据《稳定与增长公约》的要求和相关的针对具体国家的建议对计划进行评估，并在 11 月就每项预算计划发表意见，以便在国家预算定稿时考虑到这一指导意见，此后，欧元区经济和财政部长对欧盟委员会关

---

① European Council, “Strengthening Economic Governance in the EU Report of the Task Force to the European Council”, October 21, 2010, https://www.consilium.europa.eu/media/27405/117236.pdf.

② 欧盟委员会网站，参见 European Commission, “The European Semester explained”, https://ec.europa.eu/info/business-economy-euro/economic-and-fiscal-policy-coordination/eu-economic-governance-monitoring-prevention-correction/european-semester/framework/european-semester-explained_en；宋馨、胡振虎：《“欧洲学期”能否推动欧盟实现经济与财政一体化》，《中国财经报》2014 年 8 月 7 日。

于预算计划草案的评估进行讨论。[①]总之，成员国如何花钱需要接受欧盟的调查与指导。

此后，欧盟成员国签署并生效的“财政契约”就是加强版的经济和货币联盟，表现出财政一体化的明显特征。[②]“财政契约”于2013年1月1日正式生效，重点强调加强成员国的财政纪律，并建立财政约束机制。契约规定了平衡预算的“黄金法则”，即成员国再次承诺保持“平衡或盈余”的预算地位，这些国家需要以国家法律或宪法修正案的方式，将结构性预算赤字限制在GDP的0.5%，只有在特殊情况或严重衰退时才允许偏离。对于债务占GDP比率“显著低于GDP的60%”的国家，结构性预算赤字可能可以达到GDP的1%。如果一个成员国认为另一个成员国没有履行将“债务刹车”纳入国家法律的规定，则该成员国可以将另一个成员国提交至欧洲法院审理。欧洲法院可以对未履行规定的成员国处以GDP总额的0.1%的罚款。同时，“财政契约”再次确定了“1/20规则”，即如果实际债务占GDP的比率超过60%的国家不能快速地降低该比率，则允许开启过度赤字程序，该成员国每年将债务与GDP的比率减少一定的数值，这种数值被定义为实际债务与GDP的比率与60%阈值之间的差异的1/20，此规则适用于三年平均水平。此外，在“1/20规则”生效之前，各国在将当

① 欧盟委员会网站，参见 European Commission, “The European Semester explained”, https://ec.europa.eu/info/business-economy-euro/economic-and-fiscal-policy-coordination/eu-economic-governance-monitoring-prevention-correction/european-semester/framework/european-semester-explained_en.

② 叶斌：《欧债危机下欧盟经济治理与财政一体化的立法进展》，《欧洲研究》2013年第3期，第45-64页。

前赤字修正至3%目标以下后，将获得三年的宽限期。①但是，由于“财政契约”中除了欧洲法院对未通过“债务刹车”法律的成员国处以GDP的0.1%的罚款之外，并没有其他的实质惩罚，因此，“财政契约”的实质影响可能会低于预期。②2020年11月，欧盟在经济和财政部长视频会议上重申，受新冠肺炎疫情影响，欧盟暂缓实施限制预算赤字和债务规模的政策，“财政契约”需予以调整，应予以暂时搁置。③可以肯定的是，欧盟通过“财政契约”获得了对成员国财政的监督权。

第二，救助的机制化。欧盟突破“不救助条款”的限制，开始对陷入债务危机的成员国实施积极救助。这种救助建立在一系列机制的基础上，除了上述的“欧洲学期”和“财政契约”之外，欧盟还通过欧洲金融稳定机制、欧洲稳定机制等机制来救助成员国。

2010年6月，欧盟委员会创建了临时危机解决机制——欧洲金融稳定机制，旨在向任何经历或面临严重财政困难威胁的欧盟国家提供财政援助，但此时的财政援助是以实施改革为条件的，如在2011年至2014年期间向爱尔兰和葡萄牙提供以实施改革为条件的财政援助；同时，该机制也允许向财政困难的成员国提供短期过渡贷款，如

① European Council On Foreign Relations, “Reinventing Europe: Explaining the Fiscal Compact”, May 1, 2012, https://ecfr.eu/article/commentary_reinventing_europe_explaining_the_fiscal_compact/；欧洲议会网站，参见 European Parliament, “The EU framework for fiscal policies”, https://www.europarl.europa.eu/factsheets/en/sheet/89/the-eu-framework-for-fiscal-policies.

② European Council On Foreign Relations, “Reinventing Europe: Explaining the Fiscal Compact”, May 1, 2012, https://ecfr.eu/article/commentary_reinventing_europe_explaining_the_fiscal_compact/.

③ European Council, “Video conference of economic and finance ministers”, November 4, 2020, https://www.consilium.europa.eu/en/meetings/ecofin/2020/11/04/；European Commission, “2020 annual report of the European Fiscal Board”, September 28, 2020, p.5, https://ec.europa.eu/info/sites/default/files/efb_annual_report_2020_en_1.pdf.

2015年7月向希腊提供短期贷款。[①]与之而来的是欧洲金融稳定基金，其援助资金来自资本市场上的债券和其他债务工具。[②]2011年7月，欧盟理事会举行欧盟峰会后发布的《欧元区国家元首或政府首脑和欧盟机构的声明》标志着欧洲金融稳定基金已转变为一种流动性工具。[③]在此次峰会上，德国承认了对希腊至关重要的债务减免原则，欧元区领导人同意下调对希腊、爱尔兰和葡萄牙的贷款利率。时任法国总统萨科齐曾表示，欧洲金融稳定机制是"欧洲货币基金的开端"。[④]然而该机制并不具备解决问题的大规模干预能力，因此对成员国的救助能力有限，但值得肯定的是，该机制突破了不救助条约的限制，开启了救助成员国的先例。

欧洲金融稳定机制是临时性的危机解决机制，因此，欧盟内部开始探讨，在此基础上建立永久性救助机制的可能性与可行性。德国国际政治与安全事务研究所认为，当前的欧洲金融稳定机制不足以有效应对此次危机以及预防未来可能出现的威胁，因此重新进行的欧洲稳定机制的框架应区分流动性问题与偿付能力问题，且应该在以下方面付出努力：建立永久的流动性资金，在严格的预算监测前提下，为正在经历经济危机的欧元区国家提供贷款；提供银行重组资金，可以直

① 欧盟委员会网站，参见 European Commission, https://ec.europa.eu/info/business-economy-euro/economic-and-fiscal-policy-coordination/financial-assistance-eu/funding-mechanisms-and-facilities/european-financial-stabilisation-mechanism-efsm_en.

② 欧盟委员会网站，参见 European Commission，https://ec.europa.eu/info/business-economy-euro/economic-and-fiscal-policy-coordination/financial-assistance-eu/funding-mechanisms-and-facilities/european-financial-stability-facility-efsf_en.

③ Council of the European Union, "statement by the heads of state or government of the Euro Area and EU institution", Brussels, July 21, 2011, https://www.consilium.europa.eu/media/21426/20110721-statement-by-the-heads-of-state-or-government-of-the-euro-area-and-eu-institutions-en.pdf.

④ "Has Europe been rescued?", *The Financial Times*, July 22, 2011, https://www.ft.com/content/8b1caeee-b48d-11e0-a21d-00144feabdc0.

接向银行注入资金而避免系统性的银行危机；在集体行动的基础之上，为欧元区国家的破产程序提供一个主权债务重组的有序方法，等等。[①]2011年12月9日，欧洲议会发布《欧元区国家元首或政府首脑的声明》，声明指出，欧元区需要更好地应对当前的挑战，朝着更强大的经济联盟迈进，欧元区国家需要两个方向的行动：一是建立新的财政契约；二是开发新的金融稳定工具。针对后者，该声明指出欧洲金融稳定基金的杠杆作用应该得到快速的发展，同时欢迎欧洲央行发挥在其市场运作中充当欧洲金融稳定基金代理人的作用。此外，欧元区成员国同意加快欧洲稳定机制的生效，共同的目标是让其生效时间不晚于2012年7月。[②]现实的结果是，2012年2月2日，欧元区成员国签署《建立欧洲稳定机制条约》，该机制在10月正式生效，是永久性的危机解决机制。

欧洲稳定机制是欧元区成员国成立的国际金融机构，旨在帮助陷入严重金融危机的欧元区国家，机构可为成员国提供紧急贷款，作为回报，各国必须实施改革计划。与欧洲金融稳定基金的资金来源一样，欧洲稳定机制的资金来源也是金融市场，而不是纳税人。[③]2020年11月30日，欧元集团同意继续推进欧洲稳定机制（ESM）的改革，[④]并

① German Institute for International and Security Affairs (SWP), "Dealing with Debt Crises in the Eurozone-Evaluation and Limits of the European Stability Mechanism", SWP Research Paper, October 2011.

② European Council, "Statement by the Euro area heads of state or government", Brussels, December 9, 2011.

③ 欧洲稳定机制网站，参见 European Stability Mechanism, https://www.esm.europa.eu/about-us/intro.

④ European Council, "Statement of the Eurogroup in inclusive format on the ESM reform and the early introduction of the backstop to the Single Resolution Fund", November 30, 2020, https://www.consilium.europa.eu/en/press/press-releases/2020/11/30/statement-of-the-eurogroup-in-inclusive-format-on-the-esm-reform-and-the-early-introduction-of-the-backstop-to-the-single-resolution-fund/.

于2021年1月27日和2月8日，ESM成员国签署ESM条约的修订协议，不过协议将在之后由19个ESM成员国议会批准才会生效。根据协议内容，“欧元区成员国向欧洲稳定机制寻求财政援助被期望为类似于向国际货币基金组织寻求相关援助”，[①] 国际货币基金组织（IMF）是我们所熟知的政府间国际金融组织，或许未来的ESM也会成为类似IMF的区域性政府间合作机构。

第三，欧洲央行的“美联储化”。自欧洲央行建立之初，就明确了其唯一的目标是保持欧元的币值稳定，欧洲央行没有稳定金融市场的职能。然而随着“欧债危机”的加深，央行的角色发生了变化，逐渐“美联储化”，承担起“最后贷款人”的责任。

在解决“欧债危机”的过程中，作为“三驾马车”之一的欧洲中央银行，发挥着举足轻重的作用。时任欧洲央行行长马里奥·德拉吉（Mario Draghi）在2012年7月26日的伦敦全球投资会议上的讲话具有里程碑意义，当全球市场对欧元区解体的讨论沸沸扬扬之际，德拉吉明确表示“欧洲央行将不惜一切代价保卫欧元”。[②] 这次讲话为欧元注入了强大动力，提振了金融市场，为欧元的稳定释放了积极信号。德拉吉承诺向欧元区的金融机构、市场和国家提供无限支持，这对银行和主权国家的股票价格和信用利差产生了巨大的有利影响，提高了银行的安全性，也降低了它们承担风险的可能性。研究者通过研究欧洲央行这种大规模的非常规干预如何影响墨西哥银行的信贷状况时，证明了若银行面临国内市场恶化等压力时，可能通过承担更多的全球

---

① European Stability Mechanism, “ESM Treaty-Amending Agreement”, https://www.esm.europa.eu/sites/default/files/migration_files/esm-treaty-amending-agreement-21_en.pdf, p.7.

② European Central Bank, “Speech by Mario Draghi, President of the European Central Bankat the Global Investment Conference in London”, July 26, 2012, https://www.ecb.europa.eu/press/key/date/2012/html/sp120726.en.html.

风险来保持其整体盈利能力，而央行的干预可以扭转这种状况，即扭转银行的冒险行为。而选择墨西哥作为研究对象的原因在于：墨西哥的金融体系相对不受“欧债危机”的影响；外国银行在墨西哥占有重要地位；墨西哥当局收集了有关银行与借款人之间借贷关系的详细信息。这些因素使得研究更独立，不受其他因素的影响，同时也能清楚识别和衡量干预的影响。[①]换言之，德拉吉的讲话深刻影响了国际借贷市场。

同时，欧洲央行也采取实际行动维护欧元区的稳定。债务危机发生后，欧洲央行在某种程度上承担着类似美联储的角色，为保持欧元的价格稳定，避免欧元区走向崩溃，相继推出长期再融资操作、证券市场计划、资产担保债券购买计划、扩大合格抵押品范围等非常规货币政策。其中，证券市场计划[②]是欧洲央行为稳定金融市场，于2010年5月正式启动的。然而，随着危机开始向核心国家和银行体系传导蔓延，欧洲央行在2012年9月暂停了该计划。随后，央行推出“直接货币交易”计划（OMT）[③]，旨在保障适当的货币政策传导和单一性货币政策。自2012年“直接货币交易”计划宣布以来，并没有任何欧元区国家要求激活该计划。然而欧洲央行的相关调查研究显示，宣布欧元系统可能（在特定条件下）直接参与货币交易对金融市场产生了相当大的影响。计划宣布后，欧元区主权债券利率下降，金融市

① European Central Bank, “Whatever it takes: What’s the impact of a major nonconventional monetary policy intervention?”, ECB Working Paper Series No.2249, March 2019.

② 证券市场计划，是指购买欧元区的政府债务和合格的市场化私人债务，旨在确保主权债务市场失灵部分的流动性并恢复货币政策传导机制的有效运行。

③ “直接货币交易”计划，是指欧洲央行在二级主权债券市场能够以严格的约束条件为前提，无规模限制地购买欧元区成员国主权债券。这种直接货币交易，主要集中于购买期限在一年到三年之间的主权债券，购买将综合考虑收益率和流动性环境。参见 European Central Bank, “Technical features of Outright Monetary Transactions”, September 6, 2012, https://www.ecb.europa.eu/press/pr/date/2012/html/pr120906_1.en.html.

场不断改善，欧元区银行系统对欧元系统再融资的依赖减少，以意大利和西班牙2012年至2014年的经济数据为例，这两个国家的两年期政府债券收益率下降了约2个百分点。[①] 欧洲央行在欧元区危机期间发挥了重要作用，在稳定欧元政策上，采取的措施有效地保持了货币政策的传导。[②]

为应对通货紧缩和经济下行风险，2015年3月，欧洲中央银行开始实行量化宽松货币政策，欧洲央行旨在通过从商业银行购买资产的方式推动整个欧元区的经济增长，帮助欧盟回到低于或者接近2%的通胀水平。其运作的逻辑是欧洲央行从其他商业银行购买债券会提高债券的价格并为银行注入资金，这会带来银行利率的下降，有利于提振消费与投资，从而创造就业，促进经济增长。[③] 就购买债券的金额而言，欧洲央行视欧元区整体经济运行情况进行调整。欧洲央行自2015年3月起，计划每月购买600亿欧元的债券，在通胀预期急剧恶化的背景下，欧洲央行于2016年4月扩大资产购买计划的规模至800亿欧元，而后在2017年4月重新恢复至600亿欧元，且在2018年1月开始降低至300亿欧元，10月再度降低至150亿欧元并考虑停止量

---

① Carlo Altavilla, Domenico Giannone, Michele Lenza, “The financial and macroeconomic effects of OMT announcements”, Working Paper Series No.1707, August 2014, https://www.ecb.europa.eu//pub/pdf/scpwps/ecbwp1707.pdf.

② 欧洲央行行长马里奥·德拉吉2013年2月27日在慕尼黑拜仁天主教学院的讲话，参见“The policy and the role of the European Central Bank during the crisis in the Euro Area”, https://www.ecb.europa.eu/press/key/date/2013/html/sp130227_2.en.html。

③ 欧洲央行网站，参见European Central Bank, “How quantitative easing works”, https://www.ecb.europa.eu/explainers/show-me/html/app_infographic.en.html.

化宽松货币政策。[①]之后，在2019年9月12日，欧洲央行管理委员会决定“自2019年11月1日起，根据管理委员会的资产购买计划，以每月200亿欧元的速度重启净购买计划”。[②]实际上，为应对新冠肺炎疫情危机的不利影响，欧洲央行维持了量化宽松货币政策并不断“加码”，2020年3月12日，欧洲央行宣布在原有资产购买计划的基础上，再增加1200亿欧元，[③]并在3月18日启动价值7500亿欧元的“复苏基金计划”。

与欧洲央行在“欧债危机”初期的“犹豫与徘徊”相比，欧洲央行在此次新冠肺炎疫情危机期间的表现十分果断。欧洲央行行长克里斯蒂娜·拉加德（Christine Lagarde）正在带领欧洲央行走出舒适区，在2020年1月到11月期间，欧洲央行已注资2.2万亿欧元刺激经济。此前欧洲央行更多的是采取经济紧缩的方式度过危机，如今欧洲央行采取财政政策与货币宽松相协调的政策以应对危机。[④]拉加德明确表示，“非常时期需要非常行动”，“欧洲央行对欧元的承诺没有限制，将在职责范围内充分利用各种工具维护欧元的稳定”。除资产购买计划以外，欧洲央行通过鼓励银行放贷、暂时放宽资本要求、放宽抵押

① 欧洲央行网站，参见 European Central Bank, “Asset purchase programmes”, https://www.ecb.europa.eu/mopo/implement/app/html/index.en.html；Pacific Investment Management Company, “ECB Quantitative Easing (QE) Timeline”, October 30, 2017, https://global.pimco.com/en-gbl/resources/smartcharts?chart=ECB-Quantitative-Easing-QE-Timeline；Reuters, “2015至2018：欧洲央行量化宽松的生命与时光”, December 13, 2018, https://www.reuters.com/article/graphic-ecbquantitative-1212-wedn-idCNKBS1OC0LG.

② 欧洲央行网站，参见 European Central Bank, “Asset purchase programmes”, https://www.ecb.europa.eu/mopo/implement/app/html/index.en.html.

③ European Central Bank, “Monetary policy decisions”, March 12, 2020, https://www.ecb.europa.eu/press/pr/date/2020/html/ecb.mp200312~8d3aec3ff2.en.html.

④ “Christine Lagarde is taking the ECB out of its comfort zone”, *The Economist*, November 26, 2020, https://www.economist.com/finance-and-economics/2020/11/26/christine-lagarde-is-taking-the-ecb-out-of-its-comfort-zone.

品限制等方式保卫欧元，维持金融稳定，促进经济增长，在某种程度上发挥着类似于美联储的作用，避免了一场不断升级的金融危机。[①]

第四，建设银行业联盟。欧盟积极完善银行业联盟，筑牢金融防火墙，以预防和应对银行业危机所造成的主权债务危机。

早在20世纪80年代后期关于货币联盟的讨论中，法国就强烈要求建立银行业联盟，但遭到德国央行的反对，德国认为将监督权交给央行意味着央行将提供救助担保，会引发道德风险，之后的条约中也为在欧元区范围内实行银行业监管设置诸多障碍。[②]持续的欧元债务危机促使欧盟重新考虑建立银行业联盟的可能，希望以此能够恢复银行信誉，稳定欧元区银行体系，并打破银行业危机和主权债务危机之间的恶性循环。范龙佩在《迈向真正的经济和货币联盟》报告中提出建立一个综合的财务框架：单一的欧洲银行监管、共同的存款保险以及单一的清算框架。[③]三个月之后，欧盟委员会提案建立欧洲银行业联盟，根据提案，银行业联盟将分三步走：首先，建立单一的监管机制，欧洲央行能够对欧元区所有银行进行监管；其次，建立清算机制，由银行出资设立一个基金，应对可能出现的银行破产清算；最后，建立存款保险机制，避免危机发生的挤兑风险。[④]

之后，欧盟根据“三步走”策略，相继出台相关机制。2013年10

① Brookings Institution, “What’s the ECB doing in response to the COVID-19 crisis？”, June 4, 2020, https://www.brookings.edu/research/whats-the-ecb-doing-in-response-to-the-covid-19-crisis/.

② [德]马库斯·布伦纳迈耶、[英]哈罗德·詹姆斯、[法]让-皮埃尔·兰多：《欧元的思想之争》，廖岷，等译，北京：中信出版社，2017年，第224页。

③ Herman Van Rompuy, “Towards a Genuine Economic and Monetary Union”, June 26, 2012, pp.4-5.

④ European Commission, “Proposal for a COUNCIL REGULATION conferring specific tasks on the European Central Bank concerning policies relating to the prudential supervision of credit institutions”, September 12, 2012.

月 15 日，欧盟理事会批准银行业单一监管机制，欧洲央行实现对欧元区总资产达 300 亿欧元以上或占有本国 GDP 总额 20% 以上的大型银行直接监管。[①]2014 年 4 月 15 日，欧洲议会投票通过单一清算机制，当银行倒闭或可能倒闭时，由清算机构对银行进行有序重组，此程序可确保银行倒闭不会损害更广泛的经济或导致金融不稳定，与此同时，成员国同意成立单一清算基金。[②] 在深化欧洲经济和货币联盟的路线图中，欧盟委员会建议未来的欧洲货币基金（EMF）将向单一清算基金提供信贷额度或担保，作为银行业联盟的后盾。[③] 然而由于各国的意见不一致，“共同存款保险机制”步履维艰，更由于德国的反对，欧元区国家在 2021 年 6 月的谈判后暂停了旨在保护储户免受未来银行业危机影响的改革计划。[④] 值得肯定的是，欧盟正在不断完善银行业联盟，增强银行抵御风险的能力。德国财政部副部长库奇斯（Jörg Kukies）曾表示，尽管欧盟银行业联盟还不够完善，但其发达程度已高于市场的认知，因为银行业联盟的存在，欧洲有能力在金融危机来临时做出快速反应。[⑤]

总的来说，在这一阶段，欧盟财政一体化进程未突破其原有框架，但欧盟对待财政一体化的态度有所改变，向财政一体化迈出了实质性

---

① Council of the European Union, “Council approves single supervisory mechanism for banking”, October 15, 2013；谢玮：《欧洲银行业联盟：欧洲金改的希望与隐忧》，《中国经济周刊》2014 第 15 期，第 72-74 页。

② European Commission, “Single resolution mechanism”, https://ec.europa.eu/info/business-economy-euro/banking-and-finance/banking-union/single-resolution-mechanism_en.

③ European Commission, “A backstop for the Single Resolution Fund”, December 6, 2017, https://ec.europa.eu/info/publications/171206-single-resolution-fund-backstop_en.

④ Politico, “Germany says nein to eurozone banking safeguards”, June 15, 2021, https://www.politico.eu/article/eurogroup-halts-deposit-insurance-talks-germany-block/.

⑤ Reuters, “German deputy finmin: EU banking union is more advanced than many think”, June 18, 2019, https://www.reuters.com/article/us-germany-banking-idUSKCN1TJ0P5.

的小步伐。无论是欧洲金融稳定机制、欧洲稳定机制，还是“财政契约”，相关机制的建立和完善并未摆脱其前提条件，即财政的转移支付不是无偿的，而以成员国的经济结构性改革为前提。同时，欧洲中央银行在一体化未成型前对危机的反应显示了其在某种程度上承担了财政部的部分职能。

（三）财政一体化的实质性突破

新冠肺炎疫情的爆发深刻影响了全球的政治、经济格局，新冠肺炎疫情是自“二战”之后人类社会所面临的最为严重的一次危机事件。在此次新冠肺炎疫情肆虐的过程中，欧洲成为重灾区，新冠肺炎疫情不仅沉重地打击了欧洲的经济、贸易、国际影响力等，更是在一定程度上阻碍了欧洲一体化进程，欧洲各国为应对新冠肺炎疫情“自扫门前雪”。[①] 然而，“绝处逢生”，危机中也蕴含着机遇，为应对新冠肺炎疫情对经济发展造成的暂停或倒退，欧盟推出了“复苏基金”。

欧盟“复苏基金”的问世建立在德法两国协调的基础上。2020 年 5 月 18 月，德国与法国发布联合声明，宣布两国将推动建立欧盟“复苏基金”以应对新冠肺炎疫情的影响。在声明中，双方在以下四点措施方面达成一致意见：一是为应对当前的健康危机，欧盟应建立“健康战略”，维护欧洲的“健康战略”主权；二是为了欧盟层面的团结和发展，双方支持建立5000亿欧元的“复苏基金”来帮助欧洲经济复苏；三是推动加速绿色和数字化转型，重申欧盟绿色协议是欧盟新的增长战略，是欧盟到 2050 年实现碳中和繁荣发展经济蓝图的重要部分；

① 林利民：《全球战“疫”及其对世界政治的深刻影响》，《红旗文稿》2020 年第 10 期，第 44-47 页。

四是增进欧盟经济和工业的弹性和主权，为单一市场注入新动力。[①] 德国与法国在欧盟内的影响力远大于任何其他成员国，而英国的脱欧让这一点更加明显，由于德法两国在欧盟的突出地位及其重要性，如果德国与法国在欧盟层面保持不同的看法，选择不同的道路，那么欧盟将很难在面临危机时获得共识及采取行动。[②]

德国与法国发布联合声明两个月后，欧盟27个成员国国家元首和政府首脑经过四天的谈判，就欧盟未来的融资计划达成了总计万亿欧元的复苏计划，其中包括7500亿欧元（以2018年的价格计算）的“复苏基金”，并同意为2021年至2027年制订10740亿欧元的欧盟长期预算。新冠肺炎疫情危机对欧盟的影响是深远的，因此，该计划的重点是针对受危机打击最严重的地区和部门，欧盟将按照预算计划管理“复苏基金”的使用。[③] “复苏基金”于2021年2月19日正式生效，该基金是欧盟复苏计划的核心，被称为“下一代欧盟”经济复苏计划，基金通过为成员国投资和改革提供大规模财政支持而更好地推动成员国经济复苏。同时，欧洲复苏计划重视绿色和数字化转型，它规定每一个复苏计划中应该包含至少37%的气候变化方面的投资和改革支出，以及至少20%的数字化转型方面的支出，而欧盟委员会将会对

---

① Die Bundesregierung, “A French-German Initiative for the European Recovery from the Coronavirus Crisis”, Pressemitteilung Nummer 173/20 vom 18, Mai 2020, https://www.bundeskanzlerin.de/resource/blob/656734/1753772/414a4b5a1ca91d4f7146eeb2b39ee72b/2020-05-18-deutsch-franzoesischer-erklaerung-eng-data.pdf.

② European Council on Foreign Relations, “The big engine that might: How France and Germany can build a geopolitical Europe”, July 2020, https://ecfr.eu/wp-content/uploads/the_big_engine_that_might_how_france_and_germany.pdf.

③ European Council, “European Council conclusions”, July 17-21,2020, https://www.consilium.europa.eu/media/45109/210720-euco-final-conclusions-en.pdf.

成员国的复苏计划中的这两个目标进行评估。[①] 以上可知，欧盟层面达成的合作与德法两国先前的联合声明有诸多类似之处。

那么，欧盟的“复苏基金”的钱从何处来？根据协议，其主要来自欧盟的联合债务，欧盟委员会被授权可以欧盟的名义从资本市场上筹集资金。[②]“复苏基金”的运作方式如下：7500 亿欧元的“复苏基金”中约有 3900 亿欧元将以赠款的形式分配，其余将以贷款的形式分配，从而促进成员国的复苏。其中，赠款的核心组成部分——3125 亿欧元资金的分配是成员国最关注的，成员国需要准备承诺改革其经济的国家复苏计划以获得相应的资金份额，而这些资金将在 2021 年到 2023 年间分配给需要援助的成员国，同时这种分配的原则是将各国的“复苏基金”分配与新冠肺炎疫情造成的经济损害明确联系起来，而不是依赖于危机前的经济增长和失业数据。剩余的 775 亿欧元赠款用于补充正常的欧盟预算计划。[③] 这也意味着，欧盟在财政一体化上迈出了关键一步，与债务危机之后的救助明显不同的是赠款的出现，尽管其实施是有条件的，但是通过发布欧盟的联合债券筹集资金，然后将一部分转移给需要的成员国（不需要偿还），实际上还是欧盟层面的财政转移支付机制。

目前，该基金已进入实际运行阶段。欧盟委员会在 2021 年 6 月 15 日代表欧盟发行于 2031 年 7 月 4 日到期的 10 年期债券，共筹集了 200 亿欧元，这是欧洲有史以来规模最大的机构债券发行、有史以来最大的机构单笔交易以及欧盟在单笔交易中筹集的最大金额。欧盟委

① 欧盟委员会网站，参见 European Commission, https://ec.europa.eu/info/business-economy-euro/recovery-coronavirus/recovery-and-resilience-facility_en.

② European Council, “European Council conclusions”, July 17-21, 2020, https://www.consilium.europa.eu/media/45109/210720-euco-final-conclusions-en.pdf.

③ “EU recovery fund: how the plan will work”, *The Financial Times*, July 21, 2020, https://www.ft.com/content/2b69c9c4-2ea4-4635-9d8a-1b67852c0322.

员会主席冯德莱恩（Ursula von der Leyen）对此表示："作为一个强大的联盟，我们共同在市场上筹集资金，这些资金将帮助我们建立一个更绿色、更数字化和更具弹性的欧洲。"①6月29日，欧盟委员会在第二次债券发行中筹集了150亿欧元，包括2026年7月6日到期的总金额为90亿欧元的五年期债券和2051年7月6日到期的总金额为60亿欧元的30年期债券。该次证券发行计划引起了投资者强烈的兴趣，交易超额认购超过11倍，出价超过1700亿欧元。②7月13日，欧盟委员会在第三次债券发行中发行了2041年7月4日到期的20年期债券，筹集了100亿欧元，获得近10倍的超额认购。③同时，欧盟委员会积极评估了一批成员国的经济复苏计划，为成员国提供援助，欧盟国家具体的经济复苏计划运行情况如表1所示。

"复苏基金"的出台看似是新冠肺炎疫情冲击之下的迫不得已，实际上这是延续了欧盟在2008年金融危机之后一系列加强建设经济和货币联盟的政策讨论和实践的成果。早在2012年6月29日，时任欧盟理事会主席范龙佩在向欧盟理事会提交的报告《迈向真正的经济和货币联盟》中提出欧元区改革，并指出一个稳定与繁荣的欧洲经济和货币联盟应基于四个基本要素：统一的金融框架、统一的预算框架、统一的经济政策框架、确保联盟内决策必要的民主合法性与问责制。关于如何加强经济和货币联盟，一个重要的方面就是共同预算的提出，

① European Commission, "Next Generation EU: European Commission raises €20 billion in first transaction to support Europe's recovery", June 15, 2021, https://ec.europa.eu/commission/presscorner/detail/en/IP_21_2982.

② European Commission, "Next Generation EU: European Commission completes second successful bond issuance to support Europe's recovery", June 29, 2021, https://ec.europa.eu/commission/presscorner/detail/en/IP_21_3287.

③ European Commission, "Next Generation EU: European Commission raises further €10 billion in a successful third bond to support Europe's recovery", July 13, 2021, https://ec.europa.eu/commission/presscorner/detail/en/IP_21_3682.

表 1 欧盟国家经济复苏计划运行情况表

序号	国家	提交计划	欧盟委员会批准计划		欧盟理事会决议通过	欧盟委员会支付 13% 的预付款	备注
			捐赠（亿欧元）	贷款（亿欧元）			
1	德国	已提交	256	/	已通过（第一批）	已支付 22.5 亿欧元	
2	荷兰	未提交	△	△	△	△	根据欧盟委员会公布的消息，该国目前未提交计划
3	比利时	已提交	59	/	已通过（第一批）	已支付 7.7 亿欧元	
4	卢森堡	已提交	0.93	/	已通过（第一批）	已支付 0.12 亿欧元	
5	法国	已提交	394	/	已通过（第一批）	已支付 51 亿欧元	
6	意大利	已提交	689	1226	已通过（第一批）	已支付 249 亿欧元	
7	丹麦	已提交	15	/	已通过（第一批）	△	
8	爱尔兰	已提交	9.89	/	△	△	
9	希腊	已提交	178	127	已通过（第一批）	已支付 40 亿欧元	
10	西班牙	已提交	695	/	已通过（第一批）	已支付 90 亿欧元	
11	葡萄牙	已提交	139	27	已通过（第一批）	已支付 22 亿欧元	第一个向欧盟委员会提交经济复苏计划（2021 年 4 月 22 日）
12	瑞典	已提交	△	△	△	△	2021 年 5 月 28 日提交申请，计划申请 32 亿欧元的捐赠
13	芬兰	已提交	△	△	△	△	2021 年 5 月 27 日提交申请，计划申请 21 亿欧元的捐赠
14	奥地利	已提交	35	/	已通过（第一批）	△	
15	塞浦路斯	已提交	10	2	已通过（第二批）	△	
16	爱沙尼亚	已提交	△	△	△	△	2021 年 6 月 18 日提交申请，计划申请 9.825 亿欧元的捐赠
17	拉脱维亚	已提交	18	/	已通过（第一批）	△	
18	立陶宛	已提交	22.2	/	已通过（第二批）	已支付 2.89 亿欧元	
19	波兰	已提交	△	△	△	△	2021 年 5 月 3 日提交申请
20	捷克	已提交	70	/	△	△	
21	斯诺伐克	已提交	63	/	已通过（第一批）	△	
22	斯洛文尼亚	已提交	18	7.05	已通过（第二批）	△	
23	匈牙利	已提交	△	△	△	△	2021 年 6 月 18 日提交申请，计划申请 72 亿欧元的捐赠
24	马其他	已提交	△	△	△	△	2021 年 6 月 18 日提交申请，计划申请 3.164 亿欧元的捐赠
25	罗马尼亚	已提交	△	△	△	△	2021 年 5 月 31 日提交申请，计划申请 143 亿欧元的捐赠和 150 亿欧元的贷款
26	保加利亚	未提交	△	△	△	△	根据欧盟委员会公布的消息，该国目前未提交计划
27	克罗地亚	已提交	63	/	已通过（第二批）	△	

注：1. 截止时间为 2021 年 8 月 26 日；
2. “/”表示“无该项”；
3. “△”表示未到该环节。

（资料来源：欧盟委员会、欧盟理事会。表格自制。）

范龙佩认为统一的预算框架，应包括制定欧元区国家和欧洲层面健全的财政政策，包括协调、联合决策、加强执法并采取相应措施共同发行债务，还可以包括不同形式的财政团结。范龙佩在此次报告中强调了统一的预算框架是欧元区应对主权债务危机、通往长期繁荣与稳定的必由之路，经济和货币联盟的良好运行不仅需要加强现行的经济治理框架，而且需要向一个财政联盟靠拢，而一个成熟的财政联盟意味着在欧洲层面拥有更强的能力，能够管理经济上的相互依存关系并最终实现欧元区层面的财政一体化，如建立财政部。[①] 在此基础上，12月5日，范龙佩与巴罗佐、容克、德拉吉联合发布的《迈向真正的经济和货币联盟》报告更加详细地论述了联盟发展的四个基本要素。[②]

之后，欧盟为加强经济和货币联盟制订了具体的线路图。2015年6月，欧盟委员会、欧洲议会、欧洲央行、欧盟理事会、欧元集团五个主席联合发布文件《完善欧洲经济和货币联盟》，该文件制定了深化经济和货币联盟“三步走”的路线图：第一步是从2015年7月1日到2017年6月30日的两年时间里，欧盟机构和欧元区成员国将在现有基础上最大限度地利用已有条约，提升竞争力和结构趋同，完成金融联盟，逐步走向财政趋同；第二步是在2025年前，制定一系列具有法律约束力、旨在实现财政趋同且共同商定的规则，完成经济和货币联盟的经济和体制架构；第三步是2025年以后的最后阶段，即最终实现真正的经济和货币联盟，一个深度融合的、真正的经济和货币联盟将为共享单一货币的欧元区提供稳定与繁荣之地，并吸引欧盟其

① Herman Van Rompuy, “Towards a Genuine Economic and Monetary Union”, June 26, 2012, https://www.consilium.europa.eu/media/21570/131201.pdf.

② Herman Van Rompuy, José Manuel Barroso, Jean-Claude Juncker, Mario Draghi, “Towards a Genuine Economic and Monetary Union”, December 5, 2012, https://www.consilium.europa.eu/media/23818/134069.pdf.

他成员国的加入。[①] 欧元区若想向真正的经济和货币联盟发展，就需要成员国在财政政策上进行联合决策，确保民主问责制和合法性，而“未来的欧元区财政部”或许就是联合决策的所在地。

从2012年时任欧盟理事会主席范龙佩在《迈向真正的经济和货币联盟》中提出的共同发行债务、建立财政部的激进想法，到2015年欧盟五主席在《完善欧洲经济和货币联盟》中提到的建立欧元区财政部，欧盟财政一体化逐步向前发展，但是，此时关于财政的转移支付规模小，且不是无条件的，而是以严苛的成员国结构性改革为前提，实际上是不能被称为真正意义上的“财政转移支付”。直到新冠肺炎疫情危机的出现，“复苏基金”的快速问世，无偿赠款的出现，才是欧盟向财政一体化迈出的实质的一大步。“复苏基金”是欧盟关于统一的预算框架下讨论的具体成果，是实现欧盟债务共同化的工具。发行欧元区债券是否应作为应对欧洲债务危机的有效方式？是否应该被采用？这些问题长期以来为欧盟及其成员国所争执不休，而本次为应对新冠肺炎疫情危机，欧盟已发行了三次证券，且在未来会发行更多。

大规模“复苏基金”计划的问世，是“后危机时代”欧盟内部形成共识的结果，共识的形成则是以德法两国为基础。早在2012年，默克尔就提出加强财政纪律，提议建立一支新的小型欧元区“团结基金”，奖励遵守财政纪律的国家和缓冲结构性改革带来的负面影响。[②] 在英国脱欧的背景下，默克尔和马克龙都认为欧盟应该加强合作，推

① European Commission, “Completing Europe’s Economic and Monetary Union”, June 2015, https://ec.europa.eu/info/sites/default/files/5-presidents-report_en.pdf, p.5.

② Reuters, “欧洲领导人思考如何打造‘真正的经济和货币联盟’”, October 29, 2012, https://www.reuters.com/article/eu-build-gemu-idCNCNE89T04E20121030.

动一体化进程，默克尔就欧元区预算与马克龙接触。[①] 马克龙 2017 年 9 月在“重振欧洲倡议”中提出“作为经济和货币强国的欧洲”是“主权欧洲”的六大关键之一，欧洲需要让欧元区成为全球经济力量的核心，这不仅需要国家改革，而且必须配备能够使其保持经济增长和稳定的工具，包括能够为联合投资提供资金并确保在经济冲击时保持稳定的预算，这种共同预算主要出于发展、投资目的，且应置于欧盟共同部长的强有力的政治指导下，并在欧洲层面受到严格的议会控制，换言之，欧元区应设立财政部长职位。[②] 欧盟 2018 年春季首脑峰会中的一个重要议程就是讨论欧盟改革，也是在这次峰会上，欧元区 19 国领导人重申加强银行业联盟和欧洲稳定机制改革是目前的优先事项，并指出将在下一届欧盟峰会上继续讨论上述各类问题以做出初步的决定。[③] 三个月之后的 6 月 19 日，德法两国举行会谈，并在会谈后发布题为《重申欧洲对安全与繁荣的承诺》的联合声明。在声明中，双方就推进欧盟改革计划达成一致，如改进欧洲稳定机制、改善银行业联盟等，尤其是双方呼吁在 2021 年前建立欧元区统一财政预算，以促进欧元区的竞争力、趋同和稳定，但双方并未就其中的框架、规模等进行讨论。[④] 马克龙提出，统一财政预算的规模应是“数千亿欧元”，

---

① BBC, “Merkel reaches out to France’s Macron on eurozone budget”, June 20, 2017, https://www.bbc.com/news/world-europe-40338756.

② Élysée, “Initiative for Europe: A sovereign, united, democratic Europe”, https://www.elysee.fr/admin/upload/default/0001/03/76ee524bea17f6c386a5f2a99a00d142cf94436a.pdf; Élysée, “President Macron gives speech on new initiative for Europe”, https://www.elysee.fr/en/emmanuel-macron/2017/09/26/president-macron-gives-speech-on-new-initiative-for-europe.

③ European Council, “Euro Summit”, March 23, 2018, https://www.consilium.europa.eu/en/meetings/euro-summit/2018/03/23/.

④ Élysée, “Meseberg Declaration-Renewing Europe’s promises of security and prosperity”, June 19, 2018, https://www.elysee.fr/en/emmanuel-macron/2018/06/19/meseberg-declaration-renewing-europes-promises-of-security-and-prosperity.

但默克尔认为“几百亿欧元”更易接受。[①] 德国与法国在欧元区统一财政预算问题上达成妥协，并不意味着欧盟层面共同预算的确立。3月份欧盟峰会提出在下一届峰会上做出初步决定的打算并未得到“完美答复”，根据2018年6月28—29日的欧盟夏季首脑峰会在会议之后的公报，欧元区国家希望加强欧元区整合、防范新的金融风险，扩大欧洲稳定机制的作用，但具体如何扩大，以及更加棘手的欧元区统一预算等问题并没有被详细讨论。[②]

随着形势的发展,2019年6月,欧元区建立规模为170亿欧元的“促进竞争力和趋同性预算工具”，统一预算机制。“促进竞争力和趋同性预算工具”旨在成为一种向成员国提供赠款的金融改革和公共投资工具。“后危机时代”南欧国家面临的债务危机难以在统一的货币政策下通过货币贬值的方法得到缓解，如果欧元区在财政预算方面不做出些许努力，这些国家的民众就会日益质疑统一货币的必要性，从而导致欧元区的瓦解，而这对于欧洲怀揣着的一体化的梦想是致命性打击。经过成员国的谈判与协调，为了维持欧元的稳定性，德国等欧元区富裕国家同意在财政预算上以结构性改革为条件,做出一定的让步。170亿欧元的共同预算规模，对欧盟来说是很小的，其象征性意义远大于实际意义。而疫情危机的出现，促使欧盟在共同预算上做出改变。

这种转机并不是突然出现的，早在2016年和2017年，欧盟内部就出现了有关欧盟未来向何处去的讨论,并在一定程度上达成了共识。自2008年金融危机后，欧洲内部经历着主权债务危机、难民危机、恐怖威胁等一系列事件的冲击，世界、欧盟内部形势也在不断发生变化。在这样的背景下，欧盟适时调整安全战略以更好地服务于建设更

---

① 武亚平：《欧洲财政联盟仍只是梦想》，《第一财经日报》2018年7月3日，第11版。

② European Council, “Statement of the Euro Summit”, June 29, 2018, https://www.consilium.europa.eu/media/35999/29-euro-summit-statement-en.pdf.

强大的欧洲。2016 年 6 月，欧盟对外行动署发布其第二份全球安全战略报告，此时距离欧盟发布于 2003 年的第一份全球安全战略报告已过了 13 年。[①]欧盟在此次全球战略文件中指出，当前欧盟面临内忧外患的局面，欧盟存在的目的，甚至其存在本身正备受质疑，为维护欧盟的利益，欧盟应该拥有共同愿景并采取共同行动。[②]而后，在欧盟成立 60 周年之际，2017 年 3 月，欧盟发布《欧洲未来白皮书》，文件关注的焦点是欧盟的未来向何处去。在该文件中，欧盟对 2025 年愿景提出了五种设想："延续"（Carrying on）、"只作为单一市场"（Nothing but the single market）、"愿者多做"（Those who want more do more）、"少但高效"（Doing less more efficiently）、"抱团做更多"（Doing much more together），而这些设想均以 27 个成员国作为一个联盟为起点。[③]换言之，即使面临着严重的危机，欧盟仍致力于维护联盟的地位，坚持一体化进程。

二、"后危机时代"欧盟不断推进财政一体化的动因

（一）德国转变推进财政一体化态度

在"欧债危机"期间，德国对财政一体化的态度发生了显著的变化，其核心目标是维护欧元区的完整性和稳定性，德国立场的转变给欧盟

---

① Council of the European Union, "European Security Strategy—A secure Europe in a better world", December 12, 2003, https://www.consilium.europa.eu/ueDocs/cms_Data/docs/pressdata/en/reports/78367.pdf.

② European Union External Action Service, "Shared Vision, Common Action: A Stronger Europe—A Global Strategy for the European Union's Foreign And Security Policy", June 2016, https://eeas.europa.eu/archives/docs/top_stories/pdf/eugs_review_web.pdf.

③ European Commission, "White Paper on the Future of Europe", March 1, 2017, https://www.alpine-space.eu/about/post2020/eu/ec_white-paper-future-europe.pdf.

财政一体化的突破带来了可能。

长期以来，德国对“不救助条款”是深信不疑的，德国认为该条款有助于维护欧元的独立性，让欧洲央行承担任何信用风险都将危害其独立性，并影响其主要目标——稳定物价的能力。在“欧债危机”初期，时任德国央行行长阿克塞尔·韦伯（Axel Weber）明确反对欧洲央行对重债国的救助，反对2010年5月欧洲央行的证券购买计划，并呼吁在10月前取消该计划。[①]欧洲央行首席经济学家于尔根·斯塔克（Jürgen Stark）也表示了对欧洲央行的购买债券计划的反对。之后，在希腊等国危机加深的背景下，德国对成员国向国际货币基金组织和欧洲央行需求紧急贷款的行为表示了“默许”。德国财政部长沃尔夫冈·朔伊布勒（Wolfgang Schaeuble）在2010年4月表示向希腊提供贷款有利于稳定欧元区，这对德国而言是有利的，韦伯也承认此时帮助希腊是有必要的，可以阻止危机的蔓延。[②]但是，德国坚决反对欧洲央行购买成员国国债以稳定金融市场，2011年8月，默克尔在马格德堡的演讲中表示“我拒绝欧元债券，因为它们不是这场危机的解决方案”。[③]2012年6月，在讨论范龙佩所提出的建立更紧密的财政和银行联盟以及共同债券的欧盟峰会之前，默克尔明确表示“只要我活着，就没有欧元债券”。随后，朔伊布勒回应了默克尔的发言，表明除非先有其他的“大刀阔斧”的改革措施，不然只要他活着，欧

---

① “ECB dashes hopes as it refuses to pump extra money into eurozone”, *The Guardian*, December 2, 2010, https://www.theguardian.com/business/2010/dec/02/ecb-refuses-pump-money-into-eurozone?INTCMP=SRCH.

② DW, “Aid for Greece won’t put squeeze on Germany, says Schaeuble”, April 29, 2010, https://www.dw.com/en/aid-for-greece-wont-put-squeeze-on-germany-says-schaeuble/a-5517080.

③ “Merkel again rejects euro bonds”, *The Irish Times*, August 24, 2011, https://www.irishtimes.com/news/merkel-again-rejects-euro-bonds-1.882337.

洲债券也不会存在。[①] 同时期，时任德国央行行长延斯·魏德曼（Jens Weidmann）在接受《南德意志报》的采访时也表示迅速推出欧元债券是错误的，不能有效解决危机，并在 8 月接受《明镜》周刊时，对欧洲央行“不惜一切”将成员国留在欧元区的立场表示不赞同。然而，在经历过希腊脱欧威胁之后，德国的态度再一次发生了改变。2012 年 10 月，朔伊布勒提出结束“欧债危机”、改革货币联盟的一揽子建议，特别是赋予欧盟委员会对成员国预算的干预权力。[②] 之后，默克尔也呼吁建立欧元区财政联盟，她认为“欧债危机”不会短时间内快速解决，需要数年时间，欧元区需要一个新的“稳定联盟”，并再次排除了建立欧洲债券的可能性。[③] 新冠肺炎疫情危机的到来，使得德国在共同债券的态度上加速转变，与法国联手，推动“复苏基金”计划的实施。

德国对欧盟财政一体化态度转变的原因是欧元诞生二十多年来，德国从中获利颇丰，欧元是德国的核心利益。德国经济可以通过以下三个渠道在欧元框架下受益：一是共同货币降低了德国公司和消费者的交易成本，德国公司可以节省货币兑换、不同货币区之间的银行转账产生的成本，以及最重要的是降低可能潜在的汇率波动对经济产生负面影响的风险；二是共同货币增加了价格透明度，这种透明度刺激了跨境贸易并加强了价格竞争，竞争导致大幅降价，这对生产效率高、竞争能力强的德国而言是有利的，从而进一步提高德国公司的国际竞争力；三是根据一般的经济理论，某国长期的出口顺差会导致该国的

① Reuters, “Schaeuble: no euro bonds in my lifetime either”, June 30, 2012, https://www.reuters.com/article/us-eurozone-bonds-schaeuble-idUSBRE85S18P20120629.

② 《德国财长提出克服欧债危机一揽子改革建议》，载人民网，2012 年 10 月 17 日，见 http://finance.people.com.cn/n/2012/1017/c70846-19285020.html。

③ France 24, “Europe close to launching ‘fiscal union’, says Merkel”, December 2, 2011, https://www.france24.com/en/20111202-angela-merkel-fix-euro-europe-financial-crisis-fiscal-union-eurozone-fiscal-union.

货币升值，其逻辑是任何出口国的产品都必须以出口国的货币支付，因此，高出口意味着对出口国货币的高需求，从而导致该货币的汇率上升，这也意味着出口国货币价格上涨，导致其出口商品价格上涨，从而对该国出口能力产生负面影响。前两点对于欧洲货币联盟的成员国均有相同的效用，然而第三点仅对具有强大经济竞争力和经常账户盈余的成员国来说是有利的，因为该国不会因货币升值而减弱竞争力，显然欧元区最大的经济体——德国将从欧元中受益。在过去，德国经济和德国劳动力市场无疑已经从欧洲货币联盟成员的身份中受益；在未来，德国将继续从欧元中受益。[①] 德国是欧元区乃至全球的出口大国，它的出口占 GDP 的比重高达 40%，而德国的出口中近 60% 是销往欧盟其他国家，如果德国退出欧元区而使用自身的货币，那么货币的急剧升值对于德国的出口就会造成灾难性打击。[②] 研究显示，德国是欧元的最大获益者，在 1999 年至 2017 年间，德国获益了 1.9 万亿欧元，平均每人获益 23116 欧元。[③] 国际货币基金组织曾预估因为欧元的存在，德国贸易商品的实际有效汇率被低估了 10%~20%。[④]

欧盟各成员国在引入欧元之前，政府债券长期利率远高于德国，而在引入欧元之后，长期利率开始与德国趋同，这对欧盟其他成员国来说是一把“双刃剑”：一方面，这些国家能够以更低的成本从国际资本市场融资；另一方面，融资能力的独立性减弱，加深了对德国的

---

① Thiess Petersen, “Germany, the Euro and the Euro Crisis”, August 5, 2013, https://www.e-ir.info/pdf/41669.

② 夏乐：《欧元区：将伟大的货币实验进行到底》，《国际金融》2019 年第 8 期，第 22–25 页。

③ Centre for European Policy, “20 Years of the Euro: Winners and Losers”, February 2019, https://www.cep.eu/Studien/20_Jahre_Euro_-_Gewinner_und_Verlierer/cepStudy_20_years_Euro_-_Winners_and_Losers.pdf.

④ Stefano Micossi, Alexandra D’Onofrio, Fabrizia Peirce, “On German External Imbalances”, No.2018/13, November 2018, https://core.ac.uk/download/pdf/162643125.pdf.

依赖。[①] 于德国而言，利率的趋同给德国带来了巨大的收益，欧元帮助德国在欧元区内的出口保持了强大的竞争地位，并帮助缓和了其汇率对主要第三国货币的升值。同时，因为欧元的存在，欧元区国家得以享有低利率的好处，可以以更低成本在国际资本市场融资。根据德国央行 2017 年 7 月发布的月度报告，自 2008 年以来，欧元区因此总共节省了约 1 万亿欧元的利息支出，其中仅德国就节省了 2400 亿欧元，相当于德国 2016 年 GDP 的 7.5%。[②]

（二）危机倒逼欧盟推进财政一体化

第一，“欧债危机”引发了欧元危机。随着欧洲主权债务危机状况不断恶化，各大金融机构开始预测希腊退欧的具体时间表。[③] 实际上，针对欧元区可能解体的威胁，各国政府及银行，甚至企业界都开始积极制订应急预案。欧盟贸易委员卡瑞德古特承认，欧盟委员会和欧洲央行已经开始制订应对希腊出现债务违约状况的应急方案，这也是欧盟官员第一次证实了应急预案的存在。[④] 欧洲部分央行也开始考虑制订应急预案，应对退欧甚至解体可能造成的影响。美国、中国也在密切关注危机的走向，制订内部应对计划。中国常驻维也纳联合国

① 赵柯：《货币国际化的政治逻辑——美元危机与德国马克的崛起》，《世界经济与政治》2012 年第 5 期，第 120-141 页。

② Deutsche Bundesbank, “The development of government interest expenditure in Germany and other euro-area countries”, Monthly Report, July 2017, pp.33-67.

③ 比如，花旗集团在 2012 年 5 月的报告中认为希腊在“未来一两年”内离开欧元区的可能性已从接近 50%，上升至 50%~75%，预计其退出时间可能为 2013 年 1 月 1 日。随着危机的蔓延，该机构在两个月后再次预测希腊在未来 12~18 个月内退出欧元区的可能性已升至约 90%。参见 The Wall Street Journal, “If Greece Does Leave the Euro, Jan.1 2013 Could Be the Date, Says Citigroup”, May 24, 2012, https://www.wsj.com/articles/BL-EUCRB-608；Reuters, “Citi sees 90 percent chance of Greece leaving the euro”, July 26, 2012, https://www.reuters.com/article/us-grexit-citi/citi-sees-90-percent-chance-of-greece-leaving-the-euro-idUSBRE86P09920120726.

④ 《欧盟制定预案应对希腊退出欧元区》，载观察者网，2012 年 5 月 19 日，见 https://www.guancha.cn/europe/2012_05_19_74909.shtml。

代表团工业发展处也曾发文指出，若欧元区解体，有一个或多个成员国退出，或将引发持续数年的全球性衰退。① 此外，这一时期许多企业，尤其是跨国企业，也针对严重的金融危机和经济动荡制订应急方案，还有跨国企业建立了自己的银行，以便把资金存放在欧洲央行。②

欧元的崩溃是灾难性的，是欧盟甚至整个欧洲都不能承受的。欧元区的解体更像是电影《玫瑰战争》版本的离婚：极具破坏性，没有任何赢家。欧元区任何一个甚至几个成员国的退出所造成的欧元区的经济混乱都是不可想象的，而退出欧元区或将加速退出欧盟。③ 欧洲一体化已经走到了一个十字路口，欧盟财政一体化是所有欧洲人面临的选择，选择财政一体化，才能真正应对"欧债危机"，继续维护欧元区的稳定，促进欧洲经济一体化，从而走向统一欧洲。

第二，欧元的失败就是欧洲的失败。默克尔明确表示："欧元的存在不仅仅意味着一种共同货币，欧元是统一欧洲的保障，欧元的失败就是欧洲的失败。"④ 欧元的本质是政治，其出路是建立一个政治联盟。⑤

欧洲一体化进程的出发点是德法两国和解以及两国为避免再次卷入战争的共同愿望，欧洲一体化是以政治为开端到经济，最后再以条约的形式回到政治上的。欧盟模式自发端时起就是一种多边层面的协

---

① 《欧元区若解体后果严重》，载中华人民共和国商务部网站，2011 年 12 月 16 日，见 http://www.mofcom.gov.cn/article/ztxx/xmlh/xmb/201112/20111207882734.shtml。

② 《跨国企业为欧元区解体制定应急方案》，载英国《金融时报》中文网，2011 年 11 月 30 日，见 https://www.ftchinese.com/story/001041986。

③ CITI, "What Happens if the Euro Collapses?", December 2011, https://www.citivelocity.com/citigps/happens-euro-collapses/.

④ BBC, "Merkel: 'If the euro fails, Europe fails'", September 7, 2011, https://www.bbc.com/news/av/business-14827834.

⑤ Paul De Grauwe, "The Governance of a Fragile Eurozone", Centre for European Policy Studies No.346, May 2011.

定，从关税同盟到单一市场，再到经济和货币联盟，当前的财政一体化进程就是欧盟进一步推进一体化的举措，用财政联盟补充和深化经济和货币联盟，从而为未来的政治联盟铺路。[①] 经济从来不是欧盟成立的首要目标，政治才是，实现政治联盟是欧洲一体化的最终目标。从本质上讲，欧洲一体化一直是一个政治项目，1951 年，六个国家决定统一煤炭和钢铁市场时，深信将这些国家与共同命运结合在一起是避免另一场战争的最佳方式，从而推动了这一行动。欧洲从来就不是因为经济而联合，在这样的背景下，要在经济一体化中迈出下一步，需要重振欧洲一体化的政治叙事。[②]

第三，追求战略自主。"后危机时代"大国竞争重返国际舞台，欧洲面临着更具对抗性的世界，危机重重。经历过"欧债危机"的动荡之后，欧盟更加认识到加强联盟的重要性，唯有增强欧洲的整体力量，才能在国际政治的角逐中占据优势。对此，欧盟在"欧债危机"逐渐得到缓解的背景下，在 2012 年《迈向真正的经济和货币联盟》的基础上，于 2015 年发布《完善欧洲经济和货币联盟》，描述了推动一体化的具体步骤：第一步，朝着一个真正的经济联盟发展，确保在经济联盟框架下，每个经济体得以繁荣；第二步，向着金融联盟发展，这种金融联盟能够确保货币联盟内货币的完整性，并与私营部门一起分担风险，这意味着完成银行业联盟和加速资本市场联盟；第三步，迈向一个可持续性和稳定性的财政联盟；第四步，走向政治联盟，为联盟的合法性等提供基础。[③] 文件为欧洲一体化描绘了蓝图。

---

① ［瑞典］斯迪克·塞雅德：《金融与财政危机对欧盟内外区域一体化的影响》，廖凡、周凡淼，译，《国际法研究》2015 年第 2 期，第 35-49 页。

② Bank for International Settlements, "Benoît Cœuré: Towards a political convergence process in the euro area", October 27, 2015, https://www.bis.org/review/r151027a.htm.

③ European Commission, "Completing Europe's Economic and Monetary Union", June 2015, https://ec.europa.eu/info/sites/default/files/5-presidents-report_en.pdf.

即使是英国脱欧事件也未对欧元区造成实质性损害，在英国脱欧的影响下，欧盟更加坚定了促进财政一体化、追求经济战略自主的决心。德国外交关系理事会前主任卡尔·凯泽（Karl Kaiser）表示，英国脱欧在一定程度上促使德国在财政政策上做出让步以避免更多的国家像英国一样脱离欧盟。面对世界形势的新变化，欧盟不断加强自身建设，也推进了财政一体化的进程。

三、“后危机时代”欧盟不断推进财政一体化的影响

财政一体化的突破增强了欧元区的经济韧性，德国在欧盟的领导作用将更加凸显，未来欧洲推进财政统一的意愿也在加强。

（一）增强欧元区的经济韧性

欧盟推进财政一体化最直接的影响是维持了欧元区的稳定，增强了欧元区的经济韧性，具体体现在以下两个方面。

第一，欧元区的国际地位得到巩固。欧元是当今第二大世界货币，与世界第一大货币美元相比，欧元作为国际储备货币的份额远落后于美元。根据国际货币基金组织在2021年6月30日公布的最新一轮官方外汇储备货币构成数据，在2021年第一季度的全球外汇储备中，美元占比59.54%，欧元占比20.57%，日元占比5.89%，英镑占比4.7%，人民币占比2.45%。[①] 实际上，自2008年以来，欧元占据外汇储备的份额呈下降趋势，但是欧元在国际贸易结算和国际支付市场上发挥了更加重要的作用，欧元在国际贸易结算中占据的份额不断增长，并在2019年达到46%，而欧元2020年的国际支付占比大约为40%。与之

---

① IMF, “Currency Composition of Official Foreign Exchange Reserves(COFER)”, June 30, 2021, https://data.imf.org/?sk=E6A5F467-C14B-4AA8-9F6D-5A09EC4E62A4.

相对应的是，欧元区在全球货物贸易的份额从 2000 年的 30% 左右下降至 2019 年的 25% 左右，可见欧元在国际市场的使用率是乐观的。同时，对于欧元区之外的欧盟成员国而言，它们更倾向于锚定欧元，而且这些国家的中央银行和财政部，大多数更喜欢以欧元而不是美元为基准货币，管理外汇流动性。[①] 自 1999 年起，欧洲央行每年定期发布欧元国际角色年度回顾报告（2000 年、2004 年、2006 年除外），根据欧洲央行在 2021 年 6 月发布的最新报告，总的来说，在新冠肺炎疫情危机下，欧元的国际角色未发生重大变化，欧元在全球外汇储备中的份额同比下降了 0.7 个百分点，但是欧元在国际贷款、国际债务证券存量和作为欧元区以外商品进口的计价货币中的份额基本保持稳定。[②]2021 年 1 月，欧盟经济和货币事务委员会在《关于加强欧元的国际作用》报告中指出，从长期来看，欧元国际角色的发挥在很大程度上取决于欧元区对国际金额资本、市场的吸引力和成员国财政政策的稳健性，一个稳定而深入的经济和货币联盟将增强欧元的影响力，促进欧元区成员国的经济发展。同时，欧元在国际市场上作为储备货币地位的巩固，将为欧元区提供更高程度的金融自主权，保护其免受他国“以货币作为影响外交政策工具”的不利影响，并提高欧盟制定自身政策立场的能力。[③]

在“欧债危机”阴霾未散、世界经济不确定性上升的背景下，欧元的扩容格外引人关注，这也证明着欧元仍然具备吸引力，欧元区是

---

① Gergely Hudecz, Edmund Moshammer, Alexander Raabe, Gong Cheng, “The euro in the world”, European Stability Mechanism, Discussion Paper Series, Volume 2021, No.16, March 18, 2021.

② European Central Bank, “The international role of the euro”, June 2021, https://www.ecb.europa.eu/pub/ire/html/ecb.ire202106~a058f84c61.en.html.

③ European Parliament, “on strengthening the international role of the euro(2020/2037)”, March 15, 2021, https://www.europarl.europa.eu/doceo/document/A-9-2021-0043_EN.html#_ftn32.

稳定的。欧洲爆发主权债务危机以来，“欧元区是否会崩溃解体”引起诸多猜测，实际结果却是，欧元区对欧盟内其他国家的吸引力不降反升，没有一个欧元区成员国退出，相反，有更多的国家愿意加入，如爱沙尼亚、拉脱维亚等。①

“复苏基金”作为一种安全资产，是欧盟在财政一体化进程中的实质性突破，也意味着以欧元计价的安全资产的扩大，有利于加强欧元在国际资本市场上的作用，扩大欧元的国际使用份额。欧元与美元的差距有一个重要的现实因素，那就是欧洲缺乏发达的资本市场，由于缺乏共同的安全资产，欧盟发展所谓的资本市场联盟也将受阻，即共同的安全资产对欧元区的发展至关重要。在缺乏共同的安全资产的情况下，面对经济危机的发生，资金从经济不稳定国家“逃往”经济稳定国家会加剧成员国之间的紧张局势，不利于成员国的团结，各国债务市场的分裂也会影响欧元区的稳定。②而在“复苏基金”计划下发行的欧盟债券将显著增加高评级、以欧元计价的资产数量，并向建立共同的欧洲安全资产迈出重要的一步，这有助于欧元区的金融深化和资本市场一体化，进而促进欧元的国际作用。同时，“复苏基金”计划与欧盟成员国的结构性改革相关联，预计将增强欧元区的增长潜力及其内部凝聚力，增强欧元区经济抵御冲击的能力，使欧元成为更具吸引力的全球投资货币。③

---

① 2011年1月1日，爱沙尼亚正式加入欧元区；2014年1月1日，拉脱维亚正式加入欧元区；2015年1月1日，立陶宛正式加入欧元区。2020年7月，欧元区成员国财政部长和欧洲央行通过投票，批准保加利亚和克罗地亚加入欧洲汇率机制，成为欧元区“候补”成员国。

② Wim Boonstra, “EU recovery fund: What will be the impact?”, June 3, 2020, https://economics.rabobank.com/publications/2020/june/eu-recovery-fund-what-will-be-the-impact/#d53cfe5a-868f-475c-813a-178e35e3106f.

③ European Central Bank, “The international role of the euro”, June 2021, https://www.ecb.europa.eu/pub/ire/html/ecb.ire202106~a058f84c61.en.html.

第二，欧洲宏观经济稳定性增强。一是新冠肺炎疫情危机下的欧元区 GDP 增长率值得肯定。从图 1 可知，与“欧债危机”相比，新冠肺炎疫情危机对欧元区的经济冲击更大。受“欧债危机”的影响，欧元区 GDP 增长率在 2009 年第一季度降至 –5.62%，而后通过采取有效的措施，GDP 增长率缓慢上升；而此次新冠肺炎疫情危机，虽短暂地造成欧元区 GDP 增长率在 2020 年第二季度达到二十年来的最低点 –14.44%，但欧元区的抗风险能力与之前相比，明显增强，欧元区 GDP 增长率快速回弹，在 2021 年第二季度达到 13.65%。欧洲央行行长拉加德曾预计，欧元区经济将在 2022 年第一季度恢复至新冠肺炎疫情

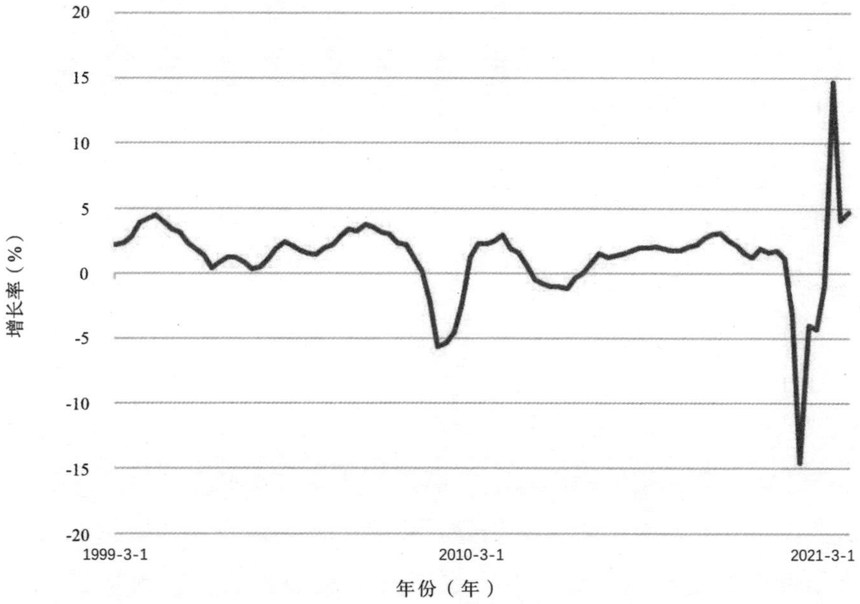

图 1 欧元区 1999 年第一季度到 2021 年第二季度国内生产总值（GDP）增长率

（资料来源：欧洲中央银行。）①

① European Central Bank, “GDP in prices of the previous year (economic growth) ”, June 30, 2021, https://sdw.ecb.europa.eu/home.do.

前的水平。在经历过“风雨”之后，欧元区的经济治理或将进一步完善，欧盟推进财政一体化，为欧元的发展赢得了更多的空间，促进了欧元区的经济发展势头更为强劲。

二是对外贸易的平稳增长。2008 年金融危机发生之后，欧盟积极建设金融防火墙，推进财政一体化进程，促进了欧盟经济的良性发展，使得欧盟对外贸易长期处于顺差状态，如图 2 所示。

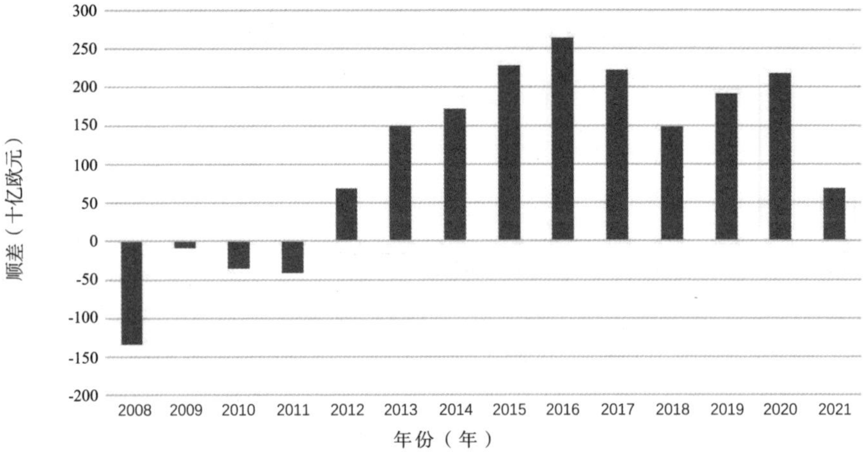

图 2　2008 年以来欧盟对外贸易顺差

（资料来源：欧盟统计局。）

欧元区宏观经济的发展得益于欧盟完善银行业联盟。银行业联盟增强了银行业面对重大冲击的韧性，增强了欧元区抵抗风险的能力，促进了欧元区经济的良性发展。2016 年，英国脱欧公投加重了欧洲银行的压力，长期松懈的审贷标准使得意大利银行业首当其冲，当时意大利银行业贷款坏账率高达 17%。随着坏账风波的发酵，意大利银行业或将引发意大利的主权债务危机，甚至退出欧元区。毕竟，意大利的公共债务大约占据 GDP 的 132%，低于希腊的 180%，但是从绝对值来看，意大利拥有 2.3 万亿欧元的公共债务，而希腊仅为 3200 万欧元。有关“欧债危机将卷土重来”的传言沸沸扬扬，不过在此次意大利的风波中，主权债务危机并未卷土重来，其重要的原因是欧洲金融防火墙的建设。在面对影响更广的新冠肺炎疫情危机时，国际社会反而没有对“欧元区的存在”表示质疑，使得意大利不至于面临主权违约的风险，这在某种程度上也体现了国际社会对欧元区金融防火墙的认可。

（二）推动财政统一的意愿在加强

首先，关于财政一体化的讨论已成为欧盟的政治议题。在某种程度上，推进财政一体化已经成为欧盟的共识，突出表现在对共同预算的讨论。早在 2012 年 6 月欧盟理事会主席范龙佩提交的报告中就提出建立共同的预算框架，而后在欧盟峰会中，如何建立共同预算及其相关问题多次成为会议讨论的主题。例如，2018 年 3 月欧盟峰会召开后公布的公报显示，共同预算是会议讨论的重要议题，“是否需要为欧元区设立财政预算？欧元区财政预算的目的是什么？是为了宏观经济稳定，促进投资和就业，还是为了鼓励结构性改革？它应该是现有欧盟整体预算的一部分，还是一个独立的财政安排？提高竞争力和促进以增长为导向的结构性改革，校正经济失衡和确保可持续的趋同发展，这些政策目标是否应该统一在欧盟层面推进？是否要采取更多的措施来维护财政纪律？哪种政策工具应该被用来达成这些政策目标？”等问题都经过了会议的讨论，不过由于成员国之间达成的共识有限，峰会并没有达成定论。[①] 但是可以确定的是，与以往对财政一体化问题的“漠视”不同，欧盟成员国愿意实实在在地讨论财政一体化的未来，这是一个很大的进步。面对疫情危机，德国财政部长奥拉

① European Council, “Leaders’ Agenda”, March 22-23, 2018, https://www.consilium.europa.eu/media/33332/en_leaders-agenda_note-on-emu.pdf；赵柯：《欧洲是否还能重拾“爱的能力”？》，《中国投资》2018 年第 7 期，第 30-31 页。

夫・舒尔茨（Olaf Scholz）表示，只有成员国准备朝着建立财政联盟的方向前进，才有可能在未来推出大规模的欧盟团结一揽子计划。[①]德拉吉在欧洲央行行长的告别讲话上，再一次呼吁提高欧元区财政能力，呼吁欧元区向财政联盟方向前进。[②]

其次，欧洲企业界是欧盟财政一体化的重要支持者。欧盟财政一体化是欧洲一体化的必经之路，财政联盟是政治联盟的基础。在欧洲企业界看来，财政统一，稳定的经济环境，有利于促进欧洲一体化，也有利于企业的发展与繁荣。空客首席执行官纪尧姆・福里（Guillaume Faury）明确表示，空客是欧洲一体化"胜利的果实"，在当前变幻莫测的世界中，空客的发展比以往任何时候都更需要欧盟的支持，例如，欧盟的经济和政治支持对于欧洲下一代卫星技术和战斗机的发展至关重要。[③]在欧盟就7500亿"复苏基金"计划达成一致后，资本市场对此表示欢迎。该计划引入共同债务并实现对成员国的赠款，使得欧盟更接近"财政联盟"，也增强了市场对该地区的信心，意大利联合圣保罗银行首席宏观经济学家卢卡・梅佐莫（Luca Mezzomo）预计"意大利和德国政府债券收益率之间的利差可能收窄至120~140个基点"。[④]

最后，欧洲民众对欧元的支持度不断提升。欧元区公民认可作为

---

① Reuters, "German finance minister eyes greater fiscal union for future EU packages", April 24, 2020, https://www.reuters.com/article/us-health-coronavirus-germany-scholz-idUSKCN2253F5.

② European Central Bank, "Remarks by Mario Draghi, President of the ECB, at the farewell event in his honour", October 28, 2019, https://www.ecb.europa.eu/press/key/date/2019/html/ecb.sp191028~7e8b444d6f.en.html.

③ Guillaume Faury, "With no Europe, who would have bet on Airbus?", May 21, 2019, https://www.airbus.com/newsroom/press-releases/en/2019/05/with-no-europe-who-would-have-bet-on-airbus.html.

④ Reuters, "EU summit on recovery fund: what's in it for markets?", July 16, 2020, https://www.reuters.com/article/us-eu-recovery-scenarios-idUSKCN24H1LC.

单一货币的欧元，支持欧元区的政策协调。根据2021年5月公布的最新的“欧洲晴雨表”结果，大约80%的公民认为单一货币对欧盟有利，这是自2002年开始调查以来的最高支持率，同样，欧元区70%的公民认为欧元对本国有利，这也是有史以来的最高数字。该调查结果是从2021年3月22日到29日，通过电话采访方式，对欧元区19个国家中的公民（年龄在15岁以上）进行17723次采访所得。同时，67%的受访者认为欧元区的经济政策需要更多的协调，15%的受访者认为欧元区目前的经济政策协调是合适的，且合适的比例在近十年达到了顶峰。换言之，“后危机时代”欧元区公民更加认可欧元的地位，也愿意进一步推动欧盟财政统一的进程。

Crisis and Transformation

——EU Strategy under the Profound Changes Unseen in a Century

第二章

欧盟的数字化转型

信息技术的进步和数字经济的蓬勃发展在带来增长与繁荣的同时，也加剧了大国之间在数字空间的激烈竞争，甚至引发了“数据战”。[①] 在数字化的世界中重塑竞争力，维护自身的“数据主权”，[②] 在全球数字治理中赢得主导权，成为世界主要大国的优先战略目标，制定面向

① 杨楠：《大国“数据战”与全球数据治理的前景》，《社会科学》（上海）2021 年第 7 期。

② 目前国内外学者对“数据主权”的定义尚处于争论阶段。国内学者大多在承认“数据主权主体属于国家”的前提下，对其进行详细划分。例如，从类型出发，将数据主权分为对内控制权和对外独立性；从性质出发，将数据主权分为广义的数据主权和狭义的数据主权。参见孙南翔、张晓君：《论数据主权——基于虚拟空间博弈与合作的考察》，《太平洋学报》2015 年第 2 期；蔡翠红、王远志：《全球数据治理：挑战与应对》，《国际问题研究》2020 年第 6 期；齐爱民、盘佳：《数据权、数据主权的确立与大数据保护的基本原则》，《苏州大学学报》（哲学社会科学版）2015 年第 1 期；曹磊：《网络空间的数据权研究》，《国际观察》2013 年第 1 期。与国内学者相比，国外学者对“数据主权”的主体还未能做出清晰界定，因此对“数据主权”的定义也有所不同。参见 De Filippi P., Mc Carthy S., “Cloud computing: Centralization and Data Sovereignty”, *European Journal of Law and Technology*, Volume 3, No.2(2012), pp.9-10。本文采用大多数国内学者的“国家数据主权”观点，认为“数据主权”是一个国家对本国数据进行控制、收集、使用、管理和保护的权力。

未来的数字化战略，也成为各个大国的“标配”。[①]“后危机时代”的欧盟将“数字化转型”作为摆脱困境、重获竞争优势和全球影响力的关键，2019年新一届欧盟委员会更是明确将数字化转型作为施政重心，[②]列为两大首要战略之一，雄心勃勃地要将欧洲打造成为数字化转型的全球领导者。

一、欧盟数字化战略的演进

（一）网络基础设施建设阶段

自20世纪90年代以来，欧盟及其主要成员国的劳动生产率一直处于下滑趋势，且与全球其他竞争对手存在的差距不断拉大。欧盟认为，影响劳动生产率低下的原因之一在于自身信息与通信技术相对落后。考虑到人口老龄化、工作就业等越加严峻的社会现实，信息技术对拉

---

① 2020年10月，美国众议院司法委员会发布一份篇幅长达450页的《数字市场竞争状况调查报告》，提议在数字经济背景下强化反垄断相关立法和重构反垄断相关法律。2021年2月，美国参议院反垄断委员会主席艾米·科罗布彻（Amy Klobuchar）提出《竞争和反托拉斯执法改革法》法案。2021年7月6日，英国发布《数字监管：推动增长并开创创新》计划，为政府管理数字技术提供了一个整体框架。2021年2月1日，日本正式生效《提高特定数字平台交易透明度和公平性法案》。2020年9月，俄罗斯反垄断局制定“第五版反垄断法案”，提议修订《俄罗斯保护竞争法》和《俄罗斯行政违法法典》。

② 冯德莱恩曾在多个场合和文件中提到将“数字化建设”作为任期内的重点工作。例如，冯德莱恩被提名为新一届欧盟委员会主席人选时，提出了关于未来施政纲领的文件——《2019—2024年政治指导方针》，主张要“使欧洲适应数字时代”，详见 Ursula von der Leyen, “A Union that Strives for More: My Agenda for Europe”, June 2019, https://ec.europa.eu/info/sites/default/files/political-guidelines-next-commission_en_0.pdf。2019年11月27日冯德莱恩在欧洲全体会议上讲话时强调，“数字化转型”已经成为欧盟最重要的议题之一，详见 Ursula von der Leyen, “Speech in the European Parliament Plenary Session”, November 27, 2019, https://ec.europa.eu/info/sites/info/files/president-elect-speech-original_en.pdf。

动欧盟经济增长发挥的作用不容忽视。[①]对此，欧盟在这一阶段提出了旨在推动信息基础设施建设的各项政策。1993 年，欧盟在《增长、竞争和就业白皮书》（又称《德洛尔白皮书》）中强调建设泛欧网络基础设施，帮助解决就业问题以及促进经济增长。1994 年 7 月，欧盟发布《欧洲迈向信息社会之路：行动计划》报告，提出从网络、基本服务、应用程序和内容四个方面出发，为欧洲搭建电信网络制定具体的实施方案。随着信息与通信技术在欧洲地区的开发和应用，欧盟逐渐将建设的焦点转向社会层面，认为建设网络基础设施的最终目标是解决有关于人的所有问题。[②]1997 年欧盟委员会在颁布的《为所有人建设欧洲信息社会》报告中肯定了这一观点。[③]而在同年发布的另一份文件中，欧盟委员会又进一步分析了信息通信技术对社会产生的影响，认为将网络技术嵌入社会环境中有助于改善信息获取、促进经济实现高水平发展、推动性别平等、提高公共行政的质量和效率等。[④]

（二）信息化社会建设阶段

进入 21 世纪，欧盟提出了旨在推进经济改革的“里斯本战略”，宣称要在 2010 年前将欧盟打造成为世界最具竞争力、最具活力的知识经济体。为达成这一目标，欧盟认为需要全面提升信息化水平，加速从工业社会向信息社会过渡。在欧盟看来，在向信息社会过渡的过程中，发挥关键性作用的产业之一是信息与通信技术产业。欧盟必须充

---

① 孙彦红：《欧盟信息通信技术产业政策述评》，《欧洲研究》2008 年第 6 期。

② Jan Servaes, *The European Information Society: A Reality Check*, Intellect Books, 2003, pp.12-13.

③ European Commission, “Building the European Information Society for Us All”, April 1997, http://aei.pitt.edu/8692/1/8692.pdf.

④ European Commission, “The Social and Labour Market Dimension of the Information Society”, July 23,1997, https://op.europa.eu/o/opportal-service/download-handler?identifier=50d6c585-b5ab-4f32-8714-07e32e5e3033&format=pdfa1b&language=en&productionSystem=cellar&part=.

分挖掘信息技术潜力，增强信息产业竞争力，以此为基础带动欧盟经济实现高质量发展。因此，如何进一步加快推进信息化建设成了该阶段欧盟制定信息化战略的核心内容。1999年，欧盟正式提出以“电子欧洲”（eEurope）为主题的信息社会转型战略，将扩大互联网普及和应用作为主要目标。2000年，欧盟发布“电子欧洲2002行动计划”（eEurope 2002 Action Plan），强调增强网络互联互通以促进竞争，并通过对公众采取培训和消费者保护手段来激励互联网使用。[①]2002年，欧盟发布“电子欧洲2005行动计划”（eEurope 2005 Action Plan），提出不仅要增强网络互连，同时还要致力于将这种连接转化为生产力，通过信息技术创新产生的经济动能刺激经济增长。[②]“i2010行动计划”是欧盟在2005年对“里斯本战略”做出中期评估后有针对性地调整信息社会发展战略而提出的新政策。“i2010行动计划”为欧盟建设信息社会确立了三大目标，包括创建单一的欧洲信息空间，加强信息与通信技术的研究和创新，以及建立一个包容性的欧洲信息社会。经过长达五年的不懈努力，欧盟及其各成员国的信息化基础条件得到了明显改善。例如，在网络普及方面，欧盟地区的上网人数从2005年的43%增加到了2008年的56%；在宽带建设方面，欧洲的宽带用户达到1.14亿人，有超过一半的家庭和80%以上的企业使用固定宽带连接，欧盟成为世界上最大的固定宽带接入市场；在线上公共服务方面，欧盟已经有三分之一的用户和近70%的企业使用电子政务服务等。[③]

---

① “eEurope 2002”, 2000, https://eurlex.europa.eu/LexUriServ/LexUriServ.do?uri=COM:2000:0330:FIN:EN:PDF.

② “eEurope 2005: An Information society for All”, June 22, 2002, https://eur-lex.europa.eu/LexUriServ/LexUriServ.do?uri=COM:2002:0263:FIN:EN:PDF.

③ European Commission, “Europe’s Digital Competitiveness Report—Main Achievements of the i2020 Strategy 2005-2009”, August 4, 2009, https://eur-lex.europa.eu/LexUriServ/LexUriServ.do?uri=COM:2009:0390:FIN:EN:PDF.

（三）数字化转型阶段

全球金融危机使得世界经济复苏脆弱，下行压力增大，传统产业动能明显不足。但与此同时，信息技术的进步推动数字经济成为发展速度最快、创新最活跃的新领域。数据作为数字经济最重要的生产要素，被不断挖掘、加工、分析和使用，迸发出巨大的经济效益。数字经济不仅成为撬动经济增长的新杠杆，还成为全球主要经济体提振经济的重要发展方向。“后危机时代”的欧盟也越来越意识到促进数字经济发展的重要性。2010 年 5 月，欧盟委员会提出一项为期五年的《欧洲数字议程》计划，确立了包括建立一个活跃的数字市场、制定数字标准体系等在内的七项重点行动方案。①2015 年，欧洲《数字单一市场战略》正式出台。欧盟希望通过打造数字单一市场，一方面，优化数据保护治理水平，提升欧洲企业和消费者的信心；另一方面，以投资数字技术、发展新兴产业和建设单一市场为抓手，欧盟致力于创造更多的就业岗位和提供更好的公共服务，推动欧洲数字市场的发展。作为对《数字单一市场战略》的支持，欧盟还先后提出了《工业数字化倡议》②和《打造欧洲数据经济》③等其他配套性政策，目标是全面释放数据潜力，确保欧洲地区的大小企业能够从数字创新中充分受益。此外，2017 年 12 月，欧洲议会国际贸易委员会还高票通过了《迈向数字贸易战略报告》。报告主张欧盟要严格打击数字贸易保护主义，并呼吁欧盟在全球数

---

① European Commission, “A Digital Agenda for Europe”, May 19, 2010, https://eur-lex.europa.eu/LexUriServ/LexUriServ.do?uri=COM:2010:0245:FIN:EN:PDF.

② European Commission, “Digitising European Industry—Reaping the Full Benefits of a Digital Single Market”, April 19, 2016, https://eur-lex.europa.eu/legal-content/EN/TXT/PDF/?uri=CELEX:52016DC0180&from=EN.

③ European Commission, “Building a European Data Economy”, January 10, 2017, https://eur-lex.europa.eu/legal-content/EN/TXT/PDF/?uri=CELEX:52017DC0009&from=EN.

字贸易规则制定方面发挥主动作用并扮演重要角色。[①]

数字经济的蓬勃发展为社会财富增长创造巨大潜力的同时，也带来一些新的风险，如数据安全、隐私泄露、数字垄断等。在这个阶段，为防止上述风险变成技术创新和经济发展的阻碍，欧盟主张推进数字治理，重点强调对技术和平台进行监管，遏制不正当竞争行为以规范数字市场秩序等。2018 年，欧盟先后通过《通用数据保护条例》和《非个人数据自由流动条例》，规定取消欧盟各成员国间的数据本地化限制，为全类型数据（个人和非个人）在欧盟境内的自由流动提供了一种制度上的安排。2020 年 2 月，欧盟委员会发布《人工智能白皮书》，强调规范高风险人工智能系统应用，构建可信任的人工智能监管框架。11 月，欧盟委员会通过了《数据治理法案》提案，法案促进整个欧盟和各部门之间的数据共享，提高数据可用性并克服重复使用数据的技术障碍。[②]12 月，《数字服务法案》和《数字市场法案》正式进入欧洲议会的讨论和修订阶段。其中，《数字服务法案》侧重于加强线上平台在打击恐怖主义等非法内容以及传播方面的责任，而《数字市场法案》则集中于对在欧洲数字市场产生重大影响的“守门人”[③]企业做出严格规定，确保欧洲数字市场公平竞争。《数字服务法案》和《数字市场法案》的提出，为欧洲地区的企业和消费者提供了一个安全可靠、公平开放的数字环境。[④]尤其是《数字市场法案》规定对不遵守新规的“守门人”

---

① 闫德利：《欧盟：建设数字单一市场》，《互联网天地》2019 年第 4 期。

② European Commission, “Data Governance Act”, November 25, 2020, https://eur-lex.europa.eu/legal-content/EN/TXT/PDF/?uri=CELEX:52020PC0767&from=EN.

③ 《数字市场法案》界定科技企业能否成为“守门人”提出了一系列定量标准，包括在欧盟经济区的平均市值至少达到 650 亿欧元或年收入至少达到 65 亿欧元；在欧盟内部至少有 4500 万月度活跃用户和 10000 家年度商业用户；连续三年达到上述前两项标准。

④ 吴沈括、胡然：《平台治理的欧洲路径：欧盟〈数字服务法案〉〈数字市场法案〉两项提案分析》，《中国信息安全》2021 年第 1 期。

企业处以最高可达其当年全球营业额10%的罚款和最高可达日均营业额5%的每日罚款。面对这样的高额罚金，一些大型科技公司不敢再为所欲为，这不仅保护了欧洲消费者的在线安全利益，同时也推动了欧盟数字经济市场的有序发展。

欧盟数字化转型总体趋势是从强调建设技术基础设施以促进数字经济发展，转变为通过加强技术监管，构建基于欧洲价值观的数据保护监管体系，来重塑全球数字治理秩序。在2020年发布的《塑造欧洲的数字未来》报告中，欧盟雄心勃勃地提出将制定并实施建立可信赖数字社会所必需的创新和相称的规则，引领互联网走向开放、公平、包容和以人为本的道路。①

二、欧盟数字化转型的动力

数字化转型是欧盟当前政治议程的核心内容。② 欧盟加快数字化战略部署从表面上看是数字技术创新发展的结果，是对全球数字经济发展形势的回应，但实质上还是在于欧盟对自身在全球数字竞争中的不利地位深感不安，亟须数字化转型来推动其在数字时代实现“战略自主”，这主要体现在三个方面。

第一，欧盟数字化水平相对落后。当前，全球进入数字技术驱动的创新时代，信息和通信技术（ICT）不仅成为衡量一个国家社会经济发展的关键指标，同时也是各国抢占新一轮科技革命制高点的重要战

---

① European Commission, “Shaping Europe’s Digital Future”, February 19, 2020, https://ec.europa.eu/info/sites/default/files/communication-shaping-europes-digital-future-feb2020_en_4.pdf.

② Ursula von der Leyen, “A Union that Strives for More: My Agenda for Europe”, https://ec.europa.eu/info/sites/default/files/political-guidelines-next-commission_en_0.pdf.

略资源。先进的数据基础设施是推进数字化转型的基础，而投资数据连接进而推动网络互联互通更是欧盟实现数字主权的关键。[①] 欧盟各成员国的数字建设相对其他发达经济体明显落后。根据欧盟委员会对全球各国数字经济与社会指数的统计结果，从 2015 年到 2018 年，欧盟数字化能力的平均得分仅 48 分，低于美国（62 分）、挪威（62 分）、瑞士（60 分）、澳大利亚（57 分）、日本（52 分）和韩国（51 分）等其他非欧盟国家。在网络联通性方面，美国、日本和韩国的宽带接入能力遥遥领先，而欧盟却有些差强人意。[②] 值得注意的是，尽管中国的网络联通水平一直落后于欧盟，但是近几年来差距正在显著缩小。数据显示，2015 年中国的网络联通水平与欧盟相比相差 14%，但到 2018 年这一比例已经缩减到 6%。[③] 在数字化转型时代衡量数字基础设施建设标准之一的网络带宽速度方面，欧盟也大幅落后。截至 2021 年 4 月，欧盟的移动带宽平均网速和固定带宽平均网速分别是 68 兆比特 / 秒（Mbps）和 127Mbps。相比之下，中国已经达到 149Mbps 和 173Mbps，美国达到 82Mbps 和 192Mbps。[④] 此外，作为评估数字化发展水平的重要指标，欧盟的互联网应用也表现不佳。根据欧盟委员会对欧盟和 18 个非欧盟国家[⑤] 的对比数据，2018 年欧盟民众使用互联网服务的平均得分仅 47 分，

---

① European Commission, “Building the World We Want to Live In: A Union of Vitality in a World of Fragility”, September 16, 2020, https://ec.europa.eu/commission/presscorner/api/files/document/print/en/speech_20_1655/SPEECH_20_1655_EN.pdf.

② 从 2015 年到 2018 年，美国在宽带接入方面的得分分别是 68、70、69、70；日本的得分分别是 69、66、69、75；韩国的得分分别是 65、67、68、69；欧盟的得分分别是 58、60、61、61。

③ European Commission, “International Digital Economy Society Index 2020”, https://ec.europa.eu/newsroom/dae/document.cfm?doc_id=72352.

④ 数据来源于对全球宽带网络速度测试网站的最新统计，参见 Speedtest Global Index, https://www.speedtest.net/global-index。

⑤ 18 个非欧盟国家包括：澳大利亚、巴西、加拿大、智利、中国、冰岛、以色列、日本、韩国、墨西哥、新西兰、挪威、俄罗斯、塞尔维亚、瑞士、土耳其、英国、美国。

低于18个非欧盟国家的平均得分52分。具体到网络视频通话、社交媒体、网上银行、在线购物等应用领域，欧盟成员国使用上述服务人口比例的均值也均落后于18个非欧盟国家的平均水平。[①]

5G是构筑经济社会数字化转型的关键基础设施，对助力全球信息服务业的快速发展影响巨大。随着全球各主要经济体加速建设5G网络，欧盟与它们之间的差距也正在逐渐拉大。例如，目前欧洲大部分地区的5G网络覆盖率比例仍然较低。截至2020年9月，欧洲5G的人口覆盖率是24.4%，而韩国已经高达93%，美国为76%，日本为34.3%。[②]尽管欧盟的战略目标是2025年前确保在所有城市和主要地面通道实现5G全面覆盖，但届时仍会比其他经济体落后30%左右。[③]不仅如此，5G基站建造迟缓也是欧盟落后的主要原因。根据欧洲工业圆桌会议的统计数据，在平均每百万人拥有5G基站数量的排名中，韩国以1491座稳居第一，其次分别是瑞士320座、中国86座、美国63座以及英国22座，而欧盟相对靠后，平均每百万人只有8座5G基站。[④]

第二，欧盟数字经济竞争力不足。作为全球科技创新的领跑者之一，欧盟及其主要核心成员国曾拥有生产尖端电子通信设备的前沿信息和通信技术企业，如诺基亚、爱立信、西门子、Skype等。然而，随着新

---

① European Commission, "International Digital Economy Society Index 2020", https://ec.europa.eu/newsroom/dae/document.cfm?doc_id=72352.

② European Telecommunications Network Operators' Association, "The State of Digital Communications", June 9, 2021, https://etno.eu/component/attachments/attachments.html?task=download&id=7973.

③ European Telecommunications Network Operators' Association, "5G and US：A European Story", June 29, 2020, https://www.etno.eu/downloads/reports/5g_and_us_a_european_story.pdf.

④ ERT, "Assessment of 5G Deployment Status in Europe", September 2019, https://euagenda.eu/upload/publications/001905-20-205g-20roll-20out-20in-20europe-20paper-20-20s7v1.pdf.pdf.

一轮技术革命推动国际产业结构转型升级，欧盟在新兴数字经济市场中的优势地位开始动摇，这首先体现在欧盟信息通信技术产业全球份额的减少。根据咨询公司 Statista 统计的数据，从 2013 年到 2019 年，欧盟占全球信息通信技术的市场份额从 21.8% 下降到 19.1%，降幅为 2.7%。相对而言，美国和中国等地区 ICT 产业的全球市场份额却保持快速增长。其中，美国的市场份额从 26.8% 增长到 31.3%，增幅为 4.5%；中国的市场份额从 9.5% 增长到 13%，增幅为 3.5%。[①] 从数字经济总量来看，当前中美两国对欧盟的核心成员国构成了压倒性优势。截至 2019 年，美国的数字经济总量高达 13.1 万亿美元，蝉联全球首位；中国位居第二，数字经济总量达 5.2 万亿美元；尽管德国排名第三，但数字经济规模仅突破 2 万亿美元，而法国排名第六，总量也仅超过 1 万亿美元。[②] 此外，欧盟还缺乏能与中美数字平台相抗衡的“独角兽”企业。在 2019 年福布斯公布的全球数字百强企业名单中，美国有 39 家，中国有 11 家，日本有 13 家，欧盟有 13 家。其中，排名靠前的数字企业主要来自美洲和亚洲，欧洲企业大多排在五十名以后。[③]

2020 年 12 月，欧盟委员会发布《2020 欧盟产业研发投资记分牌》报告，显示全球研发投入前 2500 家企业中欧盟共有 421 家，整体研发投入达 1889 亿欧元。其中，汽车产业研发投入占比最多，比例高达 34.8%；ICT 产业次之，比例为 21.2%。从 2500 家企业的 ICT 产业的研发投资水平来看，欧盟 ICT 产业的研发投入明显落后于中国和美国。具

① Statista, “Global Market Share of the Information and Communication Technology(ICT) Market from 2013 to 2021, by Selected Country”, https://www.statista.com/statistics/263801/global-market-share-held-by-selected-countries-in-the-ict-market/.

② 中国信息通信研究院：《全球数字经济新图景（2020）——大变局下的可持续发展新动能》2020 年 10 月。

③ Forbes, “Top 100 Digital Companies”, https://www.forbes.com/top-digital-companies/list/#tab:rank.

体而言，2019年，欧盟ICT产业的研发投入占全球ICT产业研发投入的比例为11%，远低于美国的52.7%、中国的15.7%。增长率方面，欧盟样本企业ICT services（服务商）和ICT producers（生产商）研发投入的增长率分别为12.4%和6.8%，美国分别为22.6%和5.9%，中国分别为20.1%和23.9%。在2010年到2019年过去十年中，美国样本企业对ICT产业的研发投入稳步提升，ICT services和ICT producers的研发投入总量分别大约增加了600亿欧元和400亿欧元。而欧盟样本企业ICT产业的研发投入总量相对较少，各自仅增加100亿欧元左右。①

此外，在数字经济最活跃的表现形式之一的电子商务领域，欧盟的表现也并不乐观。根据联合国贸易和发展会议发布的《全球电子商务评估报告》，2019年美国电子商务的销售规模达到9.58万亿美元，占全球电子商务市场份额的36%，是全球最大的电子商务市场。日本以3.416万亿美元的销售额位列第二，中国以2.604万亿美元的销售额位列第三。而在全球电子商务销售规模的前十强国家中，欧盟四国（德国、法国、意大利和西班牙）的排名相对靠后，电子商务销售总额仅占全球电子商务市场份额的7.8%。从交易类别来看，2019年欧盟四国企业对企业（B2B）的交易额为1.758万亿美元，占全球B2B电子商务市场交易额的8%，远低于美国的38%、日本的14.9%。而在企业对消费者（B2C）电子商务市场领域，2019年中国以1.5万亿美元的交易额遥遥领先，美国以1.3万亿美元紧随其后。对比之下，欧盟四国的总体发展规模相对落后，B2C销售总额仅达到3260亿美元。②

---

① European Commission, "The 2020 EU Industrial R&D Investment Scoreboard", 2020, https://op.europa.eu/o/opportal-service/download-handler?identifier=73e624aa-406c-11eb-b27b-01aa75ed71a1&format=pdf&language=en&productionSystem=cellar&part=.

② UNCTAD, "Estimates of Global E-Commerce 2019 and Preliminary Assessment of Covid-19 Impact on Online Retail 2020", May 2021, https://unctad.org/system/files/official-document/tn_unctad_ict4d18_en.pdf.

第三，数字时代带来新风险和新挑战。在大数据时代，移动网络和信息技术飞速发展，互联网平台企业的快速崛起给消费者的日常生活提供了便捷和舒适的信息服务，促使人们的交往形式和思维模式发生了根本性转变。与此同时，科技巨头的权力扩张也给网络空间增添了更多的不确定性。例如，成千上万的平台企业收集和使用个人信息后，进行过度挖掘和二次传播，为用户的个人隐私埋下了巨大的安全隐患。一方面，用户在使用某项数字服务时，平台可能会要求访问与服务不相关的用户数据。比如，一些地图导航类应用程序除了需要获取地理位置信息外，还要求用户允许平台访问其通讯录、短信、照片等。而在这个过程中，用户并未收到任何提示或警告，用户的个人隐私面临企业过度收集的风险。另一方面，数字服务平台还通过捕捉用户的网络浏览痕迹，根据算法程序判断用户偏好以实现个性化推荐。这种行为虽然最大化地满足了用户的消费需求，但仍不可避免地会以牺牲个人隐私为代价，给用户的隐私安全带来威胁。不仅如此，逐利性的互联网企业基于用户数据还会推广虚假广告或干扰信息等，造成对个人隐私的间接伤害。

除了隐私保护问题外，强势的平台企业与弱势的个体用户之间日益对立的紧张关系也对数字治理提出了新的挑战。诸多数字化平台凭借技术和数据优势，成为数据的实际掌握者，并为用户提供数字化服务。而在这个过程中，作为数据主体的用户一直处于被动地位，因为只有在与平台交换个人数据的前提下，用户才有权继续使用这些服务。例如，当用户注册安装一项应用程序时，客户端会象征性地弹出一个征求“同意”的隐私保护声明。这些内容通常晦涩难懂，且字体细小。为了快速进入使用界面，用户仍会不得已去勾选“同意”选项。需要注意的是，当前大多数网络用户并非都没有隐私保护意识，存在的问题是，他们对平台收集哪些数据以及有何用途是一无所知的。由于用户缺乏对个人数据的控制，平台收集数据还可以进行二次销售，但用户却无法分享任何收益。从这个意义上说，用户已经不再是个人数据的唯一所有者。随着互联网平台的网络垄断能力日趋增强，平台在数字市场中获得更多特权的同时，也进一步打压了用户的数据权利。而一旦现有的数字治理规范无法确保二者之间的权力关系达到适度平衡，就意味着占据弱势地位的个体在面对超级网络平台来维护自身利益时会更加束手无策、无能为力。

互联网企业的数据垄断让网络平台获得了过大的市场权力，这一趋势无疑会导致数据资源向网络平台更加集中，增大用户个人隐私泄露的风险。而在欧盟看来，除了隐私泄露问题，这场悄无声息的数字化革命也正在侵蚀作为欧洲“社会市场经济”的基本原则。“社会市场经济”虽然更多被看作是德国经济模式的概念，但实际上它是所有欧盟国家的核心治理理念，并于2007年被写入《里斯本条约》。“社会市场经济”并不单纯促进经济增长，而是追求实现一种“社会均衡”，确保所有人都能够共享经济增长的成果并从中受益，防止任何一方利益独大。[①] 从这个角度来审视当前互联网企业的网络垄断行为，欧盟认为，有必要建立针对数字经济的监管制度，防止数据资源大幅向互联网平台倾斜，确保个人的数据权利得到充分保护。

三、欧盟数字化转型的政策实践

在“后危机时代”，全球经济增长仍然颇受压力，但以新兴数字技术为主导的新一轮技术革命正在全球范围内酝酿生产方式的根本性变

① 朱玲、魏众：《包容性发展与社会公平政策的选择》，北京：经济管理出版社，2013年，第43页。

革，数字技术不再仅仅被视为是一种促进经济增长的手段，而是日益成为提升国家竞争力的一种重要战略资源。在欧盟看来，新兴技术是全球数字地缘竞争中欧盟重新确认权力优势的关键，为了缩小在信息技术、数字平台服务等与数字竞争力息息相关的关键技术领域与中美等国存在的差距，欧盟制定了一系列以提升数字竞争力为目标的政策举措。

（一）建设安全的数字基础设施

在数字经济时代，数字技术对于国家安全和发展至关重要，围绕对核心数字技术的争夺加剧了大国之间的竞争态势，技术博弈正在成为全球数字地缘竞争的新焦点。目前，欧盟在关键技术方面仍未摆脱对外国供应商的高度依赖，这不仅会给其网络安全、数据安全带来风险，同时也会对基于欧洲价值观的规则构成威胁。正是出于这样的担忧，近几年来欧盟加大了对数字基础设施的投入力度，并出台相关政策推进核心技术建设。根据 2020 年 5 月欧盟制订的“下一代欧盟”恢复计划，提出设立 7500 亿欧元的“复苏基金”，其中至少 20% 专门用于推进数字化转型。2020 年 9 月，冯德莱恩发表的年度国情咨文将打造安全的数字基础设施纳入其政治议程的长期规划中，强调未来十年欧盟将在数字技术与基础设施方面采取行动，并着重于投资安全的数字连接和建立安全的电子身份等。[①] 欧盟领导人认为，建立安全、高性能和可持续的数字基础设施是欧盟实现数字领导的关键。为此，2021 年 3 月欧盟委员会与欧盟理事会联合发布的《数字罗盘 2030》计划将安全的数字连接作为下一步欧盟数字基础设施建设的实施重点，包括确保所有欧盟家庭实现千兆连接，在人口密集的地区覆盖 5G 网络并建

---

① European Commission, “Building the World We Want to Live in: A Union of Vitality in a World of Fragility”, September 16, 2020, https://ec.europa.eu/commission/presscorner/api/files/document/print/en/speech_20_1655/SPEECH_20_1655_EN.pdf.

设5G网络安全工具箱，欧洲尖端和可持续半导体的产量达到世界产量的20%，部署一万个气候中立、高度安全的边缘节点。同时，到2025年欧洲拥有首台量子加速功能计算机。此外，欧盟领导层还注意到，要想在欧盟范围内部署数字化转型所需的大型技术项目，各成员国还需要发挥支持和协同作用。在这个背景下，报告制定了一份“多国项目”，旨在加强泛欧地区数字基础设施互联互通。例如，建设泛欧5G走廊，开发超安全量子通信基础设施，建设一个由人工智能支持的安全行动中心网络以及运营基于绿色、安全、符合欧盟价值观和法律框架的泛欧地区区块链技术等。①

（二）构建数据保护的法律体系

为了在线上使用更好的免费服务，用户授权互联网平台收集、分析和处理个人数据。数据的非消耗性特征决定了平台可以对个人数据进行反复使用和二次销售。但在这个过程中，用户很难了解到个人数据将被如何处理，同时也无法判断个人数据被存储在什么地方。面对互联网平台抓取用户数据的数量不断增多，用户对自身数据的控制能力正全面减弱。为扭转这种权利不对等关系，打破超级平台对用户数据的垄断，欧盟在立法上进行了一系列有意义的探索，试图从制度层面重新确立个人对数据所有权的优先地位。具体而言，2018年5月生效的《通用数据保护条例》从法律上重新界定了数据所有权，引入“删除权”“携带权”等新型权利，强化了数据主体对个人数据的控制。《数据治理法》作为一项重要立法成果，拟议的规则以数据保护为前提，最大限度地保障了数据的共享与流动。法案规定了公共机构所掌握的受保护数据的重用条件，要求重复使用数据者以签署具有法律效

① European Commission, “2030 Digital Compass: the European Way for the Digital Decade”, March 9, 2021, https://ec.europa.eu/info/sites/info/files/communication-digital-compass-2030_en.pdf.

力的保密协议的方式促进数据在安全环境下自由流动，这从某种意义上来说是对《通用数据保护条例》限制过严的一次修正。此外，为了增添用户使用人工智能技术的信心，《人工智能白皮书》也针对个人数据的隐私保护问题制定了新的规则。例如，人工智能企业必须通过相关部门的合规评估才能进入欧洲市场。其中，医疗保健、自动驾驶、社会保障以及移动支付等"高风险"行业的人工智能应用将会面临更加严格的监管。《数据市场法案》和《数字服务法案》两份法律提案虽然侧重于规范数字市场秩序，但是在内容上也不同程度地涉及了数据保护问题，尤其是《数字市场法案》规定了在线平台有义务打击非法内容、处理虚假广告信息以及维护用户隐私安全等。值得一提的是，欧盟委员会认为，仅在欧盟层面搭建法律体系并不能有效保证个人数据得到全面保护，为此，欧盟委员会还专门成立了一个独立的监管机构——数据保护委员会，其致力于个人数据保护政策在所有成员国得到一致执行，并在隐私保护以及欧盟其他数据保护法案等相关问题上向欧盟委员会提供建议。

（三）促进数字经济发展

自全球金融危机以来，欧盟面临经济增速迟缓以及竞争力下滑的挑战，而代表新产业革命方向的数字技术发展相对落后也是造成欧洲经济增长动力不足的重要原因之一。为激发数字活力，欧盟推出了一种"顶层设计 + 专项行动 + 整合评估"的协同推进模式。就顶层设计而言，欧盟提出了《数字单一市场战略》，力图破除各成员国间的法律障碍和行政壁垒，助推欧盟的整体数字经济纵深发展。欧盟围绕《数字单一市场战略》还提出了一系列配套性政策举措，力求将数字经济发展纳入规范化轨道，并努力在规范与发展之间寻求平衡。[①] 就专项行

① 谢兰兰：《欧盟数字贸易发展的新动向及展望》，《全球化》2020 年第 6 期。

动而言，欧盟将传统工业与新兴数字产业深度融合，分别提出了《欧洲工业数字化》和《欧洲新工业战略》。这两份战略报告虽然共同强调推动欧洲工业数字化转型，但关注点仍各有侧重。《欧洲工业数字化》支持欧洲企业充分参与数字化进程并从数字创新中受益，计划以建立“数字创新中心”一站式服务为重点，鼓励欧洲传统行业和中小企业采用数字技术，以提高效率、改善业务和更新服务等。[①] 而《欧洲新工业战略》则将重点聚焦于产业数字化转型，目的是增强欧盟在全球技术产业链中的竞争力，提升欧盟国家工业的战略自主能力。面对当前世界经济形势复杂多变，欧盟认识到越来越多的具有本土特点的中小企业数字化转型有助于推动欧洲单一市场融合，促进工业结构优化升级。为此，战略还提出了重点扶持中小企业，设立“中小企业特使”、制定“初创企业标准”等，同期还通过了一系列辅助性政策，如《面向可持续和数字化欧洲的中小企业战略》《单一市场执法计划》《单一市场壁垒报告》等。[②] 就整合评估而言，欧盟提出了“数字经济和社会指数”“数字记分牌”等评价举措，主要任务是采用定量方法监测欧盟及其成员国的数字化发展进程，并根据各项指标对欧盟数字经济的总体表现进行评估。

（四）推广数字治理的“欧洲方案”

欧盟认为，要想成为全球数字创新的领导者，不仅取决于其拥有强大的数字基础设施，同时还与自身塑造数字规则的能力密切相关。欧盟必须在新一代技术规则制定方面保持领先地位，否则它将不得不

---

① European Commission, “Digitising European Industry: Reaping the Full Benefits of a Digital Single Market”, April 19, 2016, https://eur-lex.europa.eu/legal-content/EN/TXT/PDF/?uri=CELEX:52016DC0180&from=EN.

② European Commission, “A New Industrial Strategy for Europe”, March 10, 2020, https://eur-lex.europa.eu/legal-content/EN/TXT/PDF/?uri=CELEX:52020DC0102&from=EN.

效仿其他国家的标准。[①] 为此，欧盟采取了一系列实际行动：欧盟提出在2021年发布《全球数字合作战略》，目标是将欧洲的数字方案和价值观念投射到国际舞台，促进全球数字治理规则更加符合欧洲标准。[②] “数字为发展中心”项目是欧盟将“以人为本”的数字经济模式推广到国际社会的主要渠道，目前已经反映在欧盟－非洲联盟共同推进非洲数字包容性发展方面的建设工作中。同时，欧非数字经济工作小组还为非洲的数字化转型提供意见，包括欧盟扩大对非洲打造数字单一市场的投资。作为新的跨大西洋关系的核心部分，欧盟提议成立欧盟－美国贸易和技术委员会，根本目的在于为根植于共同价值观和共同经济利益的西方世界制定一个更加积极的数字愿景。[③] 在此基础上，欧盟应带头建立更广泛的志同道合的合作伙伴联盟，向所有认同其“以人为中心”数字变革愿景的国家开放并共同发展。[④] 此外，欧盟还将继续在七国集团、二十国集团、联合国等多边机制框架下开展数字合作，基于“欧洲方式”与国际伙伴友好协商，寻找共同办法以制定国际规范和技术标准。

---

① European Commission, “Building the World We Want to Live in: A Union of Vitality in a World of Fragility”, September 16, 2020, https://ec.europa.eu/commission/presscorner/api/files/document/print/en/speech_20_1655/SPEECH_20_1655_EN.pdf.

② European Commission, “Shaping Europe’s Digital Future”, February 19, 2020, https://ec.europa.eu/info/sites/default/files/communication-shaping-europes-digital-future-feb2020_en_4.pdf.

③ The White House, “Background Press Call by a Senior Administration Official Previewing the US-EU Summit”, June 15, 2021, https://www.whitehouse.gov/briefing-room/press-briefings/2021/06/15/background-press-call-by-a-senior-administration-official-previewing-the-u-s-eu-summit/.

④ European Commission, “2030 Digital Compass:the European way for the Digital Decade”, March 9, 2021, https://ec.europa.eu/info/sites/info/files/communication-digital-compass-2030_en.pdf.

四、欧盟数字治理产生的影响

（一）全球数字治理规则中的“欧洲色彩”愈加浓重

当前，欧盟对自身在以数字化为核心的前沿产业领域相对中美两国发展落后的状况充满焦虑，担心自己在数字经济时代被边缘化，[①]所以欧盟积极致力于在数字领域打造“欧洲标准”，提升在规则制定方面的影响力。欧盟认为，要想成为新一代数字技术的全球领导者，就需要在数字规则制定方面取得领先优势，并创造出符合欧盟价值观的数字治理模式，维护欧洲的技术主权进而实现战略自主。近年来，欧盟在统一技术标准以及数据保护等方面持续发力，对重塑全球数字治理规则产生了广泛影响，形成了“布鲁塞尔效应”。一方面，欧盟的规则制定范围正在不断延展。欧盟不仅制定了个人隐私保护的相关规则，同时还深入到商业领域，要求对互联网巨头的不公平竞争行为进行监管。另一方面，全球数字治理格局中，以“欧洲标准”为核心的数据保护监管体系正在形成。越来越多的国家以《通用数据保护条例》为蓝本，制定了类似的数据保护标准，从而满足用户对隐私安全的需求。而《通用数据保护条例》在各国引起强烈反响，在很大程度上来自于欧盟抓住了制定数据保护规则的先发优势，优先为全球的个人隐私保护设定了标准门槛。

眼下，为扩大其在全球数字治理规则制定方面的影响力，欧盟采取了引领、挂钩和合作等方式。就引领而言，欧盟在数据保护方面打造的“欧式模板”得到了越来越多国家的认可和效仿。截至2018年，全球约有超过10个非欧洲国家采用了《通用数据保护条例》的相关规

---

① 赵柯、李刚：《欧盟产业结构变化对中欧经贸关系的影响》，《国际贸易》2020年第4期。

则。[①] 例如，印度在2019年年底通过的《个人数据保护法案》引入了《通用数据保护条例》的数据可携带权、被遗忘权等新权利；2020年5月，泰国的《个人数据保护法》正式生效，法案以《通用数据保护条例》为参考样本，制定了数据主体权利与防止数据滥用等内容；此外，越南和巴西、阿根廷、智利等国家在编写数据保护法案时也借鉴了《通用数据保护条例》的结构和标准，新法律包含的诸多条款与欧盟的隐私保护内容保持一致。[②] 就挂钩而言，欧盟与日本和韩国分别在经济伙伴关系的框架下完成了"充分性认定"谈判，确认了双方在数据保护方面的高度一致。由于欧盟具备了高标准的隐私保护水准，这意味着实现跨境数据流动需要以日韩两国的隐私保护水平达到欧盟标准为前提。2019年1月，欧盟委员会与日本签订的充分性协议是自《通用数据保护条例》生效以来欧盟与非欧洲国家签订的首份充分对等数据保护协定，具有开创性的意义。为了达到欧洲的数据保护水平，日本自2015年就开始着手修订《个人信息保护法》，并在充分性协议通过之前就实施了附加的保障措施，确保流动到日本的欧洲数据享有符合欧洲标准的保护保障。经过长达五年的谈判，2021年3月底，欧盟与韩国终于就充分性协议达成一致意见。为了准备充分性评估，韩国也在2020年修改了数据保护法，确保与欧盟的隐私保护水平实现统一。与挂钩策略要求改变其他国家内部法律制度不同，合作策略在承认双方数据保护水平存在差别的前提下仍有实现跨境数据合作的可能，促进彼此数字经济利益合作的最大化。其中，最具有代表性的案例就是美国与欧

---

① Shannon Togawa Mercer, "The limitations of european data protection as a model for global privacy regulation", *American Journal of International Law*, Volume 114(2020), p.21.

② Ryan Johnson, Logan Finucan, "The Europeans are Winning the Global Privacy Debate", October 2018, https://www.treasuryandrisk.com/2018/10/11/the-europeans-are-winning-the-global-privacy-debat/.

盟达成的两次政策共识——《安全港协议》和《隐私盾协议》。虽然这两份协议相继被欧盟判定无效，但不得不承认的是，协议倡导的隐私保护理念已经撬动了美国国内立法体系的改革。近几年来，美国多个联邦和州推出了隐私保护法，包括《加州消费者隐私保护法案》《弗吉尼亚州消费者数据保护法》以及内华达州的《在线隐私法》，而佛罗里达州和明尼苏达州等也在积极制定法律以保护消费者的个人数据权利。欧盟建立了严格的数据保护制度，为各国树立了可以效仿的标杆，并在全球引发了隐私保护立法的热潮。目前，还没有迹象表明这一热潮正在放缓。作为全球数字地缘政治竞争中一支举足轻重的力量，欧盟重塑全球数字治理规则话语权的能力正在不断增强。在这种情势下，可以预见，未来“欧洲标准”的影响力还将会继续扩大。

（二）强化欧盟数字单一市场的规模优势

欧盟的数字经济发展相对落后，缺乏一个统一的数字市场是重要原因。为了扭转这种不利局面，2015 年，欧盟提出《数字单一市场战略》。根据欧盟的设想，在数字单一市场框架下，任何规模和领域的企业都可以平等竞争，开发、营销和使用数字技术、产品和服务，以提高生产力和全球竞争力，消费者可以放心个人权利受到尊重。[①] 欧盟预估，数字单一市场将为欧洲创收 4150 亿欧元的巨额红利，增加数十万个新就业岗位，现有企业也将会从超过 5 亿人口的市场规模中受益。[②] 欧盟打造的数字单一市场是从欧盟层面出发对规范数字经济市场做出的一致性安排，并让欧盟委员会获得了制定本土数字经济市场准入条件的

---

① European Commission, “Shaping Europe’s Digital Future”, February 19, 2020, https://ec.europa.eu/info/sites/default/files/communication-shaping-europes-digital-future-feb2020_en_4.pdf.

② European Commission, “A Digital Single Market Strategy for Europe”, May 6, 2015, https://eur-lex.europa.eu/legal-content/EN/TXT/PDF/?uri=CELEX:52015DC0192&from=EN.

直接决策权。例如，欧盟在近期发布的反垄断草案中允许欧盟有权禁止企业和部分服务直接进入各成员国。而在此之前，欧盟反垄断和数字监管机构仍无权实施此类禁令。欧盟提出的这一举措得到了欧盟委员会负责解决数字事务的战略家们的高度赞许，2020 年 11 月欧盟委员会内部市场委员布雷顿在接受德国媒体采访时宣称："严格的规定必须执行，如果科技公司不遵守欧盟规定，其服务可能会被禁止进入欧洲市场。"

建设数字单一市场，是欧盟在激烈的全球数字经济竞争背景下做出的重大战略调整，意味着欧盟一方面要打破跨境在线活动壁垒，强化数字经济的整体竞争力，另一方面通过统一立法提高对非本土科技企业进入欧洲市场的准入门槛和监管标准。当前，欧盟推进跨境数据经济合作秉持着安全信任和公平竞争的原则。就安全信任而言，核心是让人们相信技术本身及其使用方式能够提供足够的安全保护，提升用户使用在线服务的信心。2021 年 4 月 21 日，欧盟委员会公布了治理人工智能的首份法律框架提案。提案指出，欧盟会彻底禁止一些对个人隐私构成高风险的人工智能应用，例如，禁止在公共场合以执法为目的使用人脸识别系统等。不仅如此，高风险人工智能系统还被要求在进入欧洲市场或入市之前以及整个生命周期内接受审查，包括强制性的风险管理系统、严格的数据和数据治理要求等。这意味着未来不符合准入要求的人工智能服务，可能无法进入欧洲市场。就公平竞争而言，《数字市场法案》为"守门人"企业列出了一份"可做"和"不可做"的义务清单，如禁止这些平台监视线上用户的个人数据以获得不公平的竞争优势，在对线上产品和服务排名时，禁止优先考虑自己平台的产品等。此外，欧盟还被授权事前监管在线平台的不公平做法，欧盟委员会拥有强有力的调查权和执行权，并可直接要求科技企业提供任何数据、资料等。一直以来，欧盟都是数字经济规则制定领域的积极参与者，对全球数字经济的高质量发展具有重要的推动作用。在遵循欧洲价值观的基础上，欧盟为跨境数字经济合作制定了一系列严格的规范性要求，这无疑将对全球数字经济格局产生重要影响。

（三）倡导“消费者主权”

国际社会对网络空间的“主权适用”问题一直争议不断。欧盟把个人数据所有权纳入政治议程中，试图对数字时代下的主权观念做出重新界定。2019 年 11 月，德国总理默克尔在柏林举行的第十四届互联网治理论坛上的开幕致辞中概述了她对数字主权的构想，指出数字主权不是保护主义，而是“个人和社会以自主的方式塑造数字化转型的能力”。默克尔强调，技术创新必须服务于人，互联网不能也不应该由政府单独塑造。[①] 默克尔对数字主权做出的新阐释，强调的是对国家在数字世界中发挥主导作用的权力进行限制。德国柏林社会科学中心发布的一份研究报告对默克尔的观点做出了进一步延伸，将“以人为本”的数字主权观念定义为“消费者主权”，认为通过增强个人在数字领域的自决能力和自主性，个人作为消费者的权利将会得到有效保护。[②] 不同于以民族国家为中心的网络主权观念，“消费者主权”立足于从平台与用户的对立视角出发来应对数字化冲击。从表面上看，“消费者主权”遵循的是一种“去政治化”逻辑，意在强调加强个人隐私保护，但其背后隐藏的政治实质其实是在削弱国家对互联网的绝对控制，从而进一步消解“网络主权”。

① “Speech by Federal Chancellor Dr Angela Merkel opening the 14th Annual Meeting of the Internet Governance Forum in Berlin on 26 November 2019”, November 2019, https://www.bundesregierung.de/breg-en/news/speech-by-federal-chancellor-dr-angela-merkel-opening-the-14th-annual-meeting-of-the-internet-governance-forum-in-berlin-on-26-november-2019-1701494.

② Pohle, Julia, “Digital sovereignty: A new key concept of digital policy in Germany and Europe”, 2020, https://www.econstor.eu/bitstream/10419/228713/1/Full-text-report-Pohle-Digital-sovereignty.pdf.

尽管欧盟的数字技术以及数字经济发展不理想，但在规范数字市场秩序方面，确确实实地发挥了引领作用。欧盟制定了一套堪称“史上最严”的数字监管标准，既迎合了民众对个人数据保护的迫切需求，也为政府打破科技巨头垄断、建立公平竞争的市场经济提供了法理上的依据，进而维护了以“监管”为核心的技术主权。欧盟构建了一套规范数字市场发展的法律体系，填补了全球数字监管的立法空白，其他国家在确立监管规则时会以欧盟标准作为重要参考。不仅如此，为了能够与全球最大规模且高质量的欧洲数字市场达成合作，其他国家也不得不在制定数字治理规范时优先考虑欧洲要素，并提高数字监管的评估门槛。从这一意义上说，欧盟的数字化转型的本质是试图以规则优势重塑欧洲的全球竞争力。

第三章

欧盟的绿色转型

环保一直是欧盟的核心政治议题，2008 年爆发的全球金融危机以及随之而来的“欧债危机”使欧盟经济增长陷入困境并面临一系列社会问题的挑战。在这样的背景之下，发挥自身在环保议题上的产业、道义及规则制定权的优势，向绿色转型，成了欧盟重塑竞争力的优先政策选项。2010 年发布的《欧盟 2020 战略》将可持续增长、智能型增长以及包容性增长设为三大战略目标。2011 年发布的《欧盟 2050 低碳经济战略》将行业去碳化首次设置为刚性目标。2016 年出台了一整套计划，以促进所有经济部门向低碳经济转型。新一届欧盟委员会主席冯德莱恩上任不久便提出了《欧洲绿色协议》，该协议可以说是欧盟绿色转型的集大成者。“绿色协议”是一种全方位的绿色增长战略，旨在碳中和目标之下促进经济繁荣和社会公平，最终实现经济增长与资源消耗的脱钩。支撑该目标的是一系列相互关联的目标，几乎涵盖了社会和经济的每一个要素，其内容包括提供安全可靠的能源、发展循环经济、促进生物多样化等八个方面。以《欧洲绿色协议》为标志，欧洲绿色转型加速向碳中和目标迈进，绿色化成为经济、社会等领域最优先的选项。

一、欧盟绿色转型战略的演进

（一）20 世纪 70 年代至 2008 年金融危机

随着 20 世纪 70 年代石油危机的发生，欧洲共同体及其成员国开始将能源安全和价格视为能源政策的两个重要目标。[①]随着国际社会对气候变化的关注，欧盟也从能源政策入手来应对气候变化。实际上，欧盟的绿色转型最早始于对能源安全以及气候变化的关注，并且是从改变能源政策方面着手的。在 20 世纪 80 年代，欧洲共同体提出了应对气候变化的中长期战略，以能源政策为切入点，积极发展可再生能源和提高能源效率，通过设定具体减排目标、设计碳排放交易体系来促进能源结构的调整和能源效率的提高，以期最终实现应对气候变化的目标。在减排目标的设定方面，1990 年欧洲共同体环境部长和能源部长联席会议提出 2000 年的排放目标稳定在 1990 年的水平，[②]同时将环境政策与能源政策相结合，共同促进减排目标的实现。[③]在 1977 年《京都议定书》中，欧盟承诺到 2012 年将温室气体的减排在 1990 年的基础上减少 8%。同年，欧盟将可持续发展作为一项贯穿社会各领域的目标，[④]到 2000 年欧盟委员会启动“欧盟气候变化方案”，在欧洲一级采取措施以期达到《京都议定书》的减排目标。2007 年 3 月，欧盟国家领导人通过了一项气候与能源一揽子计划，提出到 2020 年实现“20－20－20”的节能目标[⑤]。在制度设计方面，比较有代表性的

---

① 傅聪：《欧盟应对气候变化治理研究》，博士学位论文，中国社会科学院研究生院，2020 年 4 月，第 32 页。

② 同上。

③ 周弘、程卫东：《欧洲转型：趋势、危机与调整》，《欧洲研究》2013 年第 1 期。

④ 姜姜：《欧盟能源转型路线图（上）》，《能源》2019 年第 2 期。

⑤ “20—20—20”的节能目标，是指与 1990 年相比，到 2020 年欧盟温室气体排放量下降 20%，可再生能源在能源消费中的占比提高 20%，能源效率提高 20%。

可以说是建立碳排放交易体系。1972年，欧洲共同体开始调节能源消费税，经过多次磋商，欧盟最终在2003年发布了《温室气体排放限额交易指令》，为碳排放交易制度提供了法律框架，并在2005年建立了全球首个碳排放交易市场。[①]2006年，欧盟委员会发布了《能源效率绿皮书》，打算通过打击主要形式的能源浪费节能减排，如管控运输业[②]、提高能源本身的生产效率、管理取暖和照明建筑[③]等。2008年欧盟委员会提出改革排放交易制度，将基于成员国的碳减排配额提升到欧盟层面。

（二）2008年金融危机至今

全球金融危机期间，时任欧盟委员会主席巴罗佐（Jose Manuel Durao Barroso）提出“新思维”，把“绿色增长”当作欧盟实现可持续发展的关键。2011年3月，欧盟发布《欧盟2050低碳经济战略》，[④]制定了阶段性的减排目标，即在2030年实现减排40%，在2040年实现减排60%。[⑤]值得注意的是，该战略要求对能源、运输、工业等行业给予更多的投资，促进能效提高和行业去碳，并首次将行业去碳设为刚性目标。[⑥]2014年10月，欧盟理事会通过《2030年气候与能源

---

① 陈冠伶：《国际碳交易法律问题研究》，博士学位论文，西南政法大学，2012年3月，第14页。

② Germany Federal Ministry for Economic Affairs and Energy, “Green Paper on Energy Efficiency”, September 2016, https://www.bmwi.de/Redaktion/EN/Publikationen/green-paper-on-energy-efficiency.pdf?__blob=publicationFile&v=5, 2021年8月23日。

③ 同上。

④ “European energy roadmap for 2050”, October 7, 2019, http://www.newslettereuropean.eu/european-energy-roadmap-2050/, 2021年8月23日。

⑤ European Commission, “A Roadmap for moving to a competitive low-carbon economy in 2050”, August 3, 2011, https://eur-lex.europa.eu/legal-content/EN/TXT/PDF/?uri=CELEX:52011DC0112&from=EN.

⑥ 孙闻：《欧盟：出台“能源路线图”》，《经济参考报》2012年5月24日，第5版。

政策框架》，再次细化了气候和能源的未来目标，即2030年将温室气体排放量在1990年的基础上降低40%，将可再生能源消费比重增至27%，将能源效率提高至27%。

在碳减排方面，为了更好地协调减排目标，2008年欧盟将限额分配权提高到欧盟层面。2009年欧盟再次对碳排放交易指令进行改革，规定从2013年起欧盟总体排放量将开始线性递减。①2016年7月，欧盟委员会提出了一整套措施，加速欧洲所有经济部门向低碳排放转变。②1990年至2017年，欧盟平均每年减少了4600万吨二氧化碳排放，2005年至2017年欧盟平均每年减排7300万吨的二氧化碳。2017年，欧洲的二氧化碳排放量已经比1990年的水平下降了21.7%。这虽然实现了到2020年的减排目标，但是与2030年减排40%的目标相比，仍存在一定差距。③而要实现2030年的减排目标，未来欧盟每年二氧化碳排放量至少需要减少8100万吨。这意味着，未来十年欧盟需要的能耗须是2005年至2017年排放量的两倍多，并且还要求欧盟扩大减排部门范围。④

2019年，欧盟提出“清洁能源一揽子计划”，对其能源政策框架进行全面改革，并兑现了欧盟在《巴黎协定》中的减排承诺。以冯德莱恩为首的新一届欧盟委员会上任后，很快推出了《欧洲绿色协议》，该协议是欧盟应对气候变化、促进经济转型、调整能源与产

---

① 付璐：《欧盟温室气体排放交易机制的立法研究》，博士学位论文，武汉大学法学院，2010年，第65页。

② European Commission, “Accelerating Europe’s transition to a low-carbon economy”, July 20, 2016, https://eur-lex.europa.eu/legal-content/EN/TXT/PDF/?uri=CELEX:52016DC0500&from=en.

③ European Environment Agency, “Trends and projections in Europe 2019”, October 31, 2019, https://www.eea.europa.eu/publications/trends-and-projections-in-europe-1/download.

④ 同上。

业结构以及推动社会可持续发展的纲领性文件，囊括了产业融资、环境保护、交通、建筑、食品、生物多样性以及对外绿色合作等多项议题，旨在将欧盟转变为富有竞争力的资源节约型现代化经济体。“绿色协议”还提出了一系列目标，如到2050年欧盟温室气体达到净零排放并且实现经济增长与资源消耗脱钩。① “绿色协议”是一个全方位的绿色转型战略，几乎涵盖了社会和经济的每一个要素，其内容包括提供安全可靠的能源、发展循环经济、促进生物多样化等八个方面，提出到2050年实现欧盟的经济“资源效率和竞争力”与“气候中和”的目标相匹配。为了确保这项计划落地，欧盟委员会提出《欧洲气候法》草案，以确保将这一政治承诺转变为一项法律义务。②2020年欧盟设立的7500亿欧元的“复苏基金”，也要求至少37%的开支用于支持气候目标的投资与改革。③ 这都体现出欧盟将绿色转型作为政策的优先项。

二、欧盟实施绿色转型战略的动因

（一）提升欧盟经济的整体竞争力

提升欧盟经济的整体竞争力是欧盟绿色转型最重要的驱动力之一。全球金融危机以及随后爆发的“欧债危机”使得欧洲面临严重的经济衰退。根据欧洲统计局的数据，欧盟27国于2009年10月、

---

① European Commission, “The European Green Deal”, December 11, 2019, https://eur-lex.europa.eu/resource.html?uri=cellar:b828d165-1c22-11ea-8c1f-01aa75ed71a1.0002.02/DOC_1&format=PDF, 2021年8月24日。

② 王蒙、古强：《〈欧洲气候法〉与欧洲应对气候变化的行动进展》，《人民法院报》2021年4月23日，第8版。

③ 李嘉宝：《欧盟复苏基金发放艰难推进》，2021年5月18日，见http://world.people.com.cn/n1/2021/0518/c1002-32105824.html。

11 月的失业率分别达到 9.4% 和 9.5%，2008 年的 11 月为 7.5%，创自 2000 年统计该项数据以来的历史新高。[①] 在欧元区，除了德国的就业情况有所改善外，失业率都显著攀升，从危机前的 7.5% 增加到了 2010 年的 10.1%。[②] 欧元区经济增长率由 2007 年的 2.8% 下降到 2009 年的 –4.1%。[③] 欧洲面临经济停滞、失业率上升、资源短缺和能效低下等诸多问题，解决这些问题需要经济结构转型、增加投资促进创新等措施。因此，寻找新的增长动力成为欧盟复苏经济和提高竞争力的重要路径。

欧盟提出通过能源基础设施和创新保持绿色技术的领先地位与竞争力，加强经济对气候变化的适用和应对能力，促进可再生能源发展。[④]2012 年欧盟委员会提出了“再工业化”战略，以绿色能源、智能交通等促进工业转型，[⑤] 绿色转型可以有效拉动经济增长，节能减排与经济增长并不矛盾，在欧盟，每 1 美元的绿色投资就会带动 1.5 美元的地区国内生产总值。[⑥]2018 年的排放量比 1990 年下降了 23%，而欧盟的国内生产总值增长了 61%。[⑦] 绿色转型有效促进了欧盟绿色

---

① 柯常青：《欧盟青年失业问题日趋严重》，2010 年 1 月 20 日，见 https://www.fmprc.gov.cn/ce/cebe/chn/rwjl/jnjl/t652850.htm。

② 联合国：《2011 年世界经济形势与展望》，2011 年，见 https://www.un.org/en/development/desa/policy/wesp/wesp_current/2011wesp_pr_global_ch.pdf。

③ 曾旻睿：《欧洲应对次贷危机的经验与教训》，2015 年 11 月，见 http://www.csrc.gov.cn/pub/newsite/yjzx/yjbg/201511/P020151106625199538652.pdf，2021 年 8 月 23 日。

④ 钟蓉、徐离永、董克勤、夏欢欢：《欧盟 2020 发展战略》，2014 年 4 月，见 http://www.cstec.org.cn/ceco/CN/infoDetail.html?id=94730&column=1135。

⑤ 卢光亚：《后金融危机时代欧盟再工业化战略解读》，《北方经贸》2016 年第 3 期。

⑥ Joel Jaeger, “Lessons from the Great Recession for COVID-19 Green Recovery”, November 24, 2020, https://www.wri.org/insights/lessons-great-recession-covid-19-green-recovery.

⑦ 乔斯 · 德贝克、彼得 · 维斯：《欧盟气候政策说明》，2016 年，见 https://ec.europa.eu/clima/sites/default/files/eu_climate_policy_explained_zh.pdf。

工业的发展，实现了平均每年8%左右的增长。[①] 在世界环保技术设备市场中，欧盟所占的份额已超过了40%，[②] 欧盟在绿色产品出口方面处于世界领先地位，每年出口额达到1460亿欧元（约占欧盟总量的8%）。[③] 随着欧盟绿色转型步伐加快，未来相关贸易量的增加将有助于欧盟的绿色产品、服务和技术在全世界的普及，进而有利于提升欧盟经济的整体竞争力。

绿色转型带来经济增长的同时，也创造了新的就业岗位，增强了劳动力市场的韧性。以丹麦为例，自2012年以来，绿色能源领域实现就业增长27%。丹麦还提出2030年实现70%减排目标的倡议，[④] 预计这一倡议将在30年内创造多达38万个临时工作机会，其中包括1.7万个永久性岗位。欧盟计划在未来30年累计向氢能产业投入约4700亿欧元，确保欧盟可在2050年实现碳中和目标。欧盟委员会预计，到2050年，氢能可以创造至少540万个就业岗位。[⑤] 若采取额外措施到2030年将资源生产率提高30%，可以将GDP提高近1%，同时创造200万个额外的就业机会。[⑥] 研究显示，由绿色经济创造的就业岗位大部分来自绿色产品生产和绿色服务业务，这与类似的工作岗位相

① ECORYS, "Study on the Competitiveness of EU Eco-industry", October 22, 2009, https://ec.europa.eu/growth/content/study-competitiveness-eu-eco-industry-0_en.

② 陈新伟：《欧洲气候变化政策研究》，博士学位论文，外交学院，2012年6月，第30页。

③ European Commission, "Accelerating Europe's Transition to a Low-Carbon Economy", July 20, 2016, https://eur-lex.europa.eu/legal-content/EN/TXT/PDF/?uri=CELEX:52016DC0500&from=en.

④ State of Green, "During COP25, Denmark Passes Climate Act with a 70 percent Reduction target", December 9, 2019, https://stateofgreen.com/en/partners/state-of-green/news/during-cop25-denmark-passes-climate-act-with-a-70-per-cent-reduction-target/.

⑤ 《欧盟加紧培育绿色"潜在竞争优势"》，载新华网，2021年3月31日，见 http://www.xinhuanet.com//globe/2021-03/31/c_139827284.htm。

⑥ European Commission, "Green Growth and Circular Economy", https://ec.europa.eu/environment/green-growth/index_en.htm.

比，无论是在就业机会的质和量，还是在安全性和薪酬上都有了新的提升。[①]

另外，随着碳市场的不断发展，碳交易市场可以反哺绿色转型，为其提供资金，碳价格上涨就充分体现了这种优势。根据世界银行统计的数据，碳配额价格自 2016 年进入持续上涨阶段，2019 年重新突破了 20 欧元 / 吨，受欧盟绿色新政提出的减排新目标等影响，碳市场不断升温，欧盟排放配额价格在 2021 年 5 月首次突破了 50.05 欧元 / 吨。据国际碳行动伙伴组织 2021 年发布的全球碳市场报告显示，2020 年全球碳市场在新冠肺炎疫情之下表现出了极强的韧性，承受住了新冠肺炎疫情的冲击和挑战，在通向碳中和的道路上拥有巨大潜力。

（二）保障欧盟能源安全

当前，欧盟能源需求对外依赖性仍处于较高水平。早在 2003 年，欧盟就预计若不采取必要措施，到 2030 年其能源进口量就会约占其能源消费总量的 70%。欧盟的能源进口主要来自中东和俄罗斯，中东地区持续动荡，而与俄罗斯紧张的地缘政治关系又进一步加剧了欧盟能源安全的风险。乌克兰危机后，欧盟与俄罗斯的关系迅速恶化，这再次引发了欧盟对能源供应稳定性的担忧。根据欧盟统计局发布的本土能源进口情况的数据，2019 年，几乎三分之二的欧盟原油进口来自俄罗斯（27%）、伊拉克（9%）、尼日利亚（8%）和沙特阿拉伯（8%）。欧盟作为全球重要的天然气消费地区，天然气供应一直受制于其他国家。其中，近四分之三的天然气进口来自俄罗斯（41%），其次是挪威（16%）、阿尔及利亚（8%）和卡塔尔（5%）。与此同时，欧盟

---

① 国际劳工局：《可持续发展，体面劳动与绿色就业》，2013 年，见 https://www.ilo.org/wcmsp5/groups/public/---ed_norm/---relconf/documents/meetingdocument/wcms_210825.pdf。

内部固体化石燃料（主要是煤）产出也无法满足本土市场需求，因此对其他国家也产生了强烈依赖。2019 年，欧盟从俄罗斯进口的固体化石燃料占比高达 47%，其次是美国的 18% 和澳大利亚的 14%。①

不仅如此，由于欧盟各成员国的自然环境、经济体量、资源储备等存在差异，在外部能源依存度、本土能源市场建设方面也表现出不同特点，这既加大了各成员国间在欧盟层面能源安全合作的利益成本，也对欧盟能源安全战略的一体化进程构成了威胁。根据欧盟委员会最新统计的数据，比利时、塞浦路斯、卢森堡、马耳他等国的能源结构已经呈现出绝对依赖态势，总体能源进口占比超过 80%。与上述国家相比，尽管德国、法国、希腊、西班牙、意大利、立陶宛、荷兰、奥地利等国的外部能源依存度相对较低，但占比也全部在 50% 以上。而保加利亚、捷克、丹麦、瑞典、罗马尼亚等国的总体能源供给基本满足了本土的市场需求，进口依赖度比例均在 40% 以下。此外，欧盟各成员国的能源进口模式也存在显著差别。例如，2018 年，马耳他对天然气的进口依存率达到 109.5%，而本土市场中的石油、煤等能源产品已经能够实现自给自足。虽然丹麦无须从国外市场进口天然气，但是类似于煤等固体化石燃料能源仍亟须向其他国家进口。②各成员国对总体能源和特定能源依赖程度的差别在一定程度上凸显了在欧盟层面开展能源合作的难度，各成员国基于有差异性的利益诉求造成了制定共同的能源安全战略上的困境，这对欧盟推进能源市场的一体化建设构成了挑战。

面对上述困难，近年来欧盟制定了一系列行动举措，并积极调整

① Eurostat, “From Where do We Import Energy?”, https://ec.europa.eu/eurostat/cache/infographs/energy/bloc-2c.html?lang=en.

② European Commission, “EU Energy in Figures 2020”, 2020, https://op.europa.eu/en/publication-detail/-/publication/87b16988-f740-11ea-991b-01aa75ed71a1/language-en.

本土市场能源结构，以保障自身的能源安全。例如，欧盟在 2009 年发布的“欧洲能源复兴计划”中，设立了 23 亿欧元的能源转型基金，用于开展天然气管道建设和促进能源进口的多样性发展。2015 年 2 月，欧盟委员会发布了《能源联盟战略》，提出建立一个能源联盟，为欧洲消费者提供一个可持续的、有竞争力的和可负担的能源环境，改变进口单一的局面，[①] 加强天然气供应多样化建设、尝试建立集体采购、增加天然气供给透明度、建立统一市场、提高能源效率和发展低碳经济。此外，欧盟还借助立法和制度手段促进可再生能源发展，比如 2018 年修订的《可再生能源指令》规定，2030 年可再生能源比例需达到 32%，并要求成员国制定本国的能源和气候行动。[②] 欧盟认为稳定内部团结尤为重要，于是决定建立统一的能源联盟，降低对石油和天然气的依赖，实现能源多样化。

（三）提升欧盟全球气候治理的话语权

随着全球治理体系加速变革，一些新兴市场国家和发展中国家的群体性崛起对“二战”之后以发达国家为主导的全球治理体系提出了巨大挑战。面对全球治理格局的深度调整，欧盟在全球治理领域的主导地位正在发生动摇。一方面，层出不穷的经济、社会和安全等问题的爆发给欧洲单一市场的发展带来了极大阻力，导致欧盟国家领导人减少了对全球治理议题的投入和关注；另一方面，难民危机、民粹主义思潮泛起等也给欧盟带来了沉重打击，增加了民众对欧盟治理能力的质疑。当前，突如其来的新冠肺炎疫情仍在全球持续蔓延，欧盟机构应对新冠肺炎疫情相对迟滞，各成员国间由于缺乏合作和协调机制

---

① 傅聪：《欧盟气候能源政治的新发展与新挑战》，《当代世界》2019 年第 3 期。

② Monique Voogt、SQ Consult BV、时璟丽、钟财富：《支持中欧可再生能源发电建设政策考量》，2020 年 6 月，见 https://ec.europa.eu/energy/sites/default/files/promoting_res_cn.pdf。

使得防疫效果大打折扣，这也在一定程度上削弱了欧盟在全球治理领域的影响力。

气候变化作为全球治理的重要议题，欧盟在该问题上积累了丰富的经验，成为应对气候变化的积极参与者、推动者和引领者。自 2005 年成立首个碳排放交易市场以来，欧盟碳市场覆盖的发电厂和工业的排放量下降了 35%。[①] 欧盟还积极推动了其他国家和地区的碳排放交易体系建设。2020 年，全球碳市场价值较 2017 年增长了 5 倍，创下了 2290 亿欧元的纪录。[②] 欧盟还积极开展气候援助，这帮助其在气候治理中赢得了更多的国际认可。2001 年在美国退出《京都议定书》后，为了促进气候谈判，欧盟加快了气候治理和援助进程。2003 年 3 月发布了《发展合作背景下的气候变化行动计划》，开始对发展中国家提供应对气候变化的援助。[③]2008 年，欧盟启动了"全球气候变化联盟 +"项目，帮助发展中国家落实减排目标。自该项目实施以来，欧盟已经向全球 60 多个国家提供了约 4.5 亿欧元的气候资金，[④] 如今已经成为气候援助的重要平台。

自 2019 年冯德莱恩上台后，新一届欧盟委员会将应对气候变化提到前所未有的新高度，提出了一系列雄心勃勃的气候转型战略，并致力于加速绿色变革。2019 年 12 月，《欧洲绿色协议》正式出台，此举被视为欧盟在全球气候治理领域提升话语权的关键举措。冯德莱

---

① Reuters, Nora Buli, Kate Abnett, Susanna Twidale, "EU Carbon Price Hits Record 50 Euros per tonne on Route to Climate Target", May 4, 2021, https://www.reuters.com/business/energy/eu-carbon-price-tops-50-euros-first-time-2021-05-04/.

② 冯超、袁晓华、樊怡彤译：《〈经济学人〉杂志：欧盟碳交易进入金融主流 投资人单边看涨》，2021 年 3 月 15 日，见 http://www.cdmfund.org/28519.html。

③ 冯存万、乍得·丹莫洛：《欧盟气候援助政策：演进、构建及趋势》，《欧洲研究》2016 年第 2 期。

④ 康晓：《全球气候治理与欧盟领导力的演变》，《当代世界》2019 年 12 月。

恩强调："我们必须带动世界各国共同努力，确保欧盟贸易协定包含可持续发展目标。"[①] 目前，欧盟正在通过打造规范性力量在全球气候治理领域不断扩大其自身影响。2020 年 8 月 1 日，《欧盟与越南自由贸易协定》正式生效。协定内容涉及多项议题，其中在可持续发展方面，欧盟要求越南在应对气候变化问题时需要以严格遵守联合国公约和《巴黎气候协定》为前提。[②] 除了与伙伴国家建立气候治理机制的双边联系外，欧盟还充分利用多边合作机制积极推广欧洲标准，例如，在 2020 年欧盟－非盟峰会中，欧盟提出将加强与非洲绿色转型合作、实现大范围可持续性清洁能源的部署和交易、提升能源效率、实现减排目标等。[③] 当前，欧盟通过建立相对于其他国家过高的减排标准，为各国节能减排工作树立了可以效仿的榜样。欧盟打造高标准的气候治理模式不仅为其他国家提供了重要参考，同时也在一定程度上提升了欧盟全球气候治理的话语权。

三、欧盟绿色转型的举措

（一）加强法律体系建设

为了实现《京都议定书》中 8% 的减排目标，2003 年 10 月欧盟碳排放交易法令正式生效，2005 年欧盟建立了全球首个碳排放交易

① European Commission, "The European Green Deal", December 11, 2019, https://ec.europa.eu/info/sites/default/files/european-green-deal-communication_en.pdf.

② Official Journal of the European Union, "Free Trade Agreement between the European Union and the Socialist Republic of Viet Nam", June 12, 2020, https://eur-lex.europa.eu/legal-content/EN/TXT/PDF/?uri=OJ:L:2020:186:FULL&from=EN.

③ European Commission, "The European Green Deal", December 11, 2019, https://ec.europa.eu/info/sites/default/files/european-green-deal-communication_en.pdf.

体系。欧盟碳排放交易体系（EU–ETS）[①]在减少温室气体排放的实践中是最有效的市场手段，也是欧盟气候治理的重要政策。碳排放交易体系实际上是将环境因素转化为一种生产要素，建立配额交易市场，鼓励企业保护环境，重视节能减排。2005 年至 2007 年是欧盟碳排放交易体系的试运行阶段，温室气体排放只涉及二氧化碳，涵盖一些高耗能行业，如能源、石化、钢铁、水泥等。2007 年 3 月，欧盟通过《2020 气候能源包裹法案》，提出要在 2020 年前将温室气体排放量下降到 1990 年的 80%，能源效率提高 20%。[②]2008 年之后，二氧化硫和氟氯烷等气体被欧盟委员会纳入交易体系。同时，欧盟委员会对碳配额和碳价格进行了回购与干预以稳定低碳投资，并且允许企业无限制地存储排放配额以鼓励企业减排。2010 年实施的《拍卖规定》详细制定了拍卖规则。从 2013 年开始，欧盟规定在 2008 年至 2012 年碳配额总量的基础上，将目标设定为在 2005 年的总量基础上减排 21%，以每年 1.74% 的指数递减，其间航空业也被纳入了 EU–ETS 的范围。2018 年，欧盟批准了碳排放交易体系的改革方案，确定了加速减少配额总量，通过市场稳定储备机制（MSR）回收更多的富余配额。[③]从 2019 年起，市场稳定储备机制每年将减少 24% 的超额排放配额直至 2023 年。[④]

---

① 碳排放交易体系 (EU-ETS) 是一个基于市场的节能减排政策工具，用于减少温室气体的排放。遵循“总量控制与交易”原则，政府对一个或多个行业的碳排放实施总量控制。纳入碳排放交易体系的企业每排放一吨温室气体（通常是二氧化碳），就需要有一个单位的碳排放配额。企业可以获取或购买这些配额，也可以和其他企业进行配额交易。欧盟碳排放交易体系从成立到 2020 年的运行可分为三个阶段，其中第一阶段 2005—2007 年为试运行，第二阶段和第三阶段分别为 2008—2012 年、2013—2020 年。

② European Commission, “2020 Climate&Energy Package”, https://ec.europa.eu/clima/policies/strategies/2020_en.

③ 张学坤、冉泽：《欧洲碳减排政策回顾、分析及我国减碳挑战》，载中国能源网，2021 年 3 月 31 日，见 https://www.china5e.com/news/news-1112193-1.html。

④ 《欧洲能源转型解析》，2020 年 11 月 10 日，见 http://www.nengyuanjie.net/article/42541.html。

目前，全球气候复杂多变，极端天气发生的可能性不断增加，加剧了气候生态系统的不稳定性。气候异常在给人们日常生活带来挑战的同时，也提醒着全球各经济体在规划或制定政策时要重点考虑气候变化要素，共同推进全球气候治理。欧盟高度重视全球气候治理议题，因此在2020年3月出台了《欧洲气候法》草案。作为欧洲“绿色协议”的核心内容，草案要求将2050年实现“气候中和”的目标写入法律。欧洲议会和欧盟理事会在2021年4月就《欧洲气候法》条例达成了临时协议。2021年6月欧洲议会、欧盟理事会先后通过《欧洲气候法》，结束了《欧洲气候法》的立法程序，正式将“绿色协议”关于实现2050年碳中和的承诺转变为法律强制约束。该法不仅可以帮助减少气候变暖的应对进程，而且有助于欧盟内部气候行动的监管。[①]眼下，欧盟还积极调整围绕气候治理的相关政策，包括重新评估和修改可再生能源指令、能源税治理、林业法规、碳排放交易指令以及能源效率指令等，使其与新低碳目标要求的标准保持一致，确保2050年实现“气候中和”的目标能够有序完成。

（二）发展绿色金融

当前，气候变化和环境恶化正在重新定义我们这个时代所面临的全球挑战。各国积极推动绿色转型，充分发挥市场枢纽作用，为绿色产业提供资金和融资支持，促进生态经济实现长足发展，全球绿色金融正在迎来新的发展机遇期。欧盟是绿色金融的“先行者”，欧盟视角下的绿色金融可以被理解为筹集应对气候变化的资金和减少环境压

① Kate Abnett, “Climate ‘Law of Laws’ Gets European Parliament’s Green Light”, June 24, 2021, https://www.reuters.com/world/europe/climate-law-laws-gets-european-parliaments-green-light-2021-06-24/.

力，促进社会治理。[①] 当前，欧盟绿色债券市场发展已经初具规模。2020年欧洲地区发行的绿色债券数量达1560亿美元，占全球绿色债券发行量的53.8%。绿色债券市场的计价货币中，欧元表现最强，以欧元计价发行的数额高达1393亿美元，占总发行量数额的49.9%。在欧洲市场上发行绿色债券的机构多样，截至2018年，共有145家实体在欧洲发行了绿色债券，包括能源企业、金融机构、地方政府和主权国家等不同发行主体。[②]

绿色金融作为绿色发展的重要内容，通过实施绿色贷款、债务机制和投资等方式，筹集资金，调节市场行为，增加绿色经济行为，减少损害环境的经济行为，以促进产业结构转型升级，实现经济高质量和可持续发展。在全球新冠肺炎疫情持续蔓延的大环境下，绿色金融发展已经对防范全球金融市场风险、推进经济复苏发挥了关键作用。早在2018年3月，欧盟委员会在发布的一份《可持续发展融资计划》中就提出了欧盟实施可持续金融发展的综合战略。[③] 这份计划涵盖了三大目标下的具体十项行动举措，详细制定了欧盟采取的金融行动步骤、实践计划和时间表，旨在为欧盟搭建可持续金融综合体系，助力欧盟实现可持续发展，并使欧盟成为绿色金融领域的全球引领者。为了在不同领域开展可持续绿色发展的经济活动，欧盟专门建立了清晰的绿色分类体系。2019年6月，欧盟委员会技术专家组发布了《欧盟可持续金融分类方案》《欧盟绿色债券标准》以及《基准：气候基准

---

① European Commission, “Overview of Sustainable Finance”, https://ec.europa.eu/info/business-economy-euro/banking-and-finance/sustainable-finance/overview-sustainable-finance_en.

② Climate Bonds Initiative, “The Green Bond Market in European 2018”, 2018, https://www.climatebonds.net/files/files/The%20Green%20Bond%20Market%20in%20Europe.pdf.

③ European Commission, “Action Plan: Financing Sustainable Growth”, March 8, 2018, https://eur-lex.europa.eu/legal-content/EN/TXT/PDF/?uri=CELEX:52018DC0097&from=EN.

及基准 ESG[①] 披露》三份报告，明确表示在欧盟发行的绿色债券需要符合上述分类要求。该分类方案为欧盟可持续金融发展建立了最基础的分类标准，帮助资本市场识别有利于实现环境政策目标的投资机会，相对规范和统一。2021 年 7 月 6 日，欧盟出台了《可持续经济转型的融资战略》。作为可持续发展融资计划的加强版，该战略拓宽了绿色金融的投资规模，为推动欧盟绿色转型提供了重要的经济支撑。在 2021 年至 2027 年多年度金融框架和“下一代欧盟”复苏计划的指导下，欧盟将会在应对气候危机项目中投入高达 6050 亿欧元，在支持生物多样性项目上投入 1000 亿欧元。在“下一代欧盟”投资计划的 7500 亿欧元中，30% 将通过发行绿色债券筹集。值得注意的是，该战略还制定了一个更具包容性的可持续财政框架，将中小企业和新兴技术等要素纳入可持续融资结构中，有助于欧洲绿色金融市场释放更多潜力和活力。[②]

此外，为了确保可持续融资计划能够顺利进行，确保金融体系稳定和促进经济增长，欧盟还专门搭建了一个“可持续金融平台”，收集来自企业、学术界、金融业、民间社会等不同领域学术专家的意见，为标准技术提供建议和参考。为规避可持续金融市场的相关风险，确保金融体系稳定，欧盟还成立了专家组。例如，可持续金融技术专家组专门协助欧盟委员会制定统一的可持续经济活动分类系统、绿色债券标准、低碳指数方法和气候相关披露指标等，而建立可持续金融高级别专家组的目的旨在引导公共和私人资本流向可持续投资，确保泛

① ESG 是指环境（Environment）、社会（Society）和公司治理（Governance）。

② European Commission, “Strategy for Financing the Transition to a Sustainable Economy”, July 6, 2021, https://eur-lex.europa.eu/legal-content/EN/TXT/PDF/?uri=CELEX:52021DC0390&from=EN.

欧地区实施绿色转型计划等。①

（三）凝聚社会共识

随着欧盟绿色转型进程不断加快，绿色产业发展在促进经济增长的同时，也给社会带来了一定的压力，这就意味着欧盟推广绿色战略需要获得企业和民众更多的支持。以德国为例，在全面放弃核电之后，碳减排压力增大，政府对可再生能源的补贴政策推高了全社会的用能成本。德国已成为欧盟电价最高的国家，居民电价比欧盟平均水平高出近50%。其中，可再生能源附加费占据了居民电费的20%。如果没有民众的支持，绿色转型是进行不下去的。

欧洲是现代工业的发源地，民众的环保意识具有深厚的思想和现实基础。早在20世纪六七十年代，一些欧洲国家就出现了“绿党政治”。到了20世纪90年代，绿党的政治力量更是结构性崛起，成为欧洲政治中不可忽视的一股重要势力。长期以来，尽管绿党秉承一套激进的环保主义理念，认为过分追求经济效益将会给自然环境和社会公平造成沉重负担，但这种观点也在一定程度上迎合了当前欧洲民众主张治愈“后危机时代”社会创伤的诉求。②随着绿党在欧洲议会和各成员国议会中占有的席位不断增多，这要求政治决策者在制定战略时基于选举等因素考量也不得不采纳绿党的主张，并制定更积极的绿色变革战略。面对复杂多变的全球气候、能源等问题，绿色转型议题将会对欧洲各国领导人的政治议程产生广泛影响。“与民沟通，听取民意”是欧盟各机构在绿色转型的过程中赢得民心的关键路径。1993年欧盟发布的第五个环境行动规划中就提出要对民众参与环境问题给

① European Commission, “Overview of Sustainable Finance”, https://ec.europa.eu/info/business-economy-euro/banking-and-finance/sustainable-finance/overview-sustainable-finance_en#expert.

② 董一凡：《试析欧盟绿色新政》，《现代国际关系》2020年第9期。

予更多支持。[①]2001年10月欧盟通过了《奥古斯公约》，赋予民众在地方、国家等政策环境中获取信息、影响和参与决策以及诉诸司法的权利。需要指出的是，鼓励公众参与制定《欧洲绿色新政》也是推动此次欧盟实现绿色转型目标的关键。欧盟认为，公民是未来社会转型的推动力量，要想实现绿色新政并带来持续性改变，欧盟各机构需要与所有民众共同合作。[②]2020年12月，欧洲启动《欧洲气候公约》，倡议充分吸收与接纳民众、社区和组织参与气候行动，明确要通过国家、区域和地方政府与社会伙伴、公民和民间社会合作，进行包容和无障碍对话。[③]政府主动的沟通起到了凝聚社会的作用，欧盟95%的民众认为环境保护很重要，并且77%的人认为保护环境可以促进经济增长。[④]民众总体对绿色转型持积极态度，这对于欧盟绿色转型是重要的民意保障。

四、欧盟绿色转型的影响

（一）影响欧盟的经济结构

绿色转型使欧盟可再生能源在能源消费中的比重不断增加，有效促进了欧盟能源结构的清洁化发展。2019年，可再生能源占欧盟27

① 巩潇泫：《多层治理视角下欧盟气候政策决策研究》，博士学位论文，山东大学，2017年3月，第38页。

② European Commission, “The European Green Deal”, December 11, 2019, https://ec.europa.eu/info/sites/default/files/european-green-deal-communication_en.pdf.

③ European Commission, “European Climate Pact”, https://ec.europa.eu/clima/policies/eu-climate-action/pact_zh.

④ European Commission, “The European Green Deal Sets Out How to Make Europe the First Climate-Neutral Continent by 2050, Boosting the Economy, Improving People’s Health and Quality of Life, Caring for Nature, and Leaving No One Behind”, December 11, 2019, https://ec.europa.eu/commission/presscorner/detail/en/IP_19_6691.

国能源消耗的 19.7%，相较于 2004 年 9.6% 的占比，增长了一倍。在 2019 年可再生能源发电中，风电和水电各占 35%，剩余的电力来自太阳能（13%）、固体生物燃料（8%）和其他可再生资源（9%）。[①] 根据欧盟能源智库发布的数据，2020 年欧盟电力转型取得了里程碑式的进展，可再生能源和化石能源的发电量占比分别为 38% 和 37%，欧盟可再生能源发电量首次超过了化石能源发电量。[②] 为了实现 2030 年的气候目标，未来欧洲在继续依靠可再生能源的同时将加快对煤炭的淘汰，并且计划逐步取缔天然气发电，关闭核电站。另外，欧盟的能源效率也在不断提高，与 2015 年相比，欧洲电力的碳强度下降了 29%，达到了历史最低水平。[③] 未来十年，欧盟将加大对智能电网、近海可再生能源、氢能源等相关绿色经济的投资和支持，可再生能源等环保产业将迎来新的机遇。

绿色转型在促进经济增长的同时，也带来新的高质量的就业岗位，促进劳动力市场的高质量发展。欧盟在生态设计、生态创新、废物预防和原材料再利用方面经验丰富，发展循环经济已经为欧盟企业节省了高达 6000 亿欧元的成本。将绿色技术不断运用到绿色建筑、交通等领域中，必将产生巨大的经济价值并创造更多的就业岗位。[④] 减少化石能源的消费虽然会促使石油开采和炼制行业减少至少 100 万个就

---

① Eurostat, "Renewable Energy Statistics", https://ec.europa.eu/eurostat/statistics-explained/index.php?title=Renewable_energy_statistics.

② Ember, "EU Power Sector in 2020", https://ember-climate.org/project/eu-power-sector-2020/.

③ Agora, "Renewables Overtake Gas and Coal in EU Electricity Generation", January 25, 2021, https://www.agora-energiewende.de/en/press/news-archive/renewables-overtake-gas-and-coal-and-coal-in-eu-electricity-generation-1/.

④ European Environment Agency, "Trends and Projections in Europe 2019", October 31, 2019, https://www.eea.europa.eu/publications/trends-and-projections-in-europe-1/download.

业机会，但是可再生能源发电将增加近250万个就业机会。[①]欧盟目前与循环经济相关的就业岗位就已达350万个，如果循环率由目前的50%提升至70%，还将增加50万个就业岗位。欧盟委员会预测，到2050年，仅仅能源领域的转型就可在2020年的基础上增加300万个就业岗位。[②]

欧盟绿色转型的核心是产业结构绿色化。要实现碳中和目标，欧盟将继续改革碳排放交易市场，提高电力行业的碳价格，以促进清洁能源转型，这将有效带动风能、太阳能、氢能产业的发展。当前，风电在实现能源转型中显得尤为重要，欧盟距实现碳中和还有一定距离，海上风电装机容量只有20吉瓦（GW），要实现2050年的目标将需要增长至少10倍。[③]除了发展清洁能源，绿色转型还将促进交通运输业的绿色发展。2020年，欧盟新能源汽车的登记量下降23.7%至994万辆，这是自1990年以来的最大降幅。与之相比，新能源汽车销售量却逆势而上。同年，欧洲新能源汽车的销量达136.7万辆，同比增长142%，仅用一年时间就跃升成为全球最大的新能源汽车市场，占全球市场份额的43%。其中，德国2020年新能源汽车的销量就同比增长近3倍。[④]目前，交通运输领域的碳排放占欧盟碳排放的四分之一。欧盟计划到2050年使交通运输行业实现90%的碳减排，这意味着到2050年，几乎所有汽车、货车、公共汽车及新型重型车辆都将实现

---

① 联合国：《国际劳工组织：制定适当的绿色经济政策将新增2400万个就业机会》，2018年5月14日，见 https://news.un.org/zh/story/2018/05/1008622。

② 商务部中国服务外包研究中心：《COI数据中心每周信息综报》，2020年11月16日，见 http://images.mofcom.gov.cn/coi/202012/20201214155319714.pdf。

③ 周楚卿：《报告支持欧盟海上风电到2050年增长十倍以上》，载新华网，2019年11月28日，见 http://www.xinhuanet.com/world/2019-11/28/c_1125284416.htm。

④ 董天意：《2020年欧盟汽车销量下跌24%，新能源车成销量回暖助推器》，2021年1月21日，见 https://m.nbd.com.cn/articles/2021-01-21/1605050.html?formPage=shareRepoter。

零排放。[1]此外，绿色转型还将促进建筑、农业等领域的绿色化改造，最终实现全经济领域的绿色化转型。各个领域的绿色化转型将会改变欧盟的产业结构。

（二）影响欧洲一体化进程

2008年全球金融危机之后，能源和气候议题在欧盟一体化进程中扮演了越来越重要的角色，2008年欧盟委员会通过的《能源安全与行动方案》确定了欧盟能源一体化的方向。[2]2009年12月《里斯本条约》正式生效，首次赋予欧盟承担保障能源市场、保障能源供应、发展新能源、发挥气候治理领导作用等职权，为欧洲能源一体化提供了法律框架。[3]2014年发布的《欧盟能源安全战略》提出加快内部市场建设，并促进成员国能源政策协调，用一个声音说话。绿色转型是欧盟解决自身问题以及争取全球治理话语权的重要议题，欧盟出于保障能源安全采取的一致对外等方式，可以有效地促进政治认同。[4]

近年来，在经济衰退、难民危机、民粹主义等多重危机的冲击下，民众对欧盟的治理能力产生了诸多怀疑。尤其是在新冠肺炎疫情欧洲地区扩散以来，尽管欧盟采取了一系列措施积极应对，但由于各成员国间缺乏有效的协调机制，进一步削弱了欧盟的反应能力，导致欧盟防疫效果大打折扣，欧盟备受欧洲民众的舆论指责。不仅如此，眼前欧盟在经济、安全等高级政治领域面临的现实困境也对欧洲的一体化进程构成了严重威胁，欧洲单一市场建设正在承受巨大压力。值得注意的是，近十几年来，气候和能源转型对推动欧洲经济和社会发展发

---

① 谢艳、余申芳：《欧盟积极打造可持续与智能交通体系》，载新华网，2020年12月23日，见 http://www.xinhuanet.com/worldpro/2020-12/23/c_1210942962.htm。

② 许勤华：《欧盟能源一体化进程及前景》，《现代国际关系》2012年第5期。

③ 崔宏伟：《欧盟能源安全战略分析的三种理论视角》，《德国研究》2010年第3期。

④ 王旭东、吕聪：《从能源政策看欧盟一体化的深化》，《中国外资》2013年第24期。

挥的作用越加明显，各成员国先后围绕气候变化等相关议题达成广泛共识，客观上为欧洲一体化建设也注入了新的活力。2020 年 1 月，欧洲议会以 482 张赞成票、136 张反对票通过了《欧洲绿色协议》，[①] 要求欧盟 2030 年减排 55%，部分议员甚至对排放量提出了更高要求，将减排目标提升到 65% ~ 70%，以实现更人性化的社会和生态转型。[②] 除了欧盟层面的努力，各成员国也将气候、能源等议题纳入主流政治议程中，积极响应欧盟绿色转型战略，并制定与之相匹配的减排标准。例如，丹麦议会在制定的首个气候法案中要求到 2030 年实现温室气体减排到 70%；瑞典提出到 2045 年实现温室气体净零排放；德国承诺到 2050 年将温室气体排放量降至零。此外，为落实《巴黎协定》中的温室气体减排目标，欧盟各成员国已经陆续开启“退煤”议程。各国政府先后公布了废除煤炭使用的时间表，其中，2020 年瑞典和奥地利已经关闭最后一座燃煤企业，正式宣告淘汰煤炭资源使用；预计到 2030 年，欧洲大陆将实现有超过一半的国家结束煤炭发电的历史。可以看出，欧盟各成员国在节能减排方面做出了一系列努力，与欧盟绿色转型的整体理念和发展方向正在走向趋同。这种政策共识不仅提升了欧盟应对全球气候和能源危机的能力，也有助于增强欧洲一体化建设黏性，激发欧洲单一市场活力。

（三）影响全球治理规则

绿色转型战略正在成为欧盟气候治理领域的新议题。欧盟历来是

① European Parliament, “Parliament Supports European Green Deal and Pushes for Even Higher Ambitions”, January 15, 2020, https://www.europarl.europa.eu/news/en/press-room/20200109IPR69902/parliament-supports-european-green-deal-and-pushes-for-even-higher-ambitions.

② European Parliament, “Green Deal for Europe: First Reactions from MEPs”, December 11, 2019, https://www.europarl.europa.eu/news/en/press-room/20191203IPR68087/green-deal-for-europe-first-reactions-from-meps.

全球气候治理的积极推动者，比如制定严格的减排目标、建立碳排放交易市场、制定绿色金融制度等。在2019年发布的《欧洲绿色协议》中，欧盟又提出到2050年温室气体达到净零排放并实现经济增长与资源消耗脱钩这一新增长战略，诸多政策与行动已经向世界证明欧盟参与全球气候治理的雄心，其主动提高自主贡献力度也是为了能够赢取话语权。目前欧盟已经出台了《欧洲气候法》等政策来确保2050年碳减排目标的实现。预计今后，欧盟将会利用绿色转型中重要的能源、气候以及绿色金融等议题作为获取全球治理话语权的手段，鼓励和支持其他国家与地区设立减排目标，[①] 并在相关规则制定上向欧盟标准看齐。

未来，欧盟或将结合低碳、环保、社会公平等意识形态，设置更为严格的环境标准，例如，增收碳边境税[②]，增加贸易摩擦风险，影响全球经济治理。征收碳边境税是欧洲绿色协议的核心原则之一。2021年7月14日，欧盟委员会已通过对钢铁、水泥、电力等部分商品征收碳边境税的提案。提案指出，作为过渡阶段，2023—2025年期间欧盟将要求进口商监测和报告其碳排放量，这项提案自2026年开始将分阶段实施。[③] 近年来，全球贸易体系已经被持续不断的关税战争以及保护主义思潮频繁泛起等搅乱，如今碳边境税的诞生，无疑会阻碍全球贸易的合作步伐。对于发展中国家而言，发达国家征收碳边境税

① European Commission, "The European Green Deal", https://europeanclimate.org/the-european-green-deal/.

② 碳边境税是基于制造进口商品所涉及的二氧化碳排放量征收的税（这些商品在源头上没有征收碳税）。征收碳边境税包括四个目标：限制碳泄漏；防止国内产业竞争力下降；鼓励外国贸易伙伴和外国生产者采取与欧盟相当的措施；其收益可用于资助清洁技术创新和基础设施现代化，用作国际气候融资。

③ Kate Abnett, Susanna Twidale, "EU Proposes World's First Carbon Border Tax for Some Imports", July 14, 2021, https://www.reuters.com/business/sustainable-business/eu-proposes-worlds-first-carbon-border-tax-some-imports-2021-07-14/.

也是一种霸权主义的体现，因为它忽略了发达国家和发展中国家处于不同发展阶段的事实，是“劫贫济富”，[①]违背了现有的世界贸易组织原则，以及《巴黎协定》的相关原则。2016 年的一项研究表明，欧盟碳边境税将会给主要贸易伙伴造成经济损失，其中来自巴西的产品会下降 0.3%，来自美国的产品会下降 1.3%。[②]这些变相的贸易保护主义，对内可以激励本土企业遵守绿色法规，但是也会削弱进口企业的竞争力，进一步引发贸易摩擦。[③]

值得注意的是，欧盟绿色转型还可能会触发各经济体在绿色技术领域展开规则竞争。低碳经济是未来社会发展的必然趋势，也是未来国家间经济竞争的核心所在。低碳技术是应对气候变化、提高国家竞争力的核心途径。根据欧盟的“绿色协议”，欧盟将加大技术研发与创新，在 2021 年至 2027 年的未来七年里，拟投入资金 1000 亿欧元，加强对环境问题前沿研究的支持。欧盟 35% 的研究资金将用于气候友好型技术的研发，其中包括欧洲地平线创新计划。[④]欧盟等发达国家和地区在低碳技术等领域已经具有领先优势，并制定了可落地的技术路线图。欧盟持续促进政府和企业对低碳技术领域的投资，引领企业低碳转型，旨在将来能够引领低碳经济相关领域的科技制高点。未来欧洲绿色转型的理念、规则等将持续注入全球治理体系中，从而影响全球治理。

---

① 《碳边境税，德国的环保大棒》，载碳交易网，2019 年 11 月 29 日，见 http://www.tanjiaoyi.com/article-29643-1.html。

② Timothy Hamilton, “The EU Wants a Carbon Border Tax on Imports—But Would it do the Job Officials Expect?”, April 13, 2021, https://theconversation.com/the-eu-wants-a-carbon-border-tax-on-imports-but-would-it-do-the-job-officials-expect-157118.

③ Michelle Cheung, “What is a Carbon Border Tax and How Fair Is It?”, August 13, 2021, https://earth.org/what-is-a-carbon-border-tax/.

④ 郑军：《欧盟绿色新政与绿色协议的影响分析》，《环境与可持续发展》2020 年第 2 期。

第四章

欧盟加强安全防务一体化

冷战的结束为欧洲经济一体化注入了新的动力，欧元诞生，成为美元之后的全球第二大国际货币，欧盟整体经济总量一度超过美国，成为全球第一大经济体，但欧洲的安全与防务却一直是欧盟一体化进程中“跛腿”的一项。随着美国战略重心的转移及其相对实力的下滑，欧洲开始疑虑美国对欧洲的安全承诺，欧洲谋求防卫自主的诉求也日益提升。2008年之后欧洲面临一系列的危机，难民问题、恐怖袭击频发、乌克兰危机、英国脱欧、特朗普冲击等不断冲击着欧洲的安全格局。在“后危机时代”，推动欧盟安全防务一体化成为欧洲政治精英的新共识。尤其是2016年欧盟发布了新的全球战略，聚焦推进欧盟安全防务一体化，注重欧洲安全防务基础能力规划与建设，力图重振欧盟成员国对欧洲一体化的信心。

一、“后危机时代”欧盟安全防务战略转变

安全防务领域向来是欧洲一体化难以触碰的“敏感区”、改革难以推进的“深水区”、难见成果的“滞后区”。面对“后危机时代”

国际格局出现深层次变动，欧盟开始重新评估自身所处的国际环境与安全能力短板，并以谋求安全防务上的战略自主作为应对危机、重振欧洲国际地位与影响力的重要手段。

（一）欧盟对世界形势的认知发生改变

“后危机时代”的欧盟对世界格局与形势的认知发生了改变，认为当前世界重回大国竞争的时代，国家间对抗性日益增强，大国博弈日益激烈，欧洲自身正处于“充满挑战的时代”。[①] 这与欧盟在21世纪之初对世界形势的判断发生了很大变化。在2003年发布的《欧洲安全战略》中，欧盟对全球安全环境的评估总体乐观，认为由于来自苏联的威胁消失，和平时代已经来临，再加上欧盟的扩大，欧盟对以“非军事”方式来发挥国际影响力充满信心。这份《欧洲安全战略》认为“当前欧洲正享受充分的繁荣、安全与自由。20世纪前半叶的两场世界大战的硝烟已经远离欧洲，现在的欧洲正处于历史上前所未有的和平与稳定时期”。[②]

2008年金融危机后，欧盟所面临的世界形势发生了重大变化，国际形势更为复杂多变，恐怖主义、经济衰退、气候危机、能源问题等威胁着欧洲，欧盟开始焦虑自身安全，并且越来越意识到，在一个地缘政治竞争加剧的时代，必须依靠自己捍卫自身安全利益。在2016年发布的《欧盟全球战略》文件中，欧盟认为自身正处于前所未有的内忧外患的时代，欧洲的联合受到威胁，业已带来前所未有的和平、繁荣和民主的欧洲计划也正在备受质疑。同时，该文件进一步指出当

---

① European Union, “Shared Vision, Common Action: A Stronger Europe. A Global Strategy for the European Union’s Foreign and Security Policy”, June 29, 2016, https://eeas.europa.eu/archives/docs/top_stories/pdf/eugs_zh_.pdf.

② Council of the European Union, “A Secure Europe in a Better World-European Security Strategy”, December 12, 2003, https://www.cvce.eu/content/publication/2004/10/11/1df262f2-260c-486f-b414-dbf8dc112b6b/publishable_en.pdf.

前欧洲所处的国际安全环境的恶化，欧洲的周边外交政策没有取得预想的成功：周边安全环境已威胁到欧洲本土；非洲部分地区人口增长过快，经济承载力弱；亚洲部分国家与地区间安全紧张局势加剧；全球性气候危机更是破坏全球安全,以上都是欧盟所需应对的安全现实。时任欧盟委员会副主席兼欧盟外交与安全政策高级代表费代丽卡·莫盖里尼（Federica Mogherini）在《欧盟全球战略》的序言中坦承欧洲所面临的重大危机，认为“欧盟及更广泛的近邻地区变得更加不稳定，更加不安全。我们的边界内外的危机正直接影响着我们公民的生活”，甚至指出“我们联盟的目标甚至其存在本身都正在遭到质疑”。[①]

（二）加强硬实力建设

欧盟正视其所处的国际格局发生重大转变的现实，重新评估欧洲的应对能力尤其是安全能力建设状况，认为仅仅以“民事力量”来参与国际事务已经不能如实反映目前欧洲所面临的国际社会现实，欧盟当前所具备的能力不足以应对充满安全挑战的世界。在重新认知当前欧盟所处的安全环境的基础上，欧盟安全防务战略与政策愈加趋于回归现实主义，欧盟的关注点也从低级政治领域向高级政治领域转移，对安全防务领域的需求不断增加，“对欧洲来说，软、硬实力需要齐头并进”。[②]2016 年的《欧盟全球战略》即以有原则的务实主义为指导思想，确定了欧盟对外行动的优先目标。[③] 国际形势的变化、欧美

---

① European Union, “Shared Vision, Common Action: A Stronger Europe. A Global Strategy for the European Union’s Foreign and Security Policy”, June 29, 2016, https://eeas.europa.eu/archives/docs/top_stories/pdf/eugs_zh_.pdf.

② European Union, “Shared Vision, Common Action: A Stronger Europe. A Global Strategy for the European Union’s Foreign and Security Policy”, June 29, 2016, https://eeas.europa.eu/archives/docs/top_stories/pdf/eugs_zh_.pdf.

③ 杨海峰：《有原则的务实主义——欧盟外交与安全政策的全球战略评析》，《欧洲研究》2016 年第 5 期。

盟友关系的调整、欧盟对自身利益认知的深化以及参与世界的战略雄心等决定了欧盟安全防务政策的地缘政治回转，尤其是2014年乌克兰危机使得地缘安全重归欧洲视线，欧洲不得不更为务实地考量自身在全球地缘中的政治与经济安全问题。与此同时，随着大国竞争的回归，欧洲已经意识到美国和中国之间的博弈将是21世纪决定性的地缘政治挑战。欧洲不想成为大国博弈的棋盘，就必须凭借自己的战略成为参与者。[①]欧盟认为自身必须学会作为一个地缘政治大国来思考，定义其目标，并采取战略性行动，[②]从寻求成为规范和变革国际力量转向创建一个务实和有弹性来应对内外挑战的联盟。[③]

欧盟不再拘泥于以规范性力量参与国际事务的原则，而将建设强大的欧洲防务技术和工业基础作为努力的优先方向，加快欧洲防务工业和市场的整合，并且进一步明确提出自身在安全防务领域的五个具体目标：欧盟自身安全、周边国家及其社会的韧性、整合欧洲力量应对危机与冲突、以合作为手段建立区域秩序、参与21世纪的全球治理。[④]欧盟一步步地在安全防务问题上走向务实协作。

（三）谋求安全防务上的“战略自主”

欧盟转变战略观念，以增强安全防务上的“战略自主”作为破解

---

① 陈新：《深析当前欧洲的地缘政治焦虑》，《人民论坛·学术前沿》2020年第10期。

② Jonathan Hackenbroich, JankaOertel, Philipp Sandner, Pawel Zerka, “Defending Europes’s Economic Sovereignty: New Ways to Resist Economic Coercion”, October 2020, https://ecfr.eu/wp-content/uploads/defending_europe_economic_sovereignty_new_ways_to_resist_economic_coercion.pdf.

③ Raluca Csernaoni, “EU Security and Defense Challenges: Toward a European Defense Winter?”, *Carnegie Europe*, June 11, 2016, https://carnegieeurope.eu/2020/06/11/eu-security-and-defense-challenges-toward-european-defense-winter-pub-82032.

④ European Union, “Shared Vision, Common Action: A Stronger Europe. A Global Strategy for the European Union’s Foreign and Security Policy”, June 29, 2016, https://eeas.europa.eu/archives/docs/top_stories/pdf/eugs_zh_.pdf.

当前安全困境的主要思路，“自主性”在欧盟安全能力建设和战略目标中的地位日益凸显。2010 年，欧盟在《实施欧盟安全战略及共同安全防务政策》文件中第一次使用“战略自主”的概念。2013 年《欧盟共同安全防务政策》又呼吁建立一个支持共同安全防务政策的强大且具有竞争力的军备产业。根据这份文件，欧盟“必须能够为自己的安全以及整个国际和平与稳定承担责任。欧盟若想成为其他行为体可靠的合作伙伴，就需要一定程度的战略自主，使得欧盟能够在不依赖第三方的情况下做出决定和行动。因此，供应安全、获得关键技术和维护主权至关重要”。[①] 在多重危机的影响下，欧盟安全防务政策调整的事实在不同领域展开，2016 年发布的《欧盟全球战略》体现了外交与安全战略在新时期新形势下的转向，也标志着“战略自主”正式成为欧盟追求的战略目标，在其文本中七次使用“自主”一词，涉及决策的自主和行动的自主，并指出“适当程度的雄心和战略自主权”对欧盟而言是必要的，“战略自主”自此成为欧盟战略安全目标的重要组成部分。2020 年美国总统大选后，欧洲防务研究基金会一项调查显示，“最惊人的发现之一是……在每一个接受调查的国家中，至少有 60% 的受访者（所有这些国家的平均比重为 67%）认为，他们不能总是依靠美国来保护自己，因此需要投资于欧洲防务”。[②]

“战略自主”理念以欧洲安全防务为侧重领域。对欧盟来说，对

① Lithuanian Ministry of National Defence, “National defence authorities discussed Lithuania's involvement in NATO's Alliance Ground Surveillance programme with representative of Germany's EADS Group”, December 1, 2018, http://kam.lt/en/news_1098/news_archives/news_archive_2013/news_archive_2013_10/national_defence_authorities_discussed_lithuanias_involvement_in_natos_alliance_ground_surveillance_programme_with_representative_of_germanys_eads_group.html?pbck=10, June 23, 2021.

② Ivan Kratsev, Mark Leonard, “The crisis of American power: How Europeans see Biden's America”, London: European Council on Foreign Relations, January 19, 2021, https://ecfr.eu/publication/the-crisis-of-american-power-how-europeans-see-bidens-america/.

外战略更强调软、硬实力齐头并进，包容性社会、就业机会和人权等软实力一如往常地受到欧洲关注，但军事和反恐能力建设也必须提上欧盟日程。欧盟日益认识到，保持适当水平的防务雄心和战略自主对欧洲推动内外安全能力建设与寻求和平的目标至关重要。因此，欧盟进一步加强在网络安全、军事防御、预防与反击恐怖主义、能源和战略沟通互动等方面的努力。欧盟各成员国在自身安全防务政策上仍有自主权，但为推动欧洲安全防务发展，欧盟就必须进一步促进欧盟各成员国间的安全防务合作和政策协调。特别是欧盟意识到安全防务能力的基础是强大的防务工业，因此将打造可持续创新和竞争力的欧洲防务工业作为欧洲的战略自主和可靠的共同安全防务政策的关键一环。①

二、欧盟谋求安全防务一体化的动力

欧盟自成立以来，一直致力于实现欧洲的和平、繁荣与稳定，也长期被视为促进国际社会发展的“规范性力量”。然而自 2008 年金融危机以来，内忧外患的安全环境凸显出欧洲安全防务合作的必要性和紧迫性，也构成了欧盟推动安全防务一体化的动力来源。

（一）地缘政治环境的恶化

地缘政治环境恶化是欧盟面临的最大的外部安全挑战。一是与俄罗斯关系的紧张。乌克兰危机使得欧盟面临最直接的安全冲击，尤其是对东欧成员国来说，俄罗斯的威胁已经延伸到欧盟边境。2014 年，欧盟决定对俄采取限制性措施，进行经济、外交和金融制裁；2019 年

---

① European Union, Shared Vision, “Common Action: A Stronger Europe. A Global Strategy for the European Union’s Foreign and Security Policy”, June 29, 2016, https://eeas.europa.eu/archives/docs/top_stories/pdf/eugs_zh_.pdf.

3月，欧洲议会宣布“俄罗斯不是战略合作伙伴”；2020年9月，欧洲议会就纳瓦利内“中毒”事件扩大对俄制裁；2021年1月，欧洲议会决议要求欧盟及其成员国严格审视与俄罗斯在国际事务中的合作。欧盟与俄罗斯安全政策目标的冲突持续加剧了双方关系的恶化。① 二是中东和北非的动荡仍在继续。2010年，突尼斯的穆罕默德·布阿齐齐自焚事件拉开了中东地区动乱的序幕，颜色革命席卷整个阿拉伯世界，中东和北非国家陷入剧变旋涡，埃及革命、利比亚战争、也门起义、巴林示威、叙利亚内战等风波此起彼伏；时至今日，利比亚战争、叙利亚战争等仍在继续，已经成为欧盟周边安全的重大隐患。此外，大量来自欧洲周边“失败国家”的难民涌入欧洲，给欧洲国家带来一系列经济、社会、政治、安全等问题。同时，近年来欧洲恐怖主义袭击事件发生频率显著增加，且发生在巴黎、布鲁塞尔、马德里、斯德哥尔摩等欧洲中心城市。恐怖主义袭击的发生，加上外来移民的进入，也改变了欧盟内部稳定的局面。② 三是大国博弈日趋激烈，东升西降成为国际格局变动的大趋势。如何提升自身安全防务能力，在大国地缘竞争激烈的时代维护欧盟的全球战略利益成为关键议题。四是非传统安全问题如全球气候变化、防扩散、卫生健康等问题也使得欧盟外部安全形势进一步复杂化。

（二）美国对欧洲安全防务承诺的不确定性

美国对欧洲安全防务承诺的不确定性是欧洲安全防务合作最直接的推动因素。一直以来，欧美在分摊北约安全防务费用与欧洲安全防

① Mira Milosevich-Juarist, “La nuevaestrategia de la UE para Rusia: un equilibrio de debilidad”, May 7, 2021, http://www.realinstitutoelcano.org/wps/portal/rielcano_es/contenido?WCM_GLOBAL_CONTEXT=/elcano/elcano_es/zonas_es/ari53-2021-milosevich-nueva-estrategia-de-la-ue-para-rusia-un-equilibrio-de-debilidad.

② 叶江：《试析欧盟安全战略的新变化——基于对欧盟2003与2016安全战略报告的比较》，《学术界》2017年第2期。

务支出比例低等问题上龃龉不断。[①] 美国抱怨欧盟国家在自己的军事能力上投入不足，并不断要求欧洲在安全防务问题上付出更多，认为自己在为欧洲提供“核保护伞”，还为欧洲大陆的安全买单。[②]2014年北约威尔士峰会上，在美国前奥巴马政府的压力下，欧盟国家承诺到 2024 年将国内生产总值的 2% 用于国防。特朗普政府也曾公开表示希望北约成员国能够拿出 GDP 的 2% 用于国防开支，否则就认为对方是“搭便车”，占美国便宜。美国国内也涌现出一些对北约的批评态度，核心就是欧洲人应该负责自己的安全防务，美国应该将军队从欧洲撤出。这种“新孤立主义”的论调在美国政界和学术界得到很大响应。特朗普对北约的态度、对盟友的看法、对自身利益的衡量以及美国国内逐渐兴起的“新孤立主义”，使得欧洲对美国作为盟友的可靠性开始产生怀疑，担心美国逐步撤离欧洲，不再负责欧洲的安全防务事务。21 世纪以来，美国战略重心已经逐渐从欧洲转移到印太地区，欧洲在美国全球战略中的地位下降。美国在奥巴马政府时期就已经提出了“重返亚太”战略，推动美国的战略中心向亚洲转移。经过特朗普所施行的“印太战略”，至拜登政府时期，欧盟也越来越确定美国的战略重心已经转移到印太地区，更加注重自身在印太地区的利益。欧洲国家越来越担心美国不愿意继续在未来的欧洲安全防务事务中发挥重要作用，从而使得欧盟不得不考虑另一种可能，即发展自身的自主安全防务能力，改变“美主欧从”的不对等同盟关系。此外，欧盟依赖美国的军事工业和武器供给。欧盟在大量购买美国先进武器的同时，自主武器研发能力随之削弱，各成员国对于防务工业的投资数额

① 俞正梁等：《大国战略研究——未来世界的美、俄、日、欧（盟）和中国》，北京：中央编译出版社，1998 年，第 44 页。

② Edward Lucas, “the Delusion of Strategic Autonomy”, the Center for European Policy Analysis, December 4, 2018, https://www.cepa.org/the-delusion-of-strategic-autonomy.

也较少。与此同时，美国在尖端武器领域还对欧盟进行一定的出口管制，使得欧盟越来越希望加强战略自主建设，以免在防务工业和先进武器领域处于被动局面。

2016 年，时任德国国防部长的冯德莱恩表示，英国脱欧公投和特朗普当选是“一个警钟——我们需要改变现状，站稳自己的脚跟”。她表示：“我们希望保持跨大西洋关系，但同时变得更加欧洲化。”① 虽然拜登政府上台后美国开始扭转对盟友的政策，重申对欧洲的安全承诺，但冰冻三尺非一日之寒，欧盟的安全担忧显然无法消除。

（三）英国脱欧严重打击欧洲共同安全防务发展

英国脱欧严重打击了欧盟安全防务实力与安全防务一体化信心，英国缴纳的欧盟安全防务费用份额高，占其总预算的 20%。英国脱欧后，欧盟不仅失去了英国的安全防务资金支持，而且英国留下来的安全防务费用空白也需由其他欧盟成员国分担，才能保障安全防务资金供给、推动安全防务项目可持续发展。这无疑加剧了其他国家的安全防务费用压力。英国是欧盟安全防务建设与项目活动的主要参与方，在欧盟安全行动如难民、反恐、海外维护、新型武器研发、防务工业基础设施建设等方面发挥着建设性作用。英国脱欧将严重影响欧盟的安全防务行动能力，英国在情报、反恐、预防冲突、防务开支、陆海空军能力等方面在原欧盟国家中名列前茅，具备相当的军事能力。例如，英国拥有欧盟原 28 个成员国中 50% 的作战情报、监视和侦察重型无人机，40% 的电子情报飞机，约 50% 的重型运输机，25% 以上的重型运输直升机，50% 的核动力攻击潜艇；英国还可以进一步利用“五

① Guy Chazan, Katrina Manson, “US rattled by plans to forge closer European defence ties”, *The Financial Times*, February 19, 2018, https://www.ft.com/content/a1e82b7a-147c-11e8-9376-4a6390addb44.

眼联盟”，与澳大利亚、加拿大、新西兰和美国共享情报；[①]此外，与欧盟其他国家相比，英国拥有多处海外军事基地。英国脱欧无疑将削弱欧盟借助英国海外军事基地投射欧盟影响力的能力。

“后危机时代”欧盟的安全防务一体化努力可以说是对欧洲安全防务现状所做出的及时回应。欧盟内忧外患的境地迫使大多数成员国支持欧盟对安全防务合作的推动，解决安全问题、实现防卫独立已经成为欧洲政治精英最为关心的核心议题之一，而深化安全防务一体化建设已成为欧盟解决内外安全危机的优先措施。

三、强化欧盟防务能力建设，防务自主建设持续推进

永久结构性合作、欧洲防务基金与欧洲年度防务协调评估作为欧盟推进欧盟安全防务一体化与欧洲防务自主能力建设的三大支柱，力求在政策与行动上保持一致，并以商定的欧盟能力发展优先事项为导向，是将欧洲防务事务的新动态聚焦于更一致的欧洲能力格局和欧洲军队一揽子计划的关键。[②]这将进一步强化各成员国的军工联合研发能力。

（一）欧洲安全防务框架的变革

2007 年 12 月签署并于 2009 年 12 月生效的《里斯本条约》是“后危机时代”欧洲制定共同安全防务政策的基石，其“关于共同外交与安全政策的规定”吸纳了自 1999 年科隆欧盟理事会以来欧盟关于安

---

① Bastian Giegerich, Christian Mölling, “The United Kingdom’s contribution to European security and defence”, The International Institute for Strategic Studies, February 2018, https://dgap.org/system/files/article_pdfs/the_united_kingdoms_contribution_to_european_security_and_defence.pdf.

② PESCO, “about PESCO”, https://pesco.europa.eu/.

全防务一体化的所有有益尝试。[①] 该条约包括加强欧盟成员国互助和团结的条款，并允许在欧盟外交与安全政策高级代表、欧盟委员会副主席(HR/VP，由同一人担任两项职位)的授权下设立欧盟对外行动署。HR/VP 职位涵盖两个截然不同的职能，使其有可能汇集所有必要的欧盟资产，采用“综合方法”处理欧盟安全防务危机，而 HR/VP 领导下的欧盟对外行动署管理欧盟与其他国家的外交关系（类似于主权国家外交机构），并执行欧盟的外交与安全政策。HR/VP 职位的设置和欧盟对外行动署机构的成立是欧盟历史上第一次正式确立专门职位和机构来统一领导、组织、规划、推进安全防务能力建设，确保欧盟共同安全防务政策能够得到有效和高效的执行，并有利于加强与各成员国在安全防务层面的联系，确保欧洲安全防务政策的一致性。制定 2016 年版的《欧盟全球战略》、推进永久结构性合作、欧洲防务基金、年度防务协调评估等方面都是其直接推动的成果。欧盟理事会在 2013 年 12 月 20 日讨论欧洲安全防务问题时，确定了加强合作的优先事项，一是提高共同安全防务政策的有效性、可预见性和影响力；二是加强安全防务能力发展与欧洲防务工业建设。此后，欧盟按照欧洲安全防务建设的优先事项积极采取行动。[②]

（二）永久结构性合作（PESCO）

《里斯本条约》第 42(6) 条规定，成员国可以在自愿的基础上参与安全防务领域的永久结构性合作，该条规定：“那些军事能力符合更高标准并在这一领域对彼此做出了更具约束力的承诺以满足最苛刻

① European External Action Service, “Shaping of a Common Security and Defence Policy”, July 8, 2016, https://eeas.europa.eu/topics/common-security-and-defence-policy-csdp/5388/shaping-common-security-and-defence-policy_en.

② European Council, “European Council conclusions”, December 20, 2013, https://data.consilium.europa.eu/doc/document/ST-217-2013-INIT/en/pdf.

要求的成员国应在欧盟框架内建立永久结构性合作。”[①]《里斯本条约》所附的第10号议定书还规定，永久结构性合作向任何能力较高的成员国开放，并承诺通过提高国家投入、参与多国部队、参与欧洲主要装备方案以及参与欧洲防务局在防务能力发展、研发、采购和军备领域的活动来大力发展国防能力。[②]欧盟理事会于2017年6月23日同意“有必要启动一个具有包容性和雄心勃勃的永久结构性合作”以加强欧洲的安全和防御，并帮助达到欧盟在2016年发布的《欧盟全球战略》中所表达的雄心水平。[③]

2017年11月13日，来自23个成员国的国防部长共同签署了一份关于永久结构性合作的联合通报，并将其移交给欧盟外交与安全政策高级代表和欧盟委员会副主席，另外两个成员国于2017年12月7日加入。联合通报阐明了永久结构性合作的原则、成员国所做出的共同承诺与永久结构性合作进一步建设的共同意见建议，与会成员国商定的原则之一是，永久结构性合作应成为“一个欧洲法律框架，该法律框架雄心勃勃，能形成约束力和差异包容性，用于投资欧盟领土及其公民的安全和防卫能力建设”，与会成员国还认为“一个包容的永久结构性合作是促进共同安全防务更具一致性、连续性、协调性和协

① European Council, “Consolidated version of the Treaty on European Union”, October 26, 2012, https://eur-lex.europa.eu/resource.html?uri=cellar:2bf140bf-a3f8-4ab2-b506-fd71826e6da6.0023.02/DOC_1&format=PDF.

② European Council, “Consolidated version of the Treaty on European Union-PROTOCOLS-Protocol (No.10) on permanent structured cooperation established by Article 42 of the Treaty on European Union”, May 9, 2008, https://eur-lex.europa.eu/legal-content/EN/TXT/HTML/?uri=CELEX:12008M/PRO/10&from=EN.

③ European Council, “European Council meeting (22 and 23 June 2017)”, June 23, 2017, https://www.consilium.europa.eu/media/23985/22-23-euco-final-conclusions.pdf.

作性的重要工具”。[1]2017 年 12 月 11 日，欧盟委员会通过决定，接受 25 个成员国关于在联盟框架内建立永久结构性合作的联合倡议，它允许有意愿和有能力的成员国共同规划、发展和投资共同能力项目，提高其军队的战备能力，并指出其最终目标是优化现有资源并提高其整体效力，以期完成最艰巨的任务和行动，并为实现联盟的宏伟目标做出贡献。[2]2021 年 5 月 6 日，在加拿大、挪威和美国要求参加永久结构性合作军事机动项目后，欧盟理事会通过决议授权该项目的协调国荷兰邀请这三个国家参加该项目，加拿大、挪威和美国从而成为首批被邀请参与永久结构性合作项目的非欧盟国家。[3] 目前，永久结构性合作框架下共有 46 个正在运营的防务合作项目（原本为 47 个，其中欧盟特派团能力培训中心项目已经关闭）。[4]

永久结构性合作机制重点与特点鲜明。永久结构性合作是欧盟迄今在打造更紧密的欧洲防务关系方面最认真的尝试，为克服欧盟内部武器采购和技术研发“碎片化”的弊端，永久结构性合作还接受欧洲防务基金和年度防务协调评估提供的资金支持和建议，使参与的欧盟成员国之间的合作逐步从孤立的项目转向有计划和基于影响的合作活动，以建立一个更加一致的欧洲能力格局。该机制的重点在于：一是

---

① Consilium.Europa, “Notification On Permanent Structured Cooperation (PESCO) To The Council And To The High Representative Of The Union For Foreign Affairs And Security Policy”, https://www.consilium.europa.eu/media/31511/171113-pesco-notification.pdf.

② European Council, “Council decision (CFSP) 2017/2315 of December 11, 2017”, December 11, 2017, https://eur-lex.europa.eu/legal-content/EN/TXT/PDF/?uri=CELEX:32017D2315&from=EN.

③ European Council Council of the European Union, “PESCO: Canada, Norway and the United States will be invited to participate in the project Military Mobility”, May 6, 2021, https://www.consilium.europa.eu/en/press/press-releases/2021/05/06/pesco-canada-norway-and-the-united-states-will-be-invited-to-participate-in-the-project-military-mobility/.

④ PESCO, “about PESCO”, https://pesco.europa.eu/.

要求参与国逐年提高防务开支，提高防务开支占国家预算的比例；二是增强欧盟成员国之间军事安全活动的协调性；三是加强各国防务工业企业之间的合作，提高自身技术水平、创新水平和竞争能力；四是鼓励成员国之间在一些项目上展开合作，如新式无人机、战斗机、装甲车研制等方面；五是在决策方面，各成员国在重大问题上拥有一票否决权。从永久结构性合作机制的重点来看，该项制度安排既反映了对欧洲防务能力发展的支持，又反映了欧盟试图在力所能及的范围内向欧洲共同安全防务政策的行动和任务提供实质性支持的努力。从永久结构性合作机制的特点来看，该机制与其他合作形式的关键区别在于成员国所做承诺的法律约束力的不同，成员国自愿做出是否参加项目的决定，表示决策权仍掌握在成员国的手中，并且这也不影响某些欧盟成员国安全防务政策的特殊性。

（三）欧洲防务基金（EDF）

欧洲防务基金是加强欧洲防务能力建设的一项重要制度安排，关注欧洲防务研发和能力发展两个维度，旨在协调和增加欧洲对防务研究的投资，并增强欧盟成员国各国武装部队之间武器装备的互用性，提高欧洲国防、技术和工业基础的竞争力与创新性，从而促进欧盟的战略自主；同时旨在触发欧盟推动对外的欧洲防务合作项目，并通过支持研发活动，提供必要的激励措施，促进欧洲内部在防务工业项目周期各个阶段的合作。[①] 欧盟委员会资助欧洲成员国间的联合防务工业项目，并支持整个欧盟的防务研发合作。该计划的目标是，从 2021 年起，一个成熟的欧洲防务基金将培育一个创新的和有竞争

① European Defency Agency, “EEUROPEAN DEFENCE FUND (EDF)”, https://europa.eu/rapid/press-release_IP-18-4121_en.htm.

力的防务工业基地，从而为欧洲的战略自主做出贡献。[①]欧盟委员会和成员国希望，该计划将减少欧盟对欧盟以外国家的技术依赖。作为欧盟更广泛战略的一部分，欧洲防务基金旨在弥补美国在特朗普执政期间所暴露的欧盟防务体系的缺口。特朗普在执政期间，向欧盟成员国施加压力，要求其将国防预算提高至国内生产总值的2%。虽然随着拜登入主白宫，美国将再次在北约中发挥主导作用，但欧洲推进欧洲防务基金以及加强防务自主能力的努力仍在持续中。欧盟内部市场专员蒂埃里·布列塔尼（Thierry Breton）说："在不质疑历史联盟（即北约）的情况下，欧洲不能再被其他国家的选择和决定所束缚。"通过欧洲防务基金，欧洲无疑正在把自己的命运掌握在自己手中。[②]

从2017年该基金正式提出以来，欧盟一直按照目标步骤稳步推进欧洲防务基金的落地。2017年6月7日，为扩大欧盟成员国防务研发投资与采购军事装备，欧盟委员会商讨通过成立欧洲防务基金并注资55亿欧元来支持这一行动，同时提出一项立法提案，建议制定一项条例，即欧洲防务工业发展方案（EDIDP）。从安排上来看，欧盟将通过"两步走"的方式完成欧洲防务基金的设立目标：第一步，在2014—2020年的初步试验期，实行两个欧洲防务基金前期替代方案——防务研发筹备行动（PADR）支持防务研发和技术，欧洲防务工业发展方案则共同资助防务合作项目；第二步，2021—2027年，欧洲防务基金将为创新型防务产品和技术的合作研究以及开发周期的后

① European Commission, "European Defence Fund", April 19, 2019, https://ec.europa.eu/commission/news/european-defence-fund-2019-mar-19_en.

② Florin Zubaşcu, "€7.9B defence research fund will bring EU 'greater sovereignty', officials say", July 1, 2021, https://sciencebusiness.net/news/eu79b-defence-research-fund-will-bring-eu-greater-sovereignty-officials-say.

续阶段（包括产品原型实验）增加资金。[①]

在第一步阶段，欧盟委员会从2017年开始启动防务研发筹备行动，并为其拨款9000万欧元，由欧洲防务局负责实施。作为成立欧洲防务基金的初步阶段，防务研发筹备行动旨在评估和展示欧盟所支持的防务研发和技术的附加值，相关成果为进一步深化欧洲防务合作、解决欧洲防务能力不足问题并增强欧洲防务利益攸关方的力量服务。[②]欧洲防务工业发展方案为防务合作项目提供共同融资，在2019年至2020年的预算为5亿欧元。2019年欧洲防务工业发展方案资助了16个招标项目；在2020年启动的第二轮项目招标之后，欧洲防务工业发展方案将资助26个新项目，其中两个主要能力提升项目（欧洲无人机和处理器）也被选为资助对象。[③]

从第二步阶段的发展安排来看，2019年，欧洲议会批准了总额200亿欧元的2021—2027财年防务预算，其中欧洲防务基金分到了130亿欧元。2021—2027年期间的商定预算总额为79.53亿欧元，大约三分之一将用于资助具有竞争性和协作性防务研发项目，三分之二将用于资助防务项目的后续阶段研发。[④]

2021年6月30日，欧盟委员会通过了支持欧盟防务工业竞争力和创新能力发展的一揽子决定。一是通过第一个欧洲防务基金年度工作方案，划拨总计12亿欧元资金，为立即启动23项招标项目铺平了

---

① European Commission, “Communication Launching the European Defence Fund”, June 7, 2021, https://ec.europa.eu/docsroom/documents/23605?locale=en.

② European Defency Agency, “Preparatory Action on Defence Research”, May 2017, https://eda.europa.eu/what-we-do/all-activities/activities-search/pilot-project-and-preparatory-action-for-defence-research.

③ European Commission, “Internal Market, Industry, Entrepreneurship and SMEs”, https://ec.europa.eu/growth/sectors/defence/european-defence-fund_en.

④ European Defency Agency, “EEUROPEAN DEFENCE FUND (EDF)”, https://europa.eu/rapid/press-release_IP-18-4121_en.htm.

道路，这些招标项目包括下一代战斗机、坦克或舰船，以及“军事云”、人工智能、半导体、太空、网络或医疗对抗等关键防御技术；二是通过欧洲防务工业发展计划为选定的26个新项目提供超过1.58亿欧元的预算资金，其中直接提供两个主要能力提升项目1.37亿欧元资金。[①]

从欧盟推动该基金的雄心与努力来看，欧洲防务基金在第二阶段将会继续得到落实，欧洲加强自身防务工业能力建设、提高共同协作能力、发展具有竞争性和创新性防务工业的发展方向不会改变。

（四）年度防务协调评估（CARD）

年度防务协调评估是监测欧盟成员国国防计划的实施，以帮助协调支出和确定可能的合作项目。年度防务协调评估将有助于促进成员国发展欧洲缺乏的能力，深化防务合作，确保更合理地使用防务开支。在有系统和长期防务合作的政策框架的基础上，年度防务协调评估的目标是“在自愿的基础上，以更高的政治透明度和成员国的承诺为基础，发展一种更有条理的方式，以交付确定的能力”。[②]自2017年以来，年度防务协调评估一直在欧洲防务局的指导下，与欧盟对外行动署合作进行试运行。[③]在2017—2018财年首次试运行后，第一个完整的年度防务协调评估周期于2019年秋季正式启动，并于2020年11月完成，最终报告提交给欧洲防务局指导委员会下的各国国防部长会议。该报告认定了55个欧盟成员国最有希望、最需要或最紧迫的防务合作机会，包括人工智能、网络防御、传感器技术、新兴材料、节能推进系

---

① European Commission, “Defence Industry: the Commission kick-starts the European Defence Fund with €1.2 billion and awards 26 new industrial cooperation projects for more than €158 million”, June 30, 2021, https://ec.europa.eu/commission/presscorner/detail/en/IP_21_3325.

② European Defence Agency, “Coordinated Annual Review on Defence(CARD)”, April 19, 2019, https://www.eda.europa.eu/what-we-do/our-current-priorities/coordinated-annual-review-on-defence-(card).

③ 同上。

统、无人系统和机器人技术等方面。[①]

（五）设立共同防务力量的意愿强化

2017年，法国总统马克龙提议欧洲应有独立应对安全危机的行动力量，建立一支“真正的欧洲军队”，以摆脱对于北约的过度依赖。[②]2018年6月25日，九个欧盟国家（英、法、德、丹、荷、比、爱、西、葡）签署了“欧洲干预倡议”意向书，共同推动建设欧洲快速军事行动部队。该部队试图为多种安全问题如自然灾害营救等情况提供紧急干预行动。[③]2018年11月6日，法国举办第一次世界大战结束一百周年纪念活动，法国总统马克龙在活动讲话中提出建立“欧洲军队”。2018年11月13日，德国总理默克尔在欧洲议会讲话中也表示在当前所面临的危机面前，欧洲需要建立一只自己掌握的“欧洲军队”。2019年1月22日，法国和德国签署了《亚琛条约》，以建立共同的军事文化来促进联合部署，该条约旨在加强德法两国在外交政策、安全防务方面的合作，同时呼应两国建立欧洲军队的长期承诺。

四、欧盟安全防务一体化发展前景

欧盟不仅制定了欧盟层面的安全战略与防务目标，还制定了中长期规划。欧盟在安全防务一体化上的成就体现了欧盟追求自身利益和

---

① European Defence Agency, “Coordinated Annual Review on Defence(CARD)”, April 19, 2019, https://www.eda.europa.eu/what-we-do/our-current-priorities/coordinated-annual-review-on-defence-(card); “2020 Card Report Executive Summary”, https://eda.europa.eu/docs/default-source/reports/card-2020-executive-summary-report.pdf.

② Aurora Bosotti, “Nigel Farage brands Macron ‘updated Napoleon’ as he lashes out at EU Army plans”, India Times Post, July 16, 2019, https://indiatimespost.com/nigel-farage-brands-macron-updated-napoleon-as-he-lashes-out-at-eu-army-plans/.

③ 胡欣：《欧洲的新战略文化：抗争还是救赎？》，《世界知识》2018年第15期。

战略自主的努力，也表明了欧盟安全防务一体化建设迎来了冷战结束后的新机遇。

第一，与2008年之前相比，“后危机时代”的欧盟在安全防务一体化领域取得了不小的成就，为欧洲共同防务进一步发展奠定了基础。防务安全作为国家主权中的敏感区域，在欧盟一体化建设过程中也一直是成果有限的领域。从欧洲安全防务合作的整个历史进程来看，欧盟安全防务一体化虽然很早就进行了尝试，但是长久以来也面临着停滞不前的尴尬局面，各成员国难以就突破性的防务合作协议与安全防务主权让渡达成一致意见。欧洲共同防务政策的最早尝试可以追溯到1948年《布鲁塞尔条约》的签订，该条约其中包含的一条共同防御即建立欧洲防务共同体条款，试图将欧洲历史上的集体防卫理想变成现实，但该尝试在美国与北约的压力下以失败告终。“后危机时代”欧盟安全防务一体化建设进程推进明显，欧盟已经构建起欧洲安全防务建设的框架，以防务项目为基础的实践机制、以欧洲防务基金为基础的项目预算管理机制以及以欧洲年度防务协调评估为基础的资金使用审核机制，基本构建起“后危机时代”欧洲发展安全防务的主体框架，为进一步整合成员国防务提供了法律架构。

第二，随着欧洲防务合作的机制化、长久化，未来欧洲一体化将由经济单一因素推动转变为由经济、安全双因素协同推进。经济领域是早期欧洲一体化的主要领域，通过引入欧元、建立经济货币联盟等举措为欧洲一体化顺利推进奠定了基础。但随着世界形势的变化与欧盟战略目标的调整，欧洲一体化出现了安全防务领域发挥引领作用的新现象。根据“欧洲晴雨表”的调查显示，民众对加强集体防御的支持率很高，占到了70%。这说明欧洲人已经相当理性地将防务和外交政策视为欧洲的集体事务，而不是严格意义上单个欧洲国家的内部事务。[①]“后危机时代”的欧盟安全防务一体化建设相关话题已不再是禁忌，欧洲公众与政治经济精英业已就此达成共识。目前，问题的核心在于如何更好地设计与推进欧盟安全防务一体化建设。安全将成为未来欧洲一体化的主要动力之一，与经济动力并驾齐驱，共同推进欧洲一体化深入发展。

第三，欧盟深化欧盟安全防务一体化合作，其目标是增强北约框架下欧洲支柱的安全防务能力，通过建立与美国更加对等的军事能力来巩固跨大西洋联盟的团结。欧盟追求安全防务一体化并不是与美国的军事保护脱钩，而是希望能在与美关系中争取主动权，从而形成更加均衡的互相依赖的关系。德国国防部长卡伦鲍尔曾明确表示“没有美国，欧洲的安全是根本不可能的，在未来很长一段时间内都是如此”。[②]因此，即使德国赞同建立“欧洲军”，也是将其作为北约防务力量的补充。在欧洲人看来，跨大西洋联盟与欧洲军事能力建设之间的关系不是反向而行，而是能够相互配合，共同增强欧洲的安全防务能力。在美国全球战略收缩以应对中国挑战的背景下，美国也乐于见到欧洲在北约框架下发展自身安全防务力量，这一方面能够减少美国对欧洲的战略安全投入，腾出更多资源以应对中国；另一方面美国也通过盟国体系的军事能力来对中国施压。

第四，欧盟防务独立与走向一体化还面临挑战。安全防务一体化建设是欧盟基于当前内外安全危机所做出的共同选择，但安全防务历来是主权国家维持自身独立性的敏感区域，事关成员国的主权和多方利益，欧盟成员国对于共同安全防务建设仍存在一定分歧。对德国政

① European Union, “Eurobarometer, All Surveys”, https://europa.eu/eurobarometer/surveys/browse/all/series/4961.

② Annegret Kramp-Karrenbauer, “This Is a Huge Break with the Past”, April 28, 2021, https://ip-quarterly.com/en/huge-break-past.

策制定者来说，致力于欧盟安全防务一体化是推进欧洲一体化总体目标的必要手段——这与法国领导人形成鲜明对比，法国领导人将欧洲一体化视为实现更强大欧洲防务目标的手段。① 从地域上来说，西欧国家安全防务一体化建设参与积极性高，但中东欧国家，尤其是波兰、波罗的海三国等参与程度较低。西欧国家希望借助推动欧盟安全防务一体化建设，提升自身实力，因而坚定支持欧盟防务计划与项目；中东欧国家在地缘上与俄罗斯相近，更依赖于北约的安全防务保证，而对欧盟安全防务一体化建设态度略显消极。立陶宛、波兰等东欧国家面对俄罗斯的战略威胁，对目前欧盟提供的安全防务保证并不放心，更信任于美国的安全保证。从技术层面上来说，实现合作也颇具难度，监督和透明度问题影响着欧盟成员国及欧洲民众对欧盟安全防务一体化的信心。战略自主加快了防务政策创新和资源整合，然而，当涉及欧盟的防务政策议程时，欧盟几乎没有民主监督和透明度进行实质性的政治和公开辩论。② 总体而言，欧盟安全防务一体化在"后危机时代"得到了深入发展，虽然发展步履缓慢，但是已经为欧洲一体化进程开启了新的机会窗口。作为欧洲防务安全一体化建设的推动者，法国很有可能将充分利用 2022 年担任欧盟轮值主席国的机会，推动欧盟安全防务一体化的进一步发展。

---

① Tobias Bunde, "Defending European integration by (symbolically) integrating European defence? Germany and its ambivalent role in European security and defence policy", *Journal of European Integration*, Volume 43, 2021-Issue 2, p.243.

② Raluca Csernaoni, "EU Security and Defense Challenges: Toward a European Defense Winter?", *Carnegie Europe,* June 11, 2016, https://carnegieeurope.eu/2020/06/11/eu-security-and-defense-challenges-toward-european-defense-winter-pub-82032.

Crisis and Transformation

——EU Strategy under the Profound Changes Unseen in a Century

第五章

欧盟的“再工业化”

20世纪90年代在冷战结束和知识经济兴起的背景下，全球化进入大发展时期。在这一时期，发达国家开启了以向欠发达国家转移低端产业为主的经济结构调整，引发了“产业空心化”和“竞争力下降”。[①]进入21世纪，信息技术的突飞猛进，更加速了发达国家的制造业转移。作为世界上最大的发达国家集团，欧盟的“产业空心化”问题更加具有代表性。2008年全球金融危机和随之而来的“欧债危机”使欧盟认识到实体制造业的重要性，开始推进“再工业化”进程，推出了一系列“再工业化”产业政策，扭转了欧盟制造业占比下滑的趋势，与此同时，欧盟前沿产业落伍的问题显现，德国成长为欧盟产业价值链的中心。

---

① 赵儒煜、阎国来、关越佳：《去工业化与再工业化：欧洲主要国家的经验与教训》，《当代经济研究》2015年第4期，第53页。

一、欧盟的“产业空心化”问题

作为现代工业的发源地，欧盟国家特别是法、德、意等核心成员国曾长期处于全球制造业的中心位置，通过其技术和品牌优势从国际分工中获取高附加值。但随着冷战结束之后新一轮经济全球化推动的国际产业大调整，欧盟制造业的全球主导地位开始动摇。

20世纪90年代开始，国际贸易的大幅扩张和拓展极大地强化了发展中国家低成本、高回报的优势，促进了国际经济与产业之间的转移，欧美发达国家则长期存在着国内需求饱和、国际竞争激烈的现状，为了获取更高利润、创造更多就业岗位，并且充分满足国内环保方面的要求，它们逐渐将传统制造业转移到别国或干脆淘汰，而大力发展以创新、高附加值为主要特点的服务业，实现产业结构“服务化”的转变。随着知识经济的崛起，欧洲各国更是普遍存在着轻视工业化的倾向，认为一个发达国家只要拥有精尖科学技术，同时又能够发展服务业。然而，过度注重金融和房地产行业的发展，导致产业内部出现“虚拟化”“空心化”的情况，服务业逐渐脱离其制造业的基础而快速发展，进入自我规模扩张和自我循环的不良发展之路，导致整体经济结构的失衡。

首先，在全球层面，欧盟国家制造业份额下滑。根据世界银行公开数据，2000年欧盟15国在世界制造业增加值中的占比为23.87%，几乎占据了四分之一，而到了2015年其份额下降至17.39%（见图3）。

其次，在内部层面，欧盟国家制造业增加值占GDP比例下滑。欧盟国家制造业增加值占GDP比例从1991年的20%降到2007年的15%，再到2012年的13%（见图4）。从图5可以看出，当时欧盟28个成员国中，只有5个国家制造业增加值占GDP比例提高了。与此相对，欧盟国家服务业占比稳步提高（见图6）。

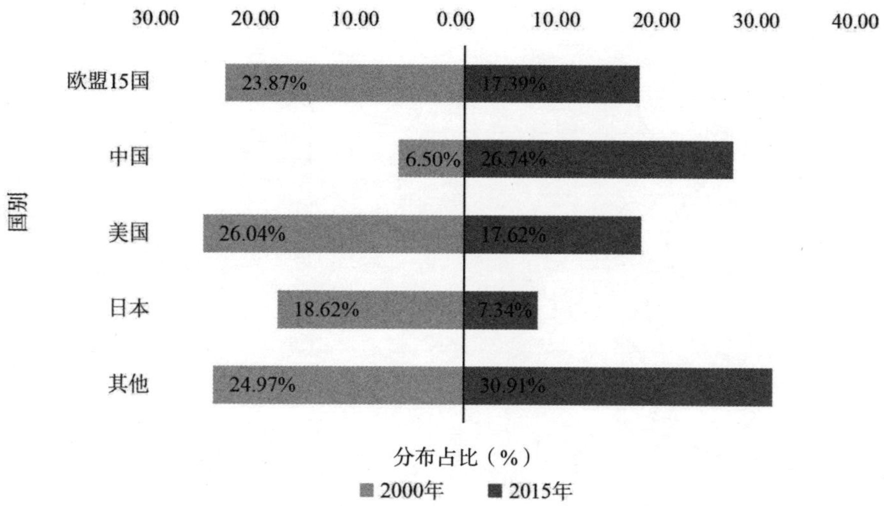

图 3 2000—2015 年全球制造业增加值分布

（资料来源：世界银行公开数据。）

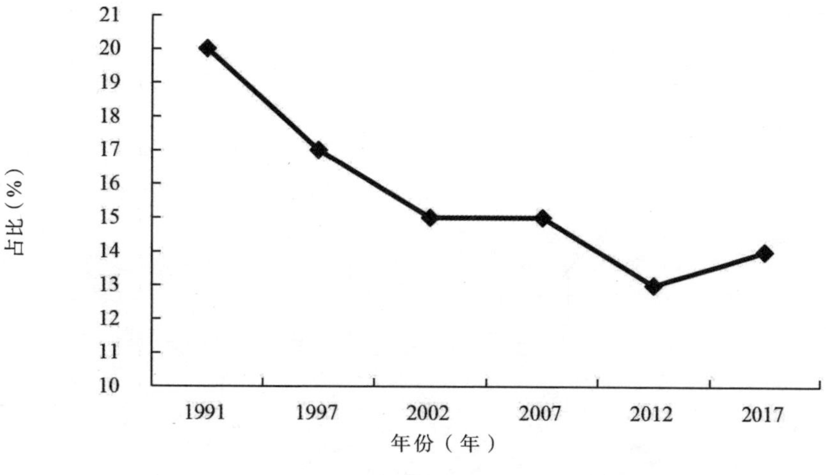

图 4 欧盟制造业增加值占 GDP 比重

（资料来源：世界银行公开数据。）

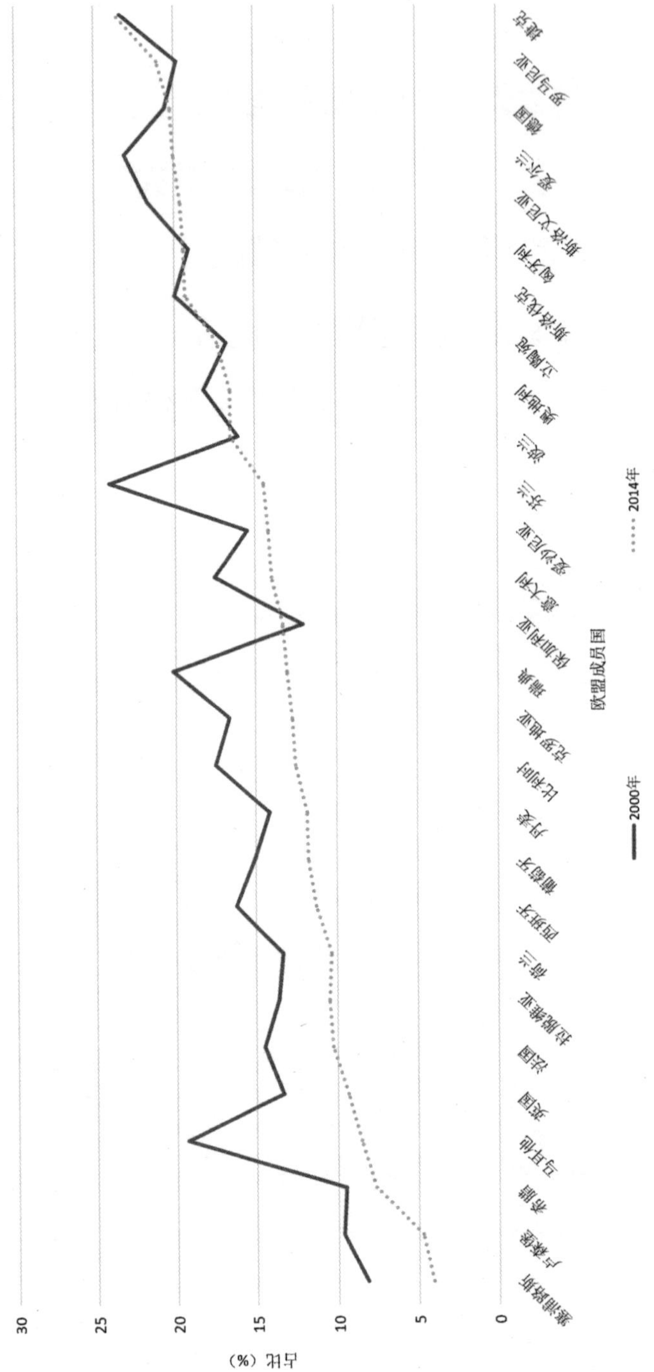

图5　2000—2014年欧盟成员国制造业占GDP比重

（资料来源：世界银行公开数据。）

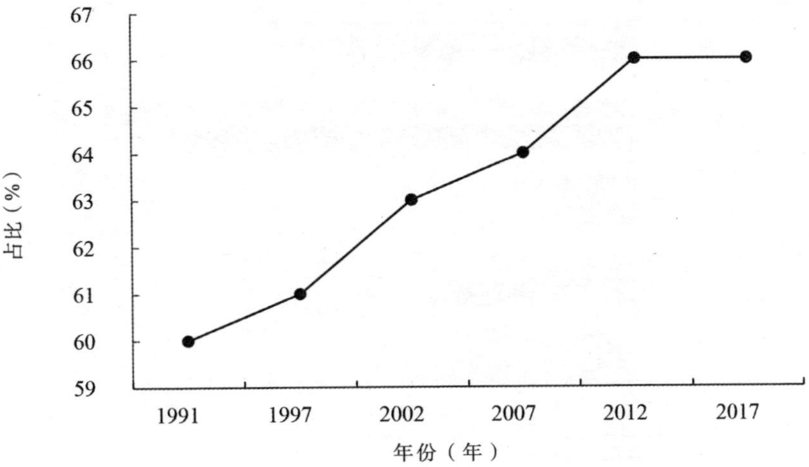

图 6 欧盟服务业增加值占 GDP 比重

（资料来源：世界银行公开数据。）

再次，从劳动力市场看，欧盟制造业就业人口占比下滑。欧盟制造业就业人口占总就业人口比例明显下降，相应地，服务业就业人口占比显著增加（见图 7）。而从图 8 可以看出，除了波兰，其他欧盟国家制造业就业人口占比都在不同程度下降。

具体从国家来看，德国制造业始终保持强大规模。在欧洲其他国家制造业占比普遍大幅下滑的情况下，德国保持住了制造业规模（见图 8），但服务业却“逆势”下滑了（见图 9）。

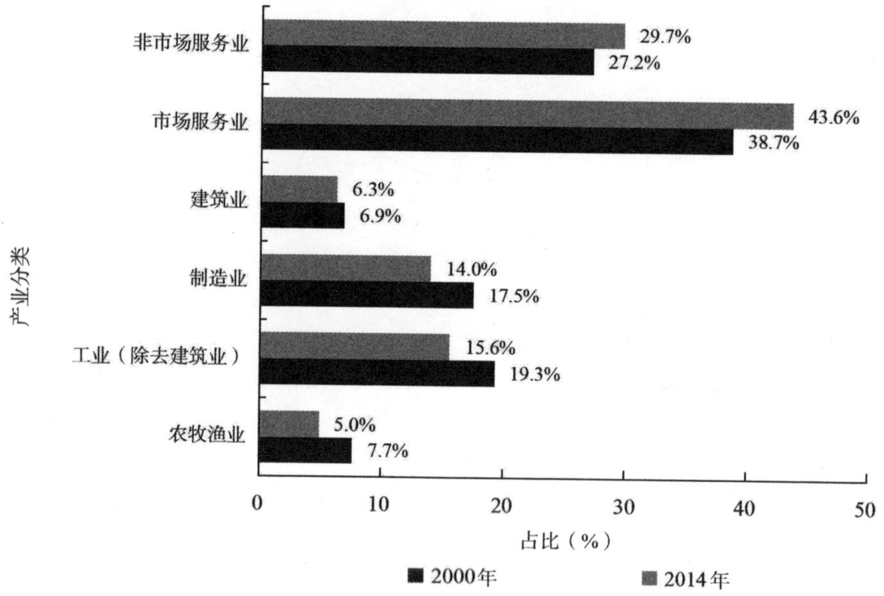

图 7　2000 年与 2014 年各产业就业人口比例（占总就业人数比重）

（资料来源：欧盟统计局。）

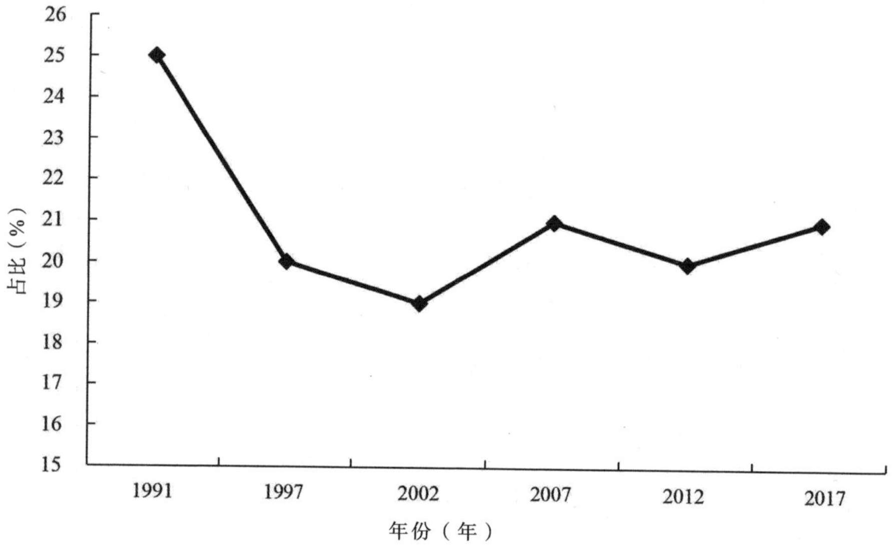

图 8　德国制造业增加值占 GDP 比重

（资料来源：世界银行公开数据。）

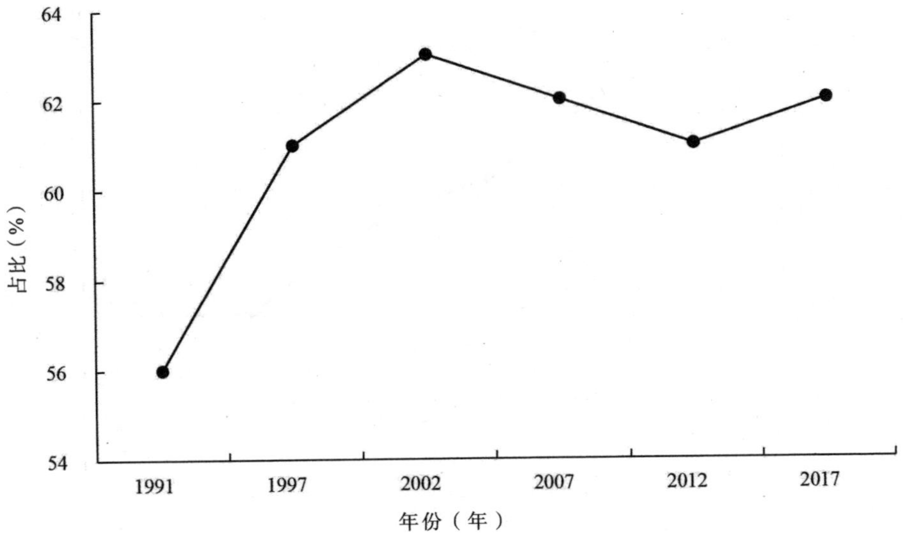

图 9 德国服务业增加值占 GDP 比重

（资料来源：世界银行公开数据。）

法国制造业下滑严重。2012 年，法国制造业增加值 GDP 占比已降至 10%（见图 10），相反，服务业增加值 GDP 占比不断攀高（见图 11）。

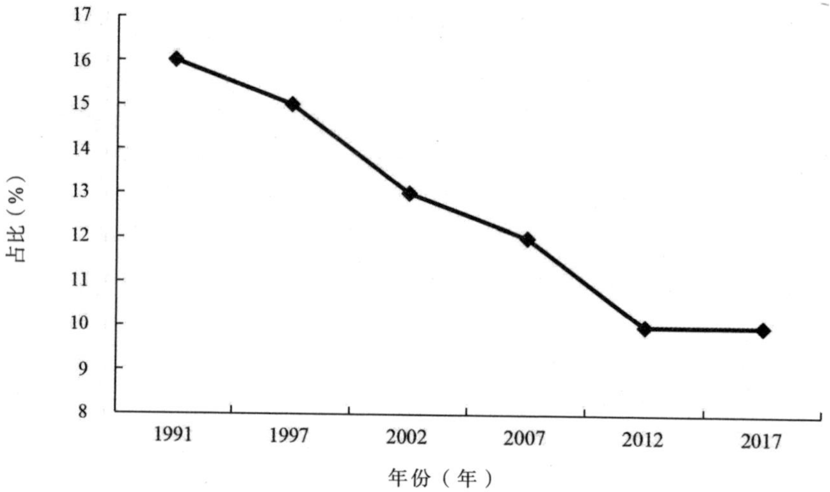

图 10　法国制造业增加值占 GDP 比重

（资料来源：世界银行公开数据。）

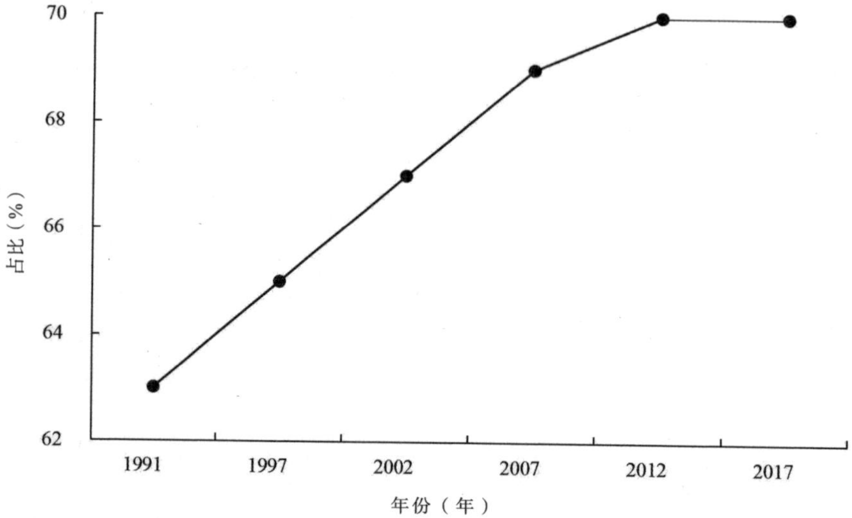

图 11　法国服务业增加值占 GDP 比重

（资料来源：世界银行公开数据。）

其他国家，如北欧的瑞典，其经济结构也有所变化，但并未有显著的典型性和影响性。而中东欧的波兰作为新入盟国家和"西欧产业，东欧生产"[①]的典型代表，经济发展迅速，第二产业就业人口不断增长。

欧洲整体制造业下滑的主要原因包括外部结构性挑战和内部结构性因素。首先是外部结构性挑战，欧盟被新兴工业国不断蚕食其市场份额。正如美国经济学家保罗·萨缪尔森（Paul A. Samuelson）所言，假如落后国家在其原本不具备比较优势的领域获得了优势，那么对于其竞争对手而言将是利益的绝对损失。[②]其次是欧盟内部结构性因素。欧盟公共收入和支出占国民生产总值的比例并不小于中国，但其在产业发展上的开支被全民福利体系和金融保险部门所绑架，无力在代表未来的产业及其相关基础设施上投资施策。

二、欧盟推进"再工业化"

这场危机也改变了欧盟对工业的态度和看法，欧洲国家深刻体会到工业对一个国家的整体经济效率至关重要，工业将处于欧盟经济新增长模式的中心阶段。在欧盟看来，欧盟经济结构的"去工业化"不仅危及欧洲的长期增长和竞争力，还使得欧盟国家的经济社会模式变得不可持续。欧盟国家认识到，完整而具有竞争力的制造业不仅有利于经济增长，其对劳动力的吸纳能力乃至对提高社会凝聚力至关重要。

2010 年至 2011 年，工业产品出口总量占到欧盟总出口的 80%，

---

① Richard E.Baldwin, Joseph F.Francois, Richard Portes, "The Costs and Benefits of Eastern Enlargement", *Economic Policy*, No. 24, 1997, p.134, p.139, p.162.

② Paul A.Samuelson, "Where Ricardo and Mill Rebut and Confirm Arguments of Mainstream Economists Supporting Globalization", *Journal of Economic Perspectives*, Volume 18, No.3, 2004, pp.135-146.

相比于服务业，工业成为危机期间的顶梁柱，是更为值得依赖的产业。事实也充分证明，在这次全球经济危机中，工业和制造业市场占比较大的成员国家表现更为坚挺，而市场份额较小的成员国则复苏乏力、缺少动力。同时，过度“去工业化”也严重影响了欧洲的竞争力。欧盟的全要素生产率伴随着“去工业化”周期，相对同属发达国家的美国、日本，欧洲的竞争力明显下滑。

危机和由此带来的现象表征警示了欧盟需要重新正确认识工业和制造业在当前现代市场经济中的作用和地位，对工业和制造业的价值形成了所谓的“制造业共识”[1]工业和制造业是价值链的核心要素。工业往往会带来高附加值领域的专业知识和就业、开发（产品和工艺设计）、销售和营销。为了在一个地区保持高质量的服务，创新和创造性的制造业至关重要。欧洲国家的“去工业化”趋势使欧洲面临失去高价值活动的风险。同时，工业对于确保平衡的劳动力市场至关重要。“去工业化”削弱了欧洲中产阶级，因为它使大量中薪工作流失，这种结构性变化导致劳动力市场的供需不匹配，从长远来看则会导致社会对立。[2]

在充分认识的基础上，欧盟在2010年发布的《全球化时代的工业政策——在中心舞台加强竞争力和促进可持续发展》一文中提出：“现在，欧洲比以往任何时候都更需要工业，工业也需要欧洲支持。80%的私人部门研究和开发工作都是在工业领域进行的，它是创新的

① 张建平：《欧盟“再工业化”战略对我国制造业发展的启示》《河北经贸大学学报》2016年第2期，第80-84页。

② Roland Berger Strategy Consultants, “Industry 4.0: The new industrial revolution How Europe will succeed”, March 2014.

驱动力，是解决我们社会所面临挑战的解决方案的提供者。”[①]强大的、有竞争力的、多样化的工业和制造业价值链对欧盟的竞争力至关重要。2012年10月，欧盟发布的《强大的欧盟工业有利于经济增长和复苏》的工业政策通报再次强调了“再工业化”对于经济增长的重要责任：“在21世纪，欧洲需要扭转工业在欧洲的地位下降的趋势，这是实现可持续增长、创造高附加值就业和解决我们面临的社会挑战的唯一途径。”[②]并提出通过“增强型工业革命”扭转欧盟工业比重下降的趋势，正式设定了“再工业化”的政策目标，即到2020年将欧盟工业增加值在国内生产总值中所占比例由当时的16%提升至20%。[③]这一政策目标的核心在于抓住“增强型工业革命”的机遇重塑工业和制造业价值链。2013年，欧盟产业竞争力报告进一步强调了没有工业就没有经济增长和就业，也更进一步阐述了“趋向知识驱动的再工业化”的政策主张，深化了“再工业化”的政策内涵，即要提高欧盟制造品的复杂度和知识含量，大力发展战略性新兴产业，加快科技创新与成果转化，使欧盟制造业始终处于全球价值链的高端水平，同时要保持一个广泛和多样化的制造业基础，多措并举抓好高技术密集产业与低技术密集产业协调配合。[④]就欧盟“再工业化”战略的内容和实施框架来看，欧盟为实施这一战略设计了“四大支柱”和加大创新投入的“六大优先发展领域”（见图12）。

---

① European Commission, “An Integrated Industrial Policy for the Globalization Era—Putting Competitiveness and Sustainability at Centre Stage”, COM（2010）614, Brussels, October 2010, p.1.

② European Commission, “A Stronger European Industry for Growth and Economic Recovery”, COM (2012) 582 final, Brussels, October 2012, p.1.

③ European Commission, “A Stronger European Industry for Growth and Economic Recovery”, COM (2012) 582 final, Brussels, October 2012, p.28.

④ 郭连成、徐雅雯、王鑫：《国际产业转移与美国和欧盟产业结构调整》，《财经问题研究》2012年第10期，第97-103页。

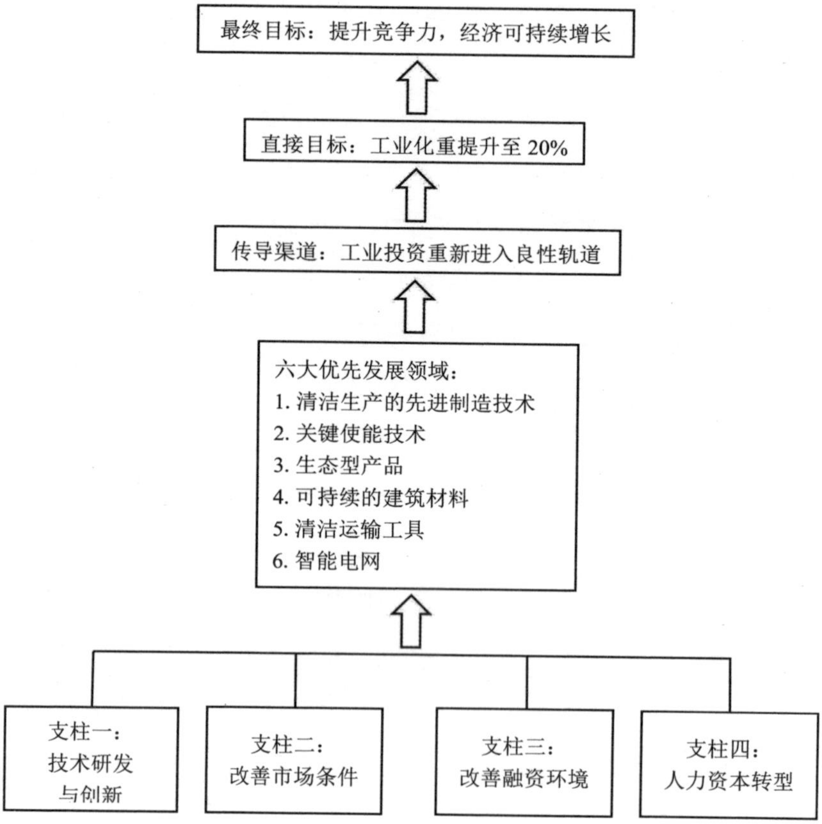

图 12　欧盟“再工业化”战略目标与实施框架简图[①]

此后，欧盟又于 2014 年和 2017 年完善与更新了该战略。2014 年通报[②]将“促进新技术研发与创新”整合到“工业现代化”的大框架下，2017 年通报[③]中“从基础层面支持工业创新”则成为确定的六个实施

① 孙彦红：《欧盟“再工业化”战略解析》，《欧洲研究》2013 年第 5 期，第 70 页。

② European commission, “For a European Industrial Renaissance”, COM(2014) 14 final, April 2014.

③ European commission, “Investing in a smart, innovative and sustainable industry-A renewed EU industrial policy strategy”, COM(2017) 479 final, September 2017.

维度之一。虽然“再工业化”战略有所调整，在实施方式上也略有变化，但提高制造业增加值比重却是一以贯之的政策目标，加快创新推动产业结构升级的政策逻辑也没有变化，而促进工业和整体经济智能化、绿色化、网络化发展的政策方向更是持续坚持。2019 年年底新一届欧盟委员会继续高度重视工业和制造业发展，并于 2020 年 3 月发布了一份新的工业战略。[①] 该战略明确要以研发创新推动欧洲工业向绿色化和数字化转型，欧洲需要工业变得更环保、更循环、更数字化，同时保持在全球舞台上的竞争力，维护欧洲在工业领域的领导地位与战略自主权。总的来看，“新工业战略”与欧盟“再工业化”战略的政策方向是一致的，均是促进工业和整体经济智能化、绿色化、网络化发展，同时又根据技术发展前沿与当前国际竞争的新趋势提出了一些新的概念和举措。

三、欧盟“再工业化”战略的影响

（一）“再工业化”战略推动制造业在欧盟经济中的比重回升

欧盟的这些努力取得了部分的成效。2013 年后，不仅欧盟经济从“欧债危机”中复苏，整体制造业增加值 GDP 占比也开始回升。从 2012 年到 2017 年，欧盟整体、德国、意大利和英国制造业增加值 GDP 占比都显著回升，欧盟整体从 13% 提高到 14%，法国和意大利则停止了下滑趋势，保持了稳定（见图 13）。相应地，服务业增加值 GDP 占比开始回落稳定，停止了增加趋势（见图 14）。

① European commission, “A New Industrial Strategy for a Globally Competitive, Green and Digital Europe”, COM(2020) 102.

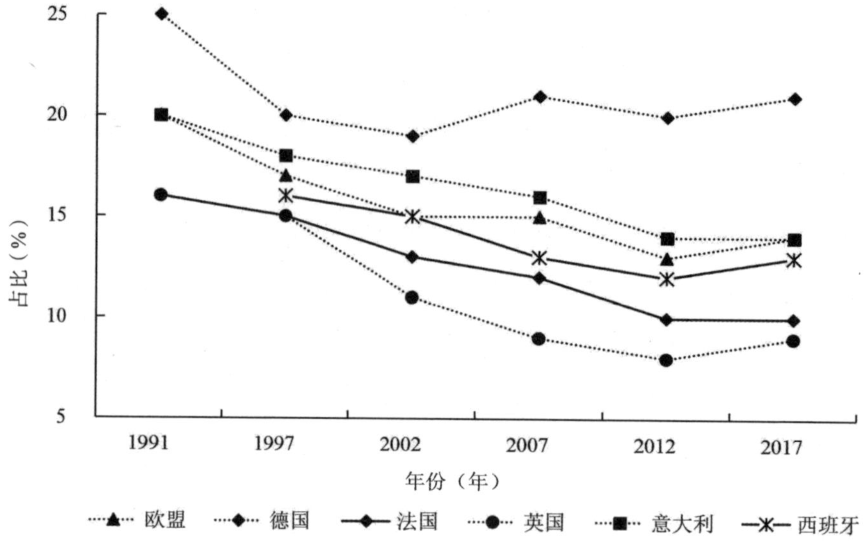

图 13 欧盟及主要国家制造业增加值占 GDP 比重

（资料来源：世界银行公开数据。）

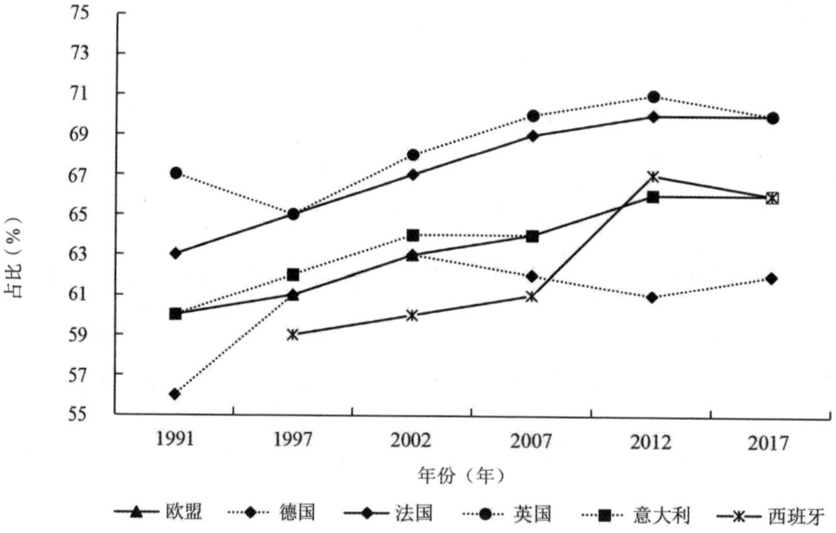

图 14 欧盟及主要国家服务业增加值占 GDP 比重

（资料来源：世界银行公开数据。）

（二）前沿产业发展相对缓慢

虽然“再工业化”推动制造业在欧盟经济中的比重回升，但在前沿产业领域的落伍开始显现。欧盟的传统高端制造业在世界上仍然处于领先地位，比如德国的精密机床、机械、汽车、化工等产业，法国的航空、核电等产业在全球市场还具有很强的竞争力。但在前沿产业领域，美国以及以中国为代表的新兴市场国家发展迅速，欧盟则相对缓慢。比如在新能源领域，欧盟的光伏产业曾经一度遥遥领先，现在则严重萎缩，中国的光伏产业就已经占了全球超过70%的份额；欧盟虽然拥有领先的新能源汽车制造企业，但作为电动汽车核心零部件的动力电池，则是欧盟产业的软肋。更重要的是，在第四次工业革命时代的标志物联网、大数据、人工智能和5G等数字经济领域，欧盟的发展相对中国和美国则是明显缓慢。一般认为，在第四次工业革命中占据有利地位就意味着掌握了科技和经济的未来。

从2001年到2016年，全球ICT（信息通信技术）产品出口金额翻了两番，成为最大贸易种类。但这一增长主要是以中国为代表的东亚地区出口额的激增，欧盟在ICT产业的出口则是停滞不前。在数字经济时代高科技产业发展标志之一的“独角兽”企业数量上，欧盟也大幅落后。截至2019年6月，在全部358家“独角兽”企业中，包括欧盟27国在内的欧洲共有41家，其中非欧盟成员国英国就占了18家，另一个非欧盟成员国瑞士有3家，德国有9家，法国有4家，卢森堡有2家，瑞典、马耳他、西班牙、葡萄牙、爱沙尼亚各1家，分布极为分散。而美国有178家，中国大陆有91家。欧洲的41家“独角兽”企业中，10家还是金融科技行业的企业。①

① CB Insights, “The Complete List of Unicorn Companies”, June 1, 2019, https://www.cbinsights.com/research-unicorn-companies.

根据欧盟委员会联合研究中心（JRC）对全球研发投入最大的2500家企业的研究数据，欧盟在ICT产业的研发投入占总研发投入比例显著低于全球比例，并在不断萎缩。2018年，这其中551家欧盟样本企业研发总投入为2059亿欧元，其中，ICT产业占20%，低于健康产业的21.6%和汽车产业的31%。2500家公司整体ICT产业研发占比是38.7%，美国是52.8%，中国是47.1%。增长率方面，2018年欧盟样本企业ICT services和ICT producers研发投入增长率分别是5.5%和3.4%，美国分别是9.1%和17.1%，中国分别是15.1%和38.7%。而在2007年时，欧盟研发 大的样本企业ICT产业研发投入占21.8%，全球研发投入 体是33.3%，此消彼长。[1]

的表现是欧盟整体状

术创新已

下滑。

，低于美国的

和韩国的4370个，2010—

专利申请年均增长14.9%，低于日

16.5%、世界整体的19.7%、韩国的25.2%和中国的39.3%，欧洲[2]整体是15.5%。第二是德国顶尖大企业在专利申请上被其他国家企业赶超。2000—2009年期间，前十大专利申请企业申请

① European Commission Joint Research Centre, "The 2019 EU Industrial R&D Investment Scoreboard", December 18, 2019, https://iri.jrc.ec.europa.eu/sites/default/files/2020-01/SB2019_Final_online.pdf.

② 这里的欧洲包括欧洲专利局的所有38个成员国。

了全球18.5%的专利，其中德国西门子位列第四，份额占全球的1.8%；在2010—2018年期间，前十大专利申请企业申请了全球23.8%的专利，但已经没有了德国企业的身影，而中国的华为进入前十，排在第5位，占全球的2.1%。在前20位里，西门子排在了第18位，占全球的0.8%，博世排第20位，占0.7%，中国中兴排第13位，占1.1%。第三是德国的创新城市集群少且弱于其他主要国家。创新活动通常会在地理上集中在区域城市聚集区，第四次工业革命的技术创新研发活动排名前20的创新城市集群贡献了全球56.3%的专利，2010—2018年期间，德国的慕尼黑和斯图加特分别排在第17位和第20位，低于中国深圳的第5位和北京的第8位，年均增长率也远远低于深圳和北京，而且也低于韩国和多数的美国城市。①

此外，欧盟的单一市场建设并没有形成一个较为完善的创新生态链。根据世界知识产权组织、康奈尔大学等机构联合发布的《2018年全球创新指数报告》，在全球创新城市集群地区前十名中，只有巴黎一个欧盟城市入围。②事实上，欧盟有数量众多且有实力的创新中心，如英国的"牛津科技园"、德国柏林的"硅路"和爱尔兰都柏林的"硅港"等。但这些科技中心归属于不同国家，服务于成员国各自的发展战略，相互间缺乏有效的互动交流，分散了欧盟的整体资源，使欧盟产生不了世界顶级的科创中心。③

（三）德国成为欧盟产业链的中心

当前经济全球化正在经历深刻变革，其中一个新趋势就是全球

① European Patent Office, "Patents and the Fourth Industrial Revolution—the global technology trends enabling the data-driven economy", December 2020.

② Cornell University, INSEAD and WIPO, "The Global Innovation Index 2018", July 10, 2018, https://www.wipo.int/edocs/pubdocs/en/wipo_pub_gii_2018.pdf.

③ 翟东升、宁南山、赵云龙：《欧盟产业发展停滞的结构主义政治经济学分析》，《世界经济与政治》2018年第8期，第152页。

产业链的区域化。三大跨境生产体系正在兴起：以德国为中心的“欧洲工厂”，以中国为中心的“亚洲工厂”和以美国为中心的“北美工厂”。[①]全球产业链区域化程度的不断提高，就体现为这三大跨境生产体系区域内贸易要超过区域间贸易，生产要素更多地在区域产业链内循环流动。

麦肯锡的研究显示，长期以来，随着运输和沟通成本下降，加之全球产业链向中国等发展中国家扩张，长距离海洋贸易往来越发普遍。2000—2012 年期间，区域内贸易占全球商品总贸易的比例从 51% 下降到 45%，区域间贸易发展迅速。但这一趋势正在逆转，区域内贸易占全球商品总贸易的比例自 2013 年以来增长了 2.7 个百分点。[②]全球产业链的区域化在欧盟表现得最为明显，欧盟内部贸易要远超欧盟与其他地区间的贸易，德国则是欧盟区域产业链的中心。

根据世界贸易组织等机构联合发布的《全球价值链发展报告 2019》，德国是欧洲区域产业链不可撼动的中心和枢纽，几乎所有欧洲国家最终产品的增值进口的大部分来自德国。[③]欧盟国家间的内部贸易是欧盟成员国的主要贸易方式，而德国的商品进出口在欧盟内部贸易中占有最重要地位，2017 年德国商品出口额占欧盟内部贸易额的 22.7%，进口额占 20.8%，远超欧盟其他经济大国。[④]德国是欧盟 22

① Richard Baldwin, Javier Lopez-Gonzalez, “Supply-chain-trade: A portrait of global patterns and several testable hypotheses”, NBER Working Papers No.18957.

② McKinsey&Company, “Globalization in transition: The future of trade and value chains”, January 2019. 转引自华强森、成政珉：《全球价值链变革与新“中国效应”》，载彭湃新闻网，2019 年 4 月 18 日，见 https://www.thepaper.cn/newsDetail_forward_3308671。

③ WTO et al., “Global Value Chain Development Report 2019: Technical Innovation, Supply Chain Trade, and Workers in a Globalized World”, April 15, 2019, https://www.worldbank.org/en/topic/trade/publication/global-value-chain-development-report-2019 .

④ 余南平、黄郑亮：《全球与区域中的国际权力变化与转移——以德国全球价值链的研究为视角》，《欧洲研究》2019 年第 2 期，第 51-52 页。

个成员国排名前三的出口市场，是 17 个成员国最大的出口市场，包括南欧的意大利、北欧的瑞典、中东欧的维谢格拉德集团四国[①]及欧盟的另一个主要领导国法国。从贸易结构上看，其他欧盟国家出口到德国的主要是原材料和中间产品，而德国出口的主要是工业制成品，德国处于欧盟产业资源整合者的地位。[②]

① 余南平、夏菁：《区域价值链视角下的中东欧国家经济转型——以波兰、匈牙利、捷克和斯洛伐克为分析对象》，《欧洲研究》2020 年第 1 期，第 113 页。

② 赵柯：《德国主导欧洲经济：能力还是运气？》，《中国投资》2018 年第 9 期，第 23-24 页。

Crisis and Transformation

——EU Strategy under the Profound Changes Unseen in a Century

第六章

德国在欧盟的领导地位

2013年7月20日，时任德国财长朔伊布勒发表了一篇名为《我们不要德国的欧洲》的文章，否认德国在欧洲谋求政治领导地位。该文章当天同时在德国、英国、法国、波兰、意大利和葡萄牙的主流日报上刊发。[①]朔伊布勒此文的目的显然是想打消其他欧盟成员国对“欧债危机”以来德国影响力不断上升的担心和忧虑；另外，朔伊布勒如此高调的政策宣示反而突显了一个无法否认的事实——德国在欧洲的“重新崛起”。回顾“欧债危机”演变的过程会发现，在每一个关键的节点上，实际上是德国人在救助政策实施的内容、步骤和时机等重大问题上拥有真正的最终决定权。比如，2012年8月欧洲央行宣布推出“直接货币交易”计划，这是在金融层面结束“欧债危机”最具决定性的措施。既然“直接货币交易”计划如此立竿见影，为什么欧洲央行不能早一点实施呢？答案很简单，欧洲央行在名义上是独立的，但它在做出任何重要决定之前必须得到德国的同意。也就是说，德国

① 德国《南德意志报》网站，见http://www.sueddeutsche.de/wirtschaft/finanzminister-zur-krise-der-eu-wir-wollen-kein-deutsches-europa-1.1726248。

是在2013年8月份而不是更早同意欧洲央行实施“直接货币交易”计划。[①] 无论是德国人的坚决否认还是其他欧洲国家的不愿承认，欧元诞生之后欧洲的政治经济格局已经在不知不觉中实现了重组，一个“德国的欧洲”正在形成，此次债务危机仅仅是让这一事实更加显性化。欧洲毫无疑问是国际政治舞台上一支重要的力量，面对欧盟内部力量格局的变化，对中国而言最为重要的问题是，德国的“重新崛起”将会长期存在还是“欧债危机”背景下短暂的幻象？“德国崛起”的力量源泉、具体机制和影响又是什么？德国主导下的欧洲符合中国利益吗？

一、德国“重新崛起”的根基

许多观察家，特别是德国人并不认为“德国的欧洲”已经或者将会成为一个现实。在他们看来，德国虽然拥有强大的经济实力，是欧洲债务危机应对机制最重要的支撑者，但是德国并没有必要将其转化为政治上的霸权。另外，欧盟层面的制度安排对德国也是一种限制，德国的权力未来将会逐渐减弱。同时，因为与重债国关系紧张，德国的影响力在“欧债危机”中实际是受损的。[②] 这种具有代表性的观点忽略了两点：首先，德国将其经济实力转化为政治领导权并非没有必

---

① 2013年1—3月中国社会科学院欧洲研究所江时学研究员在欧洲访问期间，专门就这个问题与欧洲智库的学者和欧洲央行的官员进行了交流，欧洲人的解释是：理论上，欧洲央行有独立性，但实际上德国的作用非常巨大。在类似“直接货币交易”计划这些重大问题上，德国不必明确表态向欧洲央行施压，欧洲央行也不必请示德国，但实际上德国可通过多种渠道和手段对欧洲央行施加足够的影响力。这一解释形象地说明了德国与欧洲央行之间的互动存在一种双方都有默契的“潜规则”。

② Daniela Schwazer, Kai-Olaf Lang, “The Myth of German Hegemony”, *Foreign Affairs*, October 2012, http://www.foreignaffairs.com/articles/138162/daniela-schwarzer-and-kai-olaf-lang/the-myth-of-german-hegemony.

要，无论德国政治精英主观愿望如何，这都是必需的，是符合德国国家利益的唯一选择。因为欧元区是德国经济的依托，一旦欧元区解体，对德国的打击将是致命的。而为了保存欧元区的完整，恢复欧元的竞争力，就需要一个切实的经济改革方案和保障这一方案获得实施的、强有力的领导者、监督者，这一角色目前只有德国可以承担。《经济学家》杂志的一篇评论文章将德国称为“不情愿的霸权”，认为正像“二战”后是美国肩负起领导职责来支撑起脆弱的西德，现在轮到德国来领导它那些深陷危机的盟友，这既是为了盟国，也是为了德国自己的利益。[①] 言外之意是德国内心不情愿成为欧洲的领袖，德国的领导地位是形势所迫。

但实际上，德国早已不再是个“不情愿的霸权”，而是对自己影响力的上升持非常正面的看法。德国对欧洲的领导比之前更为自信和从容，不再遮遮掩掩，“故意”保持克制的姿态。时任德国总统高克在2013年德国统一日的演讲中要求德国在欧洲“承担更多的责任”，在现实政治中，“责任”实际上是“权力”的另一种委婉的表达。德国联盟党和社民党在组成新政府的“联合执政协议”中，有专门一章讲“德国的欧洲责任”，开篇就说：“欧洲的统一事业仍是德国最为重要的任务，在过去几年中，欧洲伙伴对德国的期望改变了。”德国人不好意思直接说出来，这句话的潜台词就是：欧洲伙伴希望德国承担更多的领导责任。紧接着，“协议”又继续写道：“欧洲正处在一个历史时刻，在这一变革时期，德国作为经济强大的成员国和欧洲的‘稳定之锚’，责任在增长，也被他的伙伴国给予了特别的期望。”这句话翻译过来就是：在“欧债危机”中，德国的领导地位得到加强，

① “The Reluctant Hegemon”, *The Economist*, June 15, 2013, http://www.economist.com/news/leaders/21579456-if-europes-economies-are-recover-germany-must-start-lead-reluctant-hegemon.

而其他成员国也期望德国担负起领导责任，德国领导地位的加强与欧洲的根本利益是一致的。[①]

其次，德国的权力当然要受到欧盟层面的制约，但关键在于，欧盟层面的许多制度安排是非中性的，[②]德国从中获取的优势远远大于其他成员国，德国的影响力不是通过传统的“单边行动”的方式强加给其他成员国，而是通过这些非中性的制度，以所有成员国“集体行动”的方式悄无声息地实现本国的战略意图。建立非中性制度是德国实现其在欧洲领导权的重要方式。欧元正是这样一种非中性制度，它让德国拥有了大国崛起中最具含金量的要素——融资能力，这也是支撑当前德国在欧洲领导地位的根基。

国家间的竞争在很大程度上体现为对国际资本的竞争，因为无论是发动战争还是发展经济，拥有充足的资金都是绝对的前提。哪个国家能够最大限度、源源不断地以低成本吸引到充足的新鲜资本，也就是说具有极强的融资能力，哪个国家就会获取到竞争优势。这也就是为什么历史上的大国兴衰、霸权更替均伴随着全球金融中心的转移，金融在本质上是一种对资本进行跨时间和跨空间配置的工具和制度，占据着金融中心地位的国家可以借此实现从全球不同区域汲取巨额资金为本国服务的目的。各国融资能力的高下在很大程度上决定了一个国家的国际地位。欧元作为一种共同货币制度，其引入后的直接后果就是重塑了欧洲的经济格局，这其中最为关键的变革就是欧洲内部的资本流由之前围绕英国、法国和德国三个中心的多边循环流动，逐渐

① “Deutschlands Zukunft gestalten, Koalitionsvertrag zwischen CDU”, CSU und SPD, 18 Legislaturperiode, p.156.

② 同一制度下不同的人所获得的利益是不同的，有的人多，有的人少；甚至在很多时候同一制度能够为一部分人带来利益，却给另一部分人带来损害。这一现象被称为“制度非中性”。参见张宇燕：《利益集团与制度非中性》，《改革》1994 年第 2 期。

变成了主要以德国一个中心与其他欧盟成员国之间的“一对多”的双边循环流动。德国站在了整个欧洲内部资金流动链的顶端，扮演着“欧洲银行家”的角色。这让德国具有了其他欧盟国家无可比拟的超强融资能力。

德国这种超强融资能力的基础就是在欧元制度下被不断强化的工业竞争力。虽然“二战”之后德国在工业制造业领域的出口一直保持增长的态势，但在欧元诞生之前，“德国制造”在欧洲大市场中并没有获得“压倒性”的优势，更不是像近年来在“欧债危机”的背景下其他欧盟国家出口普遍疲弱，而德国出口反而“一枝独秀”，巨额对外贸易顺差频频创造纪录。[①] 当时“法国制造”“意大利制造”甚至“西班牙制造”在现代工业的不少领域都有实力与“德国制造”一争高下。1990年，两德统一，接踵而至的是“二战”后最严重的经济大萧条，约50万制造业工人失业。企业家抱怨，德国经济变得缺乏活力，缺少竞争性。时任德国总统赫尔佐克（Roman Herzog）在1997年发表的讲话中谈到，德国当时的时代精神是“经济活力丧失，社会发展迟缓，呈现的是一个令人难以置信的精神抑郁状态”。改革者们则呼吁要颠覆德国模式的元素，如职业培训和集中的工资谈判制度。[②] 那时的德国被称作“欧洲病夫”，但是之后德国经济又很快重新焕发活力，这其中的秘诀是什么呢？许多文献将德国强劲的出口归结为1998年施罗德上台后对德国劳动力市场的一系列改革，认为继任的默克尔政府

① 根据德国联邦统计局公布的数字，德国对外贸易顺差在“欧债危机”期间经历2008年、2009年两年的短暂下降后，从2010年开始持续反弹，2012年德国对外贸易顺差为1881亿欧元，创下“二战”之后以来的第二高顺差额的纪录，最高的顺差额是“欧债危机”爆发前的2007年的1953亿欧元。2013年前三个季度德国的顺差额就达到了1478亿欧元，其中2013年9月的顺差额为204亿欧元，创下“二战”之后单月最高顺差额纪录，之前单月最高顺差额是2008年6月的198亿欧元。

② 中国社会科学院经济研究所：《经济走势跟踪》，2012年第30期（总第1250期），2012年4月25日。

之所以能够保持德国经济平稳增长并且经受住了此次“欧债危机”的考验，实际上是坐享了施罗德的“改革红利”。这一解释是有道理的，但并未抓住问题的实质。出口是德国经济增长的关键推动力，如果以贸易顺差来衡量，可以非常清晰地发现，德国经济的转折点在于欧元的引入。德国贸易顺差在2001年左右开始迅猛增长，几乎是直线上扬。而施罗德担任总理时所启动的以恢复劳动力市场弹性为核心的改革是在2003年。所以很明显，德国出口的强劲增长与欧元的相关性要远大于施罗德改革。

这其中的关键在于欧元让德国享受到“双重优势”。一方面，欧元的汇率是依据各成员国的经济权重来确定的，德国的权重与比其弱小的成员国权重相互加权对冲之后，德国实际享受到了比马克时代更为“便宜”的汇率，欧元的使用相当于马克“自动贬值”，这自然有利于德国的出口。另一方面，其他成员国无法再通过本币贬值的方式在市场竞争中获取对“德国制造”的优势，这让原本就非常强大的德国工业很快在欧洲大市场中占据了优势地位。很多原本能够实现国际收支平衡或者对德国有顺差的国家在欧元启动之后都变成了对德逆差。德国贸易顺差的一半以上都来自欧盟内部，并且这一份额在欧元引入之后一直增长迅速，在全球金融危机爆发前的2007年达到顶峰。从2001年到2012年，德国积累了约1.7万亿欧元的顺差，这些巨额顺差中的很大一部分又以直接投资或者金融资产投资的方式回流到其他欧盟成员国。强劲的出口让德国经济很快走出20世纪90年代的颓势，赢得了国际资本市场的信任和青睐。德国国债受到追捧，收益率下降，这意味着德国可以以非常低的成本来融资，特别是在“欧债危机”爆发后，德国成了资本的“避风港”，进一步拉低了德国的利率水平，德国的融资能力在危机中被大大增强。德国10年期国债利率基本都处于2%以下，如果扣除通货膨胀的因素，相当于德国基本可以“免费”从全球借钱。2012年5月，德国更是首次以零利率发行了价值50亿美元的两年期国债，如果将通货膨胀考虑在内，这意味着有太多的投资者为了竞争到借钱给德国的机会，不仅放弃了利息收益，还要“倒贴”给德国人钱。根据德国财政部的计算，因为借款成本下降，2010—2014年德国仅利息支出就节省了近410亿欧元。国家层面的这种融资能力体现在经济微观层面就是企业对资本的掌控力，德国的企业融资能力远超其他成员国企业，比如一笔5年期以内的100万欧元的贷款，西班牙企业需要支付6.5%的利息，意大利企业支付6.24%的利息，而德国企业仅需支付4.04%的利息。德国企业的融资能力可见一斑，这让其他欧盟成员国企业在市场竞争中明显地处于不利境地。

欧元重塑了欧洲的资本循环。德国通过强大的工业竞争力，以贸易顺差的方式让欧洲实体经济中的资本流向德国，同时德国又可以在国际资本市场中大规模、低成本地吸纳金融资本，然后德国再以资本输出的方式将巨额资金“二次分配”到其他欧盟国家，如此循环往复。在欧洲的这种资本循环中，德国始终掌控着欧洲资本流动的规模和流向，实际上扮演着“欧洲银行家”的角色。正是在这一机制的作用下，德国在欧洲的地位不断得到提升，影响力持续增强。而这最终要归结于欧元制度下德国的“超强融资能力”，这是德国权力的来源。

二、德国的制度型权力

德国“统治”欧洲的方式并非是像历史上传统的霸权国一样，是单向的强制，而是隐藏在欧洲的集体行动中，以“欧洲”的名义和渠道来投放自己的影响力。这种因为欧洲一体化而被改良的“统治”主要是通过理念引领与建立非中性制度的方式来实现的。

德国的理念引领作用突出体现在对“欧债危机”根源的解释上。

国际社会对此次危机有多种解释，比如认为“欧债危机”是因为欧美之间经济金融关系密切，受美国金融危机的传染而引起的；也有观点认为是因为欧洲在货币统一之后缺乏统一的财政政策，进而导致成员国在国际收支失衡的情况下缺乏财政支持来恢复平衡，最终爆发危机；还有观点把危机的根源指向了欧元本身，认为是欧元的引入让欧元区不同国家间的利率趋同，让希腊、西班牙等南欧国家的融资成本大为降低，结果大量廉价资本流入造成了经济泡沫。从学术角度看，这些分析都为理解“欧债危机”提供了一个个不同的视角，本身并无高下之分。但在政治上，对“欧债危机”的解释权则涉及处理危机所需权力的正当性和合法性，在这方面德国是当仁不让的。在欧洲，德国对危机的解释显然成为正统：这些国家之所以陷入债务的泥潭不能自拔有两个原因，一是因为其经济缺乏竞争力，长期处于财政赤字和国际收支失衡的状态；二是政府缺乏财政道德自律，过度举债。既然“病根”找到了，那么“对症下药”的方子也就非常明确，就是以恢复竞争力为核心目标的结构性改革：财政紧缩，严控政府债务，削减福利，降低经济成本，恢复竞争力。虽然德国开出的危机应对“药方”引起了重债国的严重不满与批判，但是从欧盟整体而言，具有不容置疑的权威，除了卢、荷、比、奥地利这些德国的传统支持者外，北欧国家也认同德国人对危机的解释，中东欧国家更是紧跟德国。最终我们看到，在德国的带头下，欧洲国家集体紧缩，蔚然成风。不仅陷入危机的希腊、爱尔兰、葡萄牙、西班牙等国政府顶住国内政治压力，坚持推进结构性改革，即使向来以欧洲政治领袖自居的法国也主动配合，2012 年 8 月 9 日，法国宪法法院判决将“国债刹车”以补充条款的方式列入宪法。时任法国总统奥朗德打着“反对紧缩，促进增长”的口号赢得了选举，但是他上台后不仅没有对德国的危机应对理念构成挑战，反而是主动继承前总统萨科齐的路线，实施了一系列削减开支、增加税收的紧缩政策。就连没有太受债务危机影响的荷兰和比利时也主动推出了自己的紧缩方案，德国倡导的“以紧缩提高竞争力”成为欧洲经济治理的主旋律。

非中性制度则让德国获得了将自己的力量向全欧洲投放的支点和网络，这其中最为重要的就是负责欧元发行的欧洲中央银行制度。欧元诞生以前德国马克是世界第二大储备货币，马克的国际地位给德国经济带来了巨大的利益，法国人甚至将马克称为德国的“核武器”。所以，德国人不仅要求把欧洲中央银行放在德国的法兰克福，更是竭尽全力去主导对欧洲中央银行的制度设计。《欧洲联盟条约》（又称《马斯特里赫特条约》，简称《马约》）第105条规定，欧洲中央银行的首要目标就是维持物价稳定，该条款还规定，在不损于物价稳定的前提下，为促进第2条规定的共同体的发展，欧洲中央银行应该支持欧盟总体的经济政策。《马约》第2条规定的一般经济目标，就包括“高就业水平”，所以《马约》认为欧洲中央银行也有必要追求其他目标。不过，这些目标被视为是第二位的，即不应与物价稳定这一首要目标相冲突。《马约》也非常明确地规定了欧洲中央银行的政治独立性。其第107条以非常肯定的表述规定了这一原则：“欧洲中央银行、各成员国中央银行以及任何决策执行机构的人员，在执行或实施《马约》赋予的权力与义务时，均不得寻求或接受来自欧盟或者欧盟各机构、任何成员国政府以及任何其他机构的指示。”《马约》认为中央银行的政治独立性是确保物价稳定的必要条件，因为如果缺乏政治独立性，中央银行会被迫以印钞方式为政府财政赤字融资，这肯定会引发通货膨胀。为了防止这一情况的发生，《马约》第104条第1款规定：“欧洲中央银行或各成员国中央银行不得对欧盟及其各机构、各国中央政府、地方当局和公共部门提供赤字融资或其他任何形式的信贷便利，欧洲中央银行或各成员国中央银行也不得直接购买上述机构发行的债务工具。”在政治独立性与防止央行为各国政府直接融资方面，欧洲央行所获得的法律保障要超过德国联邦中央银行，因为德国议会只要简单多数就可以修改法律，改变甚至取消德国联邦中央银行的政治独立性，而欧洲中央银行的相关法律则很难改变，这需要在所有成员国一致同意的基础上才能重新修订欧盟条约。所以，从中央银行的政策目标和制度设计这两方面来讲，欧洲中央银行实际上就是以德国联邦中央银行为蓝本而建立起来的。①

这样一种制度设计看似对所有成员国一视同仁，但实际上各成员国面临的制度约束是非常不同的，其中最为根本的就是这样一种制度设计虽然切断了所有成员国政府从中央银行获取资金的内部融资渠道,但是在两个外部融资渠道方面德国比所有其他成员国都更有优势:一是以其强大工业竞争力为基础却可以源源不断地以贸易顺差的形式获取资本，二是凭借其良好的信用从国际资本市场来融资。在经济平稳发展时期，这样一种制度的非中性作用不会显现出来，但是遇到危机时，形势就不一样了。许多成员国因外部融资成本提高而无法继续对外融资，导致财政枯竭，只有德国的外部融资渠道是畅通的，这时德国的重要性必然要凸显；同时欧洲中央银行又是以德国联邦中央银行为蓝本建立的，德国对欧洲央行拥有巨大的影响力。所以，我们会看到，“欧债危机”中欧洲央行与德国政府的合作非常默契，甚至有观察家认为欧洲出现了柏林－法兰克福轴心，取代了原先的柏林－巴黎轴心。

因债务危机而启动的财政一体化方案中，核心条款就是签订财政契约，要求欧盟成员国政府今后的财政预算和经济政策要得到欧盟机

① 关于欧洲中央银行以德国联邦中央银行为蓝本的相关论述，本文主要参考：［比］保罗·德·格劳威：《货币联盟经济学》，汪洋，译，北京：中国财政经济出版社，2004年，第129-130页。

构的批准。这一规则表面上看对所有成员国的约束是相同的，也非常精准地指向了引发债务危机的制度缺陷，但是这一德国人极力倡导的财政一体化方式,在制度设计上让各个成员国所承受的压力是不同的。相对于其他成员国，德国财政一直奉行“稳健”的理念，财政纪律、财政平衡和财政实力方面的状况要更为良好。欧盟的财政监督对德国而言不是问题，但对其他财政纪律松弛和财政能力薄弱的成员国而言则是“紧箍咒”。这样一来，德国不仅轻易地就在财政平衡问题上占据了道德制高点，还能借欧盟的名义以整顿财政纪律的方式向其他成员国施加影响力。正是因为看到这一点，所以，虽然德国的财政一体化方案会大大加强欧盟委员会的权力，欧盟委员会主席巴罗佐仍然会非常谨慎地回应德国的这一倡议，强调财政一体化要“一步步来”。财政一体化之外，欧洲的另一项“伟大工程”银行业联盟也遵循了同样的“非中性制度”的逻辑，银行联盟中最为关键的支柱就是建立一个单一银行清算机制，如果将来欧元区那些大型且具有系统性风险的银行出现问题，那么单一银行清算机制就会对其进行关闭或重组。2013 年 12 月 18 日欧盟成员国就单一银行清算机制最终达成了一致，这一谈判过程中最被外界所关注的焦点都集中在“钱”的问题上，比如，清算机制的资金如何筹集？资金规模有多大？清算机制运行中如果资金耗尽之后又该怎么办？但实际上最为核心的问题不是“钱”，而是“权”。根据欧盟成员国达成的协议，清算机制在对陷入危机的银行实施清算或者重组时提出的任何决议都必须最终得到欧元区成员国财长的批准。这实际上就让清算机制的最终决策权掌握在了成员国手中，而德国财长无疑是权重最大的一位。

理念和制度的落实需要靠人来执行。德国非常有计划地输送德国的政治精英到欧盟机构任职，德国现任总统施泰因迈尔在担任外长时期，就制订专门的计划，支持德国人到欧盟机构任职。乌韦·科塞庇乌斯（Uwe Corsepius）曾经担任默克尔总理府司长，负责协调德国的欧洲政策，他在2009年担任欧盟理事会总秘书长时，负责制定欧盟成员国政府间会议的议程设置和提出立法建议。此外，曾担任欧盟委员会主席巴罗佐办公厅主任的约翰尼斯·雷顿伯格（Johannes Laitenberger）、欧洲议会的总秘书长克劳斯·维勒（Klaus Welle）都是德国人。“欧债危机”爆发后的2009年，欧盟三大机构——欧盟理事会、欧盟委员会和欧洲议会的“大管家”也都是由德国人担任，这并非仅仅是一种巧合。在欧盟机构中，担任司局级职位的德国人超过了法国、意大利等核心成员国，对于其他国家的欧盟官员，德国往往支持那些对德国友好或者认同德国理念以及在德国学习过的人，比如曾担任欧元集团主席的荷兰财政大臣迪塞尔布洛姆（Jeroen Dijsselbloem），[①] 欧洲央行行长德拉吉更是德国经济治理理念的坚定支持者。

三、推动欧盟的战略转型

德国的“重新崛起”或者说德国在欧盟的这种主导地位，并非仅仅是“欧债危机”所催生出的一种短暂的欧洲国家间力量对比的变化，也不仅仅是因为德国的雄厚财力而在当前危机的特殊背景下所凸显出的一种“崛起幻象”，德国的这种优势地位是依托欧元制度，建立在其强大工业竞争力基础上的超强融资能力，这是一种实实在在的“硬权力”。只要欧元在，德国的这种能力就会被不断强化。“欧债危机”

① Merkel's Europe, “how her men run Brussels”, http://www.reuters.com/article/2013/10/24/us-eu-germany-influence-insight-idUSBRE99N05320131024?feedType=RSS&feedName=topNews.

期间默克尔曾经说过一句名言："欧元的失败意味着欧洲的失败。"① 其实这里有默克尔无法公开表达的潜台词：欧元的失败更意味着德国国家的失败。如果欧元崩溃，德国经济不仅会丧失巨大的战略空间，其今天的国际地位也将立刻不复存在。所以德国的政治精英存在一个共识：欧元现在不允许失败，将来也不能失败。② 在"后危机时代"，欧洲面临着三大任务——恢复经济增长、推进财政一体化以及建立银行业联盟，而德国凭借其超强融资能力，对当今欧洲这三大时代主题保持着相当大的主导权。正因为如此，德国的"重新崛起"并非昙花一现，德国对欧洲的领导渗透到欧洲一体化的理念、制度以及微观层面的人事安排等方方面面，是结构性的。今天的德国领导人对于国际事务也变得更为自信，而不再过分刻意地保持政治上的低调和克制，也不再讳言德国对领导权的追求。在 2013 年的国庆节演讲中，时任德国总统高克宣称德国将来要在欧洲和世界上承担更多的责任。③ 在现实政治中，责任实际上是对"权力"的另一种委婉表达。德国的"重新崛起"不仅仅改变了欧洲的政治力量格局，使得德法轴心不再平衡，权力的天秤明显倾向了德国，更为重要的是，德国的这种主导态势将给欧洲本身带来三个方面深刻的变化。

首先，经济竞争力的提升。2013 年第二季度欧元区 GDP 环比增长了 0.3%，这标志着欧元区结束了"欧债危机"爆发后连续 18 个月的衰退——这是"大萧条"以来欧洲在和平时期最长的一次衰退——经济开始复苏。2013 年第三季度欧元区 GDP 环比增长了 0.1%，虽然

---

① 默克尔 2011 年 9 月 7 日在德国联邦议会的演讲，见 http://www.bundeskanzlerin.de/ContentArchiv/DE/Archiv17/Reden/2011/09/2011-09-07-merkel-bt-haushalt.html。

② 同上。

③ 参见 http://www.spiegel.de/politik/deutschland/deutsche-einheit-gauck-fuer-staerkere-rolle-deutschlands-in-der-welt-a-925963.html。

增长微弱，但仍继续了复苏的势头。爱尔兰政府在2013年12月15日宣布正式退出由欧盟和国际货币基金组织主导的援助计划，成为首个退出这一纾困机制的欧元区国家。这说明德国开出的紧缩“药方”虽然痛苦，但已经起作用了。德国倡导的这一经济理念和政策最终的指向并非是债务危机，而是结构性改革。许多欧洲国家因不合理的高福利导致本国劳动力市场缺乏弹性，进而让经济逐渐丧失了竞争力，但在选举政治下，政府领导人很难真正下决心削减过分的福利。债务危机的爆发给欧洲的结构性改革提供了难得的契机，在德国的带领下，以及德国经济在债务危机中“一枝独秀”的表现而自然建立起的“榜样的力量”，[①] 再加上德国作为外部监督者所施加的压力，以整顿公共财政和恢复劳动力市场弹性为核心的结构性改革目前在欧洲成了“政治正确”的选择，欧洲的政治精英具有了相当大的政治勇气和决心来推动改革，并且初见成效。随着改革的深入，欧洲经济的活力和竞争力将会进一步提升，其在世界经济中的分量将会更为稳固，在全球经济治理中的话语权也将会得到进一步强化。

其次，欧洲财政一体化的启动。“欧债危机”某种意义上是一次“期待”已久的危机，[②] 它提供了推动财政一体化的契机。当年欧元的设计者们非常清楚共同货币制度所存在的缺陷——货币统一，但是成员国财政不统一。这是因为当时成员国在政治上很难接受他们政府的财政预算和财政支出最终要得到欧盟的批准才能生效，但是欧元的设计者们并没有因此就放弃共同货币，在他们看来，《马约》的精髓就是

---

① 德国经济在“欧债危机”中逆势上扬的表现引起了世界各国对“德国模式”的强烈兴趣，英国的《经济学家》、美国的《外交事务》等具有广泛影响力的政经杂志都专门刊发系列文章探讨“德国模式”成功的经验；中国的学术界和政策界也开始“重新发现”德国。

② 张宇燕：《债务危机与世界经济》，《北京工业大学学报》（社会科学版）2012年第3期，第32页。

欧盟采取的每一个步骤都必须导致下一个步骤，否则初始的计划就不会成功。统一货币需要共同预算，而共同预算又需要共同的议会，这样就把欧洲引上了联邦之路。[①] 正是“欧债危机”激活了欧元创建者们当年所设想的这一环环相套的机制，把财政一体化提上了日程。默克尔不失时机地提出了建设“政治联盟”的欧洲愿景，这个“政治联盟”的核心就是某种形式的财政一体化。德国对财政一体化的推动作用体现在两个方面：一是允许欧洲央行逐渐负担起“最后贷款人”的职能，可以向成员国陷入困境的银行提供流动性，可以购买成员国的国债。这些政策的实际效果相当于是形成了一个“隐形”的共同财政，实质上就是把富裕成员国的资金转移支付给危机国家；二是以财政契约的方式约束成员国的预算和支出，同时寻求修改欧盟条约的机会，将成员国更多的财政权上交给欧盟。这意味着欧洲财政一体化的进程已经正式启动，欧盟的制度建设进入一个新的阶段，这不仅将大大加强欧盟抵御外部金融风险的能力，财政一体化的深入也将有力地提升欧盟的国际地位。

再次，欧盟“大西方”战略的加速。当今世界格局最显著的特征就是发达国家与发展中国家的力量对比发生了变化。按照购买力平价计算，2013 年发达国家在全球 GDP 中的份额首次低于 50%，发展中国家，特别是以中国为代表的新兴市场国家在全球政治和经济舞台上扮演着越来越重要的角色。哈佛大学教授、美国国家经济委员会前主席劳伦斯·萨默斯（Lawrence Summers）很好地描述了这种变化背后的重大意义，他认为: 在过去三百年的世界历史中，社会主义与资本主义，以及美国与苏联之间的冷战终结是影响力居第三的大事件；伊斯兰世界与世界其他各国的斗争、争论和挑战是影响力居第二的大事件；而

① 丁一凡：《欧洲时代》，北京：中国经济出版社，2008 年，第 135 页。

以中国为核心的亚洲崛起，其影响力位居第一。工业革命之所以被称为“革命”，是因为在1800年之前的2300年里，人们的生活水平只提高了百分之五十，而工业革命第一次让人们的生活水平在几十年的时间里出现了重大变化。而中国经济的高速增长持续了30多年，中国人民的生活水平在不到十年的时间翻了一番，在几乎五年的时间里增长了百分之十，这种变化发生在占世界人口五分之一的土地上，涉及数以亿计的民众，它对全球经济体系的影响不亚于工业革命和文艺复兴，甚至可能超过后两者，所以萨默斯认为当今这个时代所面临的重大挑战是如何管理大国的崛起。[①] 换句话说就是发达国家需要一个“再平衡”，即平衡新兴国家，特别是中国的崛起对发达国家既得利益格局的冲击。所以，我们看到美国的“再平衡”就是要“重返亚太”，而欧洲的“再平衡”则是积极推动发达国家间更紧密的合作，努力组建一个制度化、机制化的发达国家间的政治、经济以及金融集团，也就是布热津斯基笔下的“大西方”。这就是为什么欧洲人要力推“跨大西洋贸易与投资伙伴协议”（TTIP），并且与日本启动了双边自由贸易区（FTA）谈判。而德国则是欧洲“大西方”战略的积极的倡导者和有力的推动者。默克尔在2005年上台后就把加强欧美关系放在了优先位置，2006年默克尔政府提出了建立欧美自贸区的设想，2007年初默克尔访问美国时正式向时任美国总统小布什提出这一倡议。2013年10月欧盟和加拿大签署了双边自由贸易区协定，这是八国集团成员之间首个自贸区协定，具有重要的示范意义。这背后与默克尔的努力密不可分，2012年8月默克尔访问加拿大，专门就欧加自贸区的细节问题与加总理进行商谈。默克尔第三次当选总理后，加强跨大

---

① ［美］劳伦斯·萨默斯：《中国崛起及中美两国的金融监管》，《研究参考》第21号（总106号），2011年7月8日，中国发展研究基金会，第1页。

西洋关系和北约框架内的合作仍然是德国新政府对外政策的基础。[①]特朗普政府时期，跨大西洋关系虽然受到“美国优先”政策的冲击，但欧盟并未放弃“大西方”战略，时任欧盟理事会主席图斯克就说，美国和欧盟是最好的朋友，“谁说我们是敌人就是散布假新闻”。时任欧盟外交政策与安全事务高级代表莫盖里尼也表示，在欧洲人看来，美国肯定是一位亲密朋友和伙伴，还强调“我曾多次说过，政府换届不能改变国家与民族之间的友谊”。[②]2020 年 5 月，默克尔就德国2020年下半年欧盟轮值主席国期间的外交政策进行讲话时也强调，跨大西洋关系、与美国和北约框架内的联盟是欧洲外交与安全政策的核心支柱，并强调“欧洲不是中立的，欧洲是政治西方的一部分”。[③]

实际上，欧盟已经做了大量的工作。自 2017 年 12 月 12 日首次美欧日三边贸易部长会议以来，美欧日三边贸易部长会议已形成机制，历了九轮谈判，并均在会后发表了相关联合声明。欧盟希望通过“大西方”的方式，加强与美、日等主要西方经济体的合作，在世贸组织改革、维护全球公平竞争环境等领域推进欧盟利益（会议具体内容见表 2）。

---

① “Deutschlands Zukunft gestalten: Koalitionsvertrag zwischen CDU”, CSU und SPD, 18 Legislaturperiode, pp.168-169.

② 赵柯、李刚：《“后默克尔”时代德国向何处去？》，《当代世界》2019 年第 1 期，第 37–38 页。

③ The Federal Chancellor, “Speech by Federal Chancellor Angela Merkel at the Konrad-Adenauer-Stiftung event on Foreign and Security Policy during Germany’s EU Council Presidency”, May 27, 2020, https://www.bundeskanzlerin.de/bkin-en/news/speech-by-federal-chancellor-angela-merkel-at-the-konrad-adenauer-stiftung-event-on-foreign-and-security-policy-during-germany-s-eu-council-presidency-berlin-27-may-2020-1757450.

表 2 美欧日三边贸易部长会议主要内容

时间	地点	与会成员	主要内容
2017 年 12 月 12 日（第一次）	布宜诺斯艾利斯	美国贸易代表罗伯特·莱特希泽；欧盟贸易委员塞西莉亚·马尔姆斯特伦；日本经济产业大臣世耕弘成。	同意明确在全球范围内进行公平竞争的承诺； 讨论解决扭曲市场的巨额补贴、国有企业、强制技术转让等不公平竞争问题； 同意在世贸组织和其他论坛上加强三边合作。
2018 年 3 月 10 日（第二次）	布鲁塞尔	美国贸易代表罗伯特·莱特希泽；欧盟贸易委员塞西莉亚·马尔姆斯特伦；日本经济产业大臣世耕弘成。	确认共同目标； 解决非市场导向政策导致的产能过剩、不公平竞争、阻碍创新技术的开发与使用等问题； 并在此基础上，同意采取初步联合行动； 重申在布宜诺斯艾利斯举行的第十一届世贸组织部长级会议签署的关于电子商务联合声明的承诺。
2018 年 5 月 31 日（第三次）	巴黎	美国贸易代表罗伯特·莱特希泽；欧盟贸易委员塞西莉亚·马尔姆斯特伦；日本经济产业大臣世耕弘成。	重申对第三国非市场导向政策的关注，讨论当前及未来将采取的措施； 批准关于制定更严格的工业补贴规则的联合声明； 批准关于技术转让政策和实践的联合声明； 批准关于市场导向条件的联合声明； 重申推动有关未来世贸组织谈判的讨论； 重申在 G7、G20、OECD 等国际论坛上加强合作，以解决市场扭曲问题。

续表

时间	地点	与会成员	主要内容
2018 年 9 月 25 日（第四次）	纽约	美国贸易代表罗伯特·莱特希泽；欧盟贸易委员塞西莉亚·马尔姆斯特伦；日本经济产业大臣世耕弘成。	在以下领域达成共识并发表声明：关于第三国非市场导向政策；关于产业补贴和国有企业；关于第三国强制技术转让政策；关于世贸组织改革；关于数字贸易和电子商务；关于其他问题的合作（如确认相互协调以降低贸易和外国投资对其国家安全的风险、重申加强合作以解决市场扭曲问题等）。
2019 年 1 月 9 日（第五次）	华盛顿		同意在第三次和第四次贸易部长会议联合声明所涵盖的所有领域深化合作； 重点讨论了非市场化政策、产业补贴、强制技术转让、数字贸易和数字经济等问题。
2019 年 5 月 23 日（第六次）	巴黎		同意在第三次、第四次和第五次贸易部长会议联合声明所涵盖的所有领域深化合作； 重点讨论了加强在非市场化政策、产业补贴、强制技术转让、世贸组织改革、投资审查机制等领域的合作。
2020 年 1 月 14 日（第七次）	华盛顿	美国贸易代表罗伯特·莱特希泽；欧盟贸易委员菲尔·霍根；日本经济产业大臣梶山弘志。	重点讨论了产业补贴、强制技术转让等问题，在产业补贴方面，讨论了如何加强世贸组织现行的产业补贴规则，在强制技术转让方面，讨论了如何应对第三国有害的强制技术转让政策； 同意继续在以市场为导向的国际贸易、世贸组织改革、电子商务贸易等领域加强合作。

续表

时间	地点	与会成员	主要内容
2021 年 11 月 17 日（第八次）	线上会议	美国贸易代表戴琪；欧盟委员会执行副主席东布罗夫斯基斯；日本经济产业大臣萩生田光一。	同意延续三边伙伴关系，共同应对“第三国的非市场贸易行为”带来的挑战。
2021 年 11 月 30 日（第九次）	线上会议		重申同意延续三边伙伴关系，共同应对“第三国的非市场贸易行为”带来的挑战； 同意将工作重点放在以下三个领域：一是识别由非市场行为导致的问题；二是明确现有执法工具的不足，在哪些方面需要开展更多工作，以及讨论在现有执法工具基础上展开合作；三是制定新的工具和规则来解决非市场行为； 强调世贸组织改革的重要性。

（资料来源：美国贸易代表办公室。）

此外，2021 年 6 月 15 日，美欧在布鲁塞尔举行的美欧峰会上正式宣布启动美欧贸易和技术委员会，该委员会旨在协调双方在全球贸易、经济和纪律领域的关键问题，并在共同民主价值观的基础上深化跨大西洋贸易和经济关系。美欧贸易和技术委员会主要有七大目标：扩大和深化双边贸易和投资；避免新的贸易技术壁垒；在技术、数字问题和供应链方面的关键政策进行合作；支持合作研究项目；合作制定兼容性的国际标准；促进监管政策和监管执法领域的合作；推动欧盟和美国公司的创新力和领导力。[①] 三个月之后，美欧贸易和技术委

① European Commission, “EU-U.S. launch Trade and Technology Council to lead values-based global digital transformation”, June 15, 2021, https://ec.europa.eu/commission/presscorner/detail/en/IP_21_2990.

员会在匹兹堡举行了首次会议，重申其目标，并成立10个工作组，表明在未来一段时间内，将在投资审查、出口管制、人工智能、半导体供应链安全、全球贸易挑战等领域深化合作。[①]12月7日，欧盟委员会与美国联邦贸易委员会、美国司法部发表联合声明，协调在科技领域的竞争政策和执法行为。[②]美欧贸易和技术委员会将在2022年上半年举行第二次会议。

欧美还就对华政策进行协调。美国拜登政府上台以来，短短不到一年的时间，欧美已举行两次关于中国议题的对话。早在2020年10月23日，欧盟外交与安全政策高级代表博雷利与时任美国国务卿蓬佩奥进行了电话会议，并启动了欧盟对外行动署与美国国务院之间有关中国的新的双边对话。[③]后因美国总统大选，这一议程被耽搁。2021年3月，美欧同意重启关于中国的双边对话。因而，拜登政府时期的美欧中国议题对话实际上是一种延续，主要目标在于协调美欧对华政策。从美欧在2021年的两次中国议题对话的主要内容可以发现，两次对话均强调了美国、欧盟与中国的关系是多方面的，包括合作、竞争和制度性对手的要素。美国国务院官员明确表示，美国和欧盟对中国的“有关行为”的看法“越来越趋同”。[④]根据双边的时间框架安排，

---

① European Commission, “EU-U.S. Trade and Technology Council Inaugural Joint Statement”, September 29, 2021, https://ec.europa.eu/commission/presscorner/detail/en/STATEMENT_21_4951.

② European Commission, “EU-U.S. Joint Technology Competition Policy Dialogue Inaugural Joint Statement”, December 7, 2021, https://ec.europa.eu/competition-policy/system/files/2021-12/EU-US_Joint_Dialogue_Statement_12.6.21_1.pdf.

③ EEAS, “EU/US: Joint press release by the EEAS and Department of State on the phone call between J.Borrell and M.Pompeo”, October 23, 2020, https://eeas.europa.eu/headquarters/headquarters-homepage/87472/euus-joint-press-release-eeas-and-department-state-phone-call-between-jborrell-and-mpompeo_en.

④ U.S. Department of State, “Previewing the U.S.-EU Dialogue on China”, December 1, 2021, https://www.state.gov/previewing-the-u-s-eu-dialogue-on-china/.

美欧预计将于2022年年中举行第三次中国议题对话会议[①]（会议具体内容可见表3）。

表3 美欧中国议题对话主要内容

时间	地点	与会人员	主要内容
2021年5月26日	布鲁塞尔	美国副国务卿温迪•谢尔曼；欧盟对外行动署秘书长斯特凡诺•桑尼诺。	重申美欧伙伴关系在重要外交政策和安全问题上的能力； 强调加强双方在以规则为基础的国际秩序的共同利益，承诺深化在支持民主价值观、全球和地区稳定以及普遍性人权方面的合作； 讨论美欧双方关心的一系列外交政策问题； 指出美欧与中国的关系是合作、竞争和系统性对抗的综合体，重点讨论了新疆、西藏、香港、南海、台湾问题等。
2021年12月2日	华盛顿		重申美欧与中国的关系是多方面的，美欧在投资、经贸领域与中国密切合作，同时应注意系统性竞争关系； 讨论所谓的中国人权问题，表示将继续进行交流与合作； 重申保护和建立经济和技术弹性、多样化和加强供应链的重要性； 讨论中国的海洋行动，重申维护双方的航行和飞越自由的重要性； 讨论对华外交的重要性以及建设性合作的可能性。

（资料来源：美国国务院。）

① U.S. Department of State, "U.S.-EU: Joint Press Release by the EEAS and Department of State on the Second High-Level Meeting of the U.S.-EU Dialogue on China", December 2, 2021, https://www.state.gov/u-s-eu-joint-press-release-by-the-eeas-and-department-of-state-on-the-second-high-level-meeting-of-the-u-s-eu-dialogue-on-china/.

第七章

欧美关系“再平衡”

特朗普在竞选期间以及当选总统后一系列针对北约及欧盟的不友好言辞，引发了跨大西洋两岸的紧张关系。2017 年 5 月特朗普首次出访欧洲，出席北约峰会和七国首脑峰会，其间在防务、贸易、气候等议题上对欧洲频频发难，德国总理默克尔在随后的一次演讲中直言不讳地说：“那个完全可以信赖其他伙伴的时代已经部分地成为过去，我们欧洲人必须将命运掌握在自己手中。”由此，欧美同盟的稳固性受到国际舆论的普遍质疑，认为跨大西洋关系出现裂痕。分析欧美同盟稳固与否，不能仅从“挑衅性”的言辞出发，更要看“争吵”是否动摇了双方的战略共识和合作机制。特朗普在言辞上对欧洲的“敲打”，实际上是在延续奥巴马政府时期就已启动的欧美关系“再平衡”。特朗普政府时期欧美“冲突”的实质是双方在防务、贸易、气候等诸多领域重新调整相互间的权利、责任和利益，而非“分裂”。

一、北约框架下欧美军事同盟的协调与合作

特朗普政府带给欧美关系的最大冲击莫过于其安全防务政策。特

朗普竞选时称北约已经“过时”，并且威胁欧洲国家，如果不增加军费开支，美国将放弃对欧洲的安全承诺。特朗普这一咄咄逼人的表态确实挑战了欧美关系的底线，但其真实目的是要让欧洲在世界安全事务中发挥更为重要的作用，增加军费和各种资源的投入，为北约的全球行动做出更大贡献，加速在北约框架内实现美欧力量的“再平衡”，减轻美国的责任和负担，[①]而非弱化甚至放弃欧美军事同盟。这与奥巴马的北约政策是一致的，只不过特朗普不像奥巴马那么“温文尔雅”，而是用更加“蛮横”的威胁性语言和“步步紧逼”的高压态势来敦促欧洲履行防务义务。

在欧美关系史上，以放弃对欧洲国家的安全承诺为威胁，迫使欧洲国家让步的美国总统，特朗普不是第一个。20世纪60年代后期，美国由于越南战争出现巨额财政赤字和贸易逆差，各国普遍对美元信心不足，法国更是带头用美元储备向美国兑换黄金，引发了市场对美元的抛售浪潮。当时德国是最大的美元外汇储备国。对美国而言，说服德国继续持有美元不抛售，对稳定美元尤其关键。美国要求德国书面承诺不将所持的美元兑换黄金，但德国只想口头约定，时任美国总统约翰逊以从德国撤军相威胁。在冷战背景下，对处于东西方对抗桥头堡位置的德国而言，苏联军队跨过边境长驱直入并非一种低概率事件，而是现实的危险，从国家安全考虑，德国只能遵从美国的要求。1967年3月30日，时任德国联邦银行行长布莱辛写信给美联储主席马丁，承诺德国不会把所持美元储备兑换成黄金。

从历史经验来看，美国过去对欧洲的这种“放弃安全承诺的威胁”，并没有实质性地损害欧美军事同盟关系，这主要源于双方安全利益的

---

① 赵晨、赵纪周：《美欧防务再平衡评析》，《国际政治研究》2015年第2期，第86页。

高度融合，“特朗普冲击”未必就能改变历史。更为重要的是，欧洲对于美国要求的防务“再平衡”，也是认同的。因为欧洲人也很清楚，美国对北约防务开支的贡献比例长期地维持在70%左右的水平不可持续，特别是乌克兰危机让欧洲人切实地感受到了地缘政治风险的存在，意识到了加强美欧军事同盟的必要性和紧迫性。在2014年举行的威尔士北约峰会上，欧洲国家第一次承诺将遵守防务开支不低于国内生产总值的2%，保证防务开支中装备和研发开支不低于20%的义务。威尔士峰会标志着欧洲国家开始改变长期以来在安全领域“搭便车”的策略，形成了重整军备的战略共识。

欧盟在2016年6月发布的《欧盟全球战略》文件中，一改之前对自身“软实力”的自信和推崇，认为在当前充满对抗性的世界中要提升“硬实力”，就需要增加安全防务领域的可信度，为自己的安全承担更多责任。在《欧盟全球战略》文件中，欧盟再次确认了威尔士北约峰会的共识，要求各成员国将足够的经费投入防务中，并且认为更可信的欧洲防务是与美国建立健康的跨大西洋关系的基本前提。与美国更加平衡地分担防务负担，已经成为欧洲国家的共识。作为当前欧盟事实上的“盟主”，德国在2016年7月发布的《2016年安全政策与联邦国防军未来白皮书》中也表示，在北约框架内，欧洲承担共同防务中的比例越大，跨大西洋安全伙伴关系就会越紧密、越有成效。可以看出，由于地缘安全形势的恶化，早在特朗普上台之前，欧洲就已经决定要更多地分担美国的防务支出，并且要进一步加强跨大西洋的军事同盟。

特朗普对欧洲发出的夸张性“安全威胁”，更多的是对既有共识的“另类”强调，仅仅停留在外交辞令层面，没有成为实际的行动，北约框架下的欧美军事同盟没有弱化。欧洲不满的是特朗普要求欧美防务“再平衡”的“粗暴”方式，而非“再平衡”本身，欧洲对欧美军事同盟仍然是有信心的。2017 年 6 月 1 日，法国新任国防部长古拉尔出访德国。她和德国国防部长冯德莱恩会面之后均表示，法德两国毫不怀疑美国在北约问题上采取的团结精神。古拉尔认为，特朗普到访布鲁塞尔本身就释放出他对北约的兴趣并没有减弱的信息，并且表示“毫不怀疑美国人民和领导人会忠实于协防条款”。德法两国的国防部长也再次确认了欧洲加大防务支持的必要性，认为欧洲为维护自身利益，防务必须得到加强。冯德莱恩还特别强调“这将需要很大的开销，但这些开销是有必要的”。

实际上，在特朗普政府时期，欧美就加强了军事方面的合作与协调，巩固了北约框架下的军事同盟合作。从 2017 年起，北约与欧盟每年合作撰写一份共同提案的执行进度报告，以期赋予北约－欧盟战略伙伴关系新的动力和新的实质。①2017 年 12 月，北约成员国外长在会议上决定进一步加强与欧盟的合作，提升双方在军事机动能力、反恐斗争中的信息共享以及促进妇女在和平与安全中的作用三个方面的协作能力。② 欧盟理事会主席、欧盟委员会主席和北约秘书长于 2018 年 7 月 10 日在欧盟－北约联合声明中，再次强调了双方加强合作以应对复杂多变的安全挑战的重要性，并表明欧盟采取的“永久结构性合作”、设立“欧洲防务基金”措施，北约在集体防御、危机管理和合作安全方面所做的努力都将进一步增强双方维护国防安全的能

① North Atlantic Treaty Organization, “Progress report on the implementation of thecommon set of proposals endorsed by NATO and EU Councils on 6 December 2016”, June 14, 2017, https://www.nato.int/nato_static_fl2014/assets/pdf/pdf_2017_06/20170619_170614-Joint-progress-report-EU-NATO-EN.pdf.

② 《北约加强与欧盟的军事合作》，载新华网，2017 年 12 月 6 日，见 http://www.xinhuanet.com/world/2017-12/06/c_1122066774.htm。

力。[①] 换言之，特朗普时期的欧美军事合作并没有弱化，相反，双方不断加强在北约框架下的军事协调与合作。

"北约 2030"战略的通过，则是欧美近年来在军事上的协调与合作的重要成果。北约在 2020 年 12 月 1 日发布了由秘书长斯托尔滕贝格（Jens Stoltenberg）组织专家撰写的《北约 2030：为新时代而团结》报告。[②] 这一报告的发布也预示着北约将进行新一轮的战略调整，上一次调整则是在 2010 年。2021 年 6 月，北约峰会发布联合声明，同意了"北约 2030"战略。根据这一战略，北约与欧盟将极大地提升战略合作水平，双方将共同应对破坏性技术、气候变化、虚假信息和日益激烈的地缘战略竞争等一系列挑战，维护军事同盟安全。这将增强联盟的凝聚力、完善联盟的运行机制，从而提升联盟的影响力，[③] 推动欧美加强在北约框架下的军事合作，开启跨大西洋关系的新篇章。[④] 值得注意的是，北约建立的目的是为了遏制苏联，在"后危机时代"却表现出明显的"中国转向"。从联合声明中，我们可以发现俄罗斯仍是北约的关注重点，但中国也成了北约的重点关注对象，"中国"一词在声明中被提及 10 次。声明指出中国日益增长的影响力及采取的国际政策给北约带来了挑战，北约应该共同应对这一挑战。

---

① North Atlantic Treaty Organization, "Joint Declaration on EU-NATO Cooperation", July 10, 2018, https://www.nato.int/cps/en/natohq/official_texts_156626.htm.

② North Atlantic Treaty Organization, "NATO 2030: United for a new era", November 25, 2020, https://www.nato.int/nato_static_fl2014/assets/pdf/2020/12/pdf/201201-Reflection-Group-Final-Report-Uni.pdf.

③ 邓睿：《从"北约 2030"报告看北约新一轮战略调整》，《解放军报》2020 年 12 月 28 日，第 4 版。

④ North Atlantic Treaty Organization, "Brussels Summit Communiqué", June 14, 2021, https://www.nato.int/cps/en/natohq/news_185000.htm?selectedLocale=en.

二、欧美贸易政策的共识大于分歧

商人出身的特朗普，更加明白国际贸易的重要性。他反对的不是自由贸易本身，而是美国没有得到“足够收益份额”的自由贸易。用特朗普的话说就是“我们没有得到公平对待”。所以，特朗普贸易政策的核心是所谓“公平贸易”，其具体内涵大致就是“公平贸易”要为美国企业打开海外市场。通过谈判或者施压的方式要求贸易伙伴更多地向美国开放市场，遵守对美国有利的国际经济规则，甚至要重新设定能够确保美国得到“足够收益份额”的国际规则。具体而言，就是要改变之前具有“照顾”性质的对贸易伙伴单向市场开放的做法，取而代之以要求贸易伙伴按照对等原则双向开放，确保美国企业能够自由进入任何国家的市场。为了实现这一政策目标，特朗普不惜挥动关税、制裁等大棒，为了更有效地制定有利于美国商业利益的规则，不再拘泥于多边贸易谈判，而是改为使用双边的方式。

特朗普的“公平贸易”政策并不新鲜，欧洲人在这方面至少领先了十年，并且对“公平贸易”内涵的阐释更加明确、系统，在政策工具的使用上也更加细腻、成熟。2006 年 10 月 4 日，欧盟委员会公布了题为《全球的欧洲：参与世界竞争对欧盟增长和就业战略的贡献》的新贸易政策文件，确立了为欧洲企业打开海外新市场和确保公平竞争的贸易战略。从 2007 年开始，欧盟官员在各种场合上不断强调“我们必须时刻坚持公平贸易”，包括结束出口产业不公平的国家干预、坚持世界贸易组织关于市场准入的承诺和尊重知识产权等诉求，认为“通过反对其他国家不公平的出口补贴来保护欧洲产品是市场开放的题中之意”。欧盟当时的做法与现在的特朗普政府一样，没有局限在主流的多边贸易谈判中，而是“使用双边和多边的讨论与协议来达到此目的。当需要之时，求助于贸易保护措施”。

通过对比可以看出，特朗普的“公平贸易”政策实际上就是欧盟“公平贸易”政策“更具进攻性”的新版，两者的政策理念和目标指向是一致的——打开广大发展中国家，特别是新兴经济体的市场，用国际规则来约束其竞争力，从而确保自身的竞争优势。因为欧洲和美国本身就互为重要的贸易伙伴以及投资来源地和目的国，彼此间的贸易壁垒和投资障碍要少很多，要扩大本国企业的海外市场份额，短期内潜力有限，扩大在发展中国家特别是新兴经济体的市场份额，才是其真正的目标。所以，在贸易政策上，美欧是真正的利益共同体。

这就是为什么特朗普在竞选时威胁对欧洲国家采取贸易保护措施，对“跨大西洋贸易与投资伙伴关系协定”大加批判，导致谈判搁浅，而现在又主动提出要重启。2017年4月24日，美国商务部长威尔伯·罗斯会晤欧盟贸易专员马尔姆斯特伦，正式讨论如何推进“跨大西洋贸易与投资伙伴关系协定”谈判，美欧之间发生贸易战的概率大大降低。在贸易议题上，双方的利益远大于分歧。2017年5月27日闭幕的G7峰会因为特朗普的贸易保护主义倾向，在会前被普遍认为很难达成贸易政策的共识，但实际上，欧美再次确认了一致支持“公平贸易”和“开放市场”的原则，会议联合声明强调：“我们一致认同，自由、公平和互惠的贸易是经济增长和创造就业的关键动力，因此我们强调保持市场开放和打击保护主义的义务。”欧洲实际上对此次峰会在贸易领域取得的成果还是满意的。德国总理默克尔认为：“七国集团在这次峰会上至少就‘建立在规则基础上的世界贸易体系’达成了共识，重申支持开放市场、反对保护主义和不公平贸易——这就是对于我们来说重要的成果，因此我认为这是一个进步。”

欧美双方在贸易理念上本质是一致的，自2017年以来，截至2021年年底，美日欧已进行九次三方贸易部长会谈，会议主题重点关注非市场导向带来的不公平竞争、国有企业和补贴规则、强制技术转让与知识产权保护、数字贸易电子商务和数据安全以及世界贸易组织改革等领域。[①] 针对世界贸易组织改革问题，欧盟在 2021 年 2 月的一份文件中宣布将世界贸易组织改革列为其未来 10 年贸易战略的核心。[②] 欧盟执委会提出，希望与美国携手，应对世界贸易组织的信任危机。[③] 欧盟在文件中明确承认"美国对上诉机构所发挥的作用提出了一些合理的担忧"，上诉机构是世界贸易组织争端解决系统的最终仲裁者，此前，美国前贸易代表罗伯特·莱特希泽（Robert Lighthizer）表示，目前上诉机构的形式威胁了美国保护自己免受不公平贸易行为影响的能力，特朗普政府选择通过拒绝任命任何新法官来诋毁该机构，这严重削弱了世界贸易组织解决贸易争端的能力。如今，欧盟在该问题上向美国靠拢，支持对上诉机构的改革，正是向美国抛出橄榄枝的实例。[④]

拜登上台执政以来，尽管进展缓慢，但是欧美贸易谈判的基调有所改善。2021 年 3 月，双方同意暂停对空客和波音征收的出口报复性关税四个月，就长期的解决方案进行协商谈判，并于 2021 年 6 月中旬达成"大型民用飞机联合合作框架"，将关税停战期延长五年。2021 年 5 月 17 日，欧美宣布不再将针对钢铁和铝出口征收进一步的关税，同意就相关问题进行对话协商，以期"在年底之前"找到解决方案。6 月 15 日的欧美峰会上，双方同意成立贸易和技术委员会，

---

① 刘明：《对 2017 年以来美欧日三方贸易部长联合声明的分析》，《国家治理》2019 年第 21 期，第 13-25 页。

② European Commission, "Trade Policy Review-An Open, Sustainable and Assertive Trade Policy", COM(2021) 66 final, Brusses, February 18, 2021.

③ Reuters, "EU puts WTO at centre of greener trade reform push", February 18, 2021, https://www.reuters.com/article/us-eu-trade-review-idUSKBN2AI0T1.

④ Council on Foreign Relations, "Europe and the Prospects for WTO Reform", March 10, 2021, https://www.cfr.org/blog/europe-and-prospects-wto-reform.

加强贸易、投资和技术合作。[①]

三、欧美价值观联盟依然稳固

特朗普政府时期欧美价值观的冲突显现。特朗普推行“美国优先”政策，对欧洲一体化进行干预，如通过支持硬脱欧、支持疑欧的政治领导人等方式反对欧洲一体化，公开称欧盟是美国的敌人，并认为“德国人很坏，非常坏”，美国与德国的关系对美而言“非常不利”，[②]批评北约，还向其他成员国施压以增加防务开支等。特朗普可谓公开了欧美之间的大量冲突与矛盾。同时，根据卡内基国际和平基金会在 2019 年 10 月至 2020 年 1 月期间通过对欧盟和北约一半以上成员国驻华盛顿特区的大使和副大使采访也发现，大多数受访者认为在特朗普政府下，跨大西洋关系比历史上的任何时候都要糟糕，包括美国于 2003 年决定发动伊拉克战争后的跨大西洋关系。[③]实际上，当特朗普成功当选美国总统时，就有媒体报道，认为默克尔是“自由主义西方最后的捍卫者”，[④]并认为欧美在价值观上渐行渐远。

实际上，价值观外交是特朗普政府对外政策的重要方向，希望构

① European Parliament, “EU-U.S. Trade Talks on an agreement on industrial goods and conformity assessment”, Legislative train schedule, June 2021, https://www.europarl.europa.eu/legislative-train/theme-a-balanced-and-progressive-trade-policy-to-harness-globalisation/file-eu-us-trade-talks.

② Politico, “Trump: Our relationship with Germany is ‘very bad for U.S’”, May 30, 2017, https://www.politico.com/story/2017/05/30/trump-germany-relationship-tweet-238930.

③ Carnegie Endowment for International Peace, “How Europe Views Transatlantic Relations Ahead of the 2020 U.S. Election”, February 20, 2020, https://carnegieendowment.org/2020/02/20/how-europe-views-transatlantic-relations-ahead-of-2020-u.s.-election-pub-81049.

④ “Liberal West’s Last Defender”, *The New York Times*, November 12, 2016, http://www.nytimes.com/2016/11/13/world/europe/germany-merkel-trump-election.html?_r=0.

建民主国家的联盟，这一点与欧洲是一致的。2020 年 7 月 30 日，时任国务院负责经济发展、能源和环境事务的副国务卿克拉奇（Keith Krach）在参议院商业委员会安全小组委员会召开的听证会上发言指出，价值观是美国与盟友建立信任的基础，美国应共同对抗来自中国的“威胁”，建立新的民主国家的联盟，这样的一个联盟由“志同道合”的国家、企业和公民社会构成，其经济的运行建立在信任的基础上，承诺尊重法治、产权、人权等。① 值得注意的是，克拉奇的表态在一定程度上受到了蓬佩奥的影响，蓬佩奥在当月早些时候曾表示“也许是时候建立一个新的志同道合的国家集团，一个新的民主国家联盟”。②

特朗普虽然表面上对欧洲保持“不屑”与“敲打”的姿态，强调与欧洲的不同，但这只是对欧洲长期以来在同盟关系中“搭便车”行为的不满，是以施压的方式要求欧洲更多地履行作为盟友的责任，投入更多的资源来巩固欧美同盟。双方精英阶层对维护跨大西洋同盟关系具有高度的共识，分歧在于“以何种方式”和“多大程度”上。在新的国际形势下，如何应对国家面临的危机？是采用单边主义还是多边主义？是通过威胁、施压的方式转移矛盾还是建立在双方协商基础上的妥协？很显然，特朗普选择了前者，欧洲选择了后者。特朗普坚持“美国第一”，将美国社会遇到的问题归因于其他国家，企图通过“挥舞大棒”逼迫他国妥协。而以德国为首的欧盟明显倾向多边主义，默克尔在 2019 年达沃斯论坛中为“二战”之后多边秩序进行了强有力

---

① U.S. Department of State, “Statement of Keith Krach U.S. Under Secretary of State for Economic Growth, Energy, and the Environment”, July 30, 2020, https://www.commerce.senate.gov/services/files/37FE858C-F020-4D38-9B21-BE438250991D.

② Reuters, “Pompeo urges more assertive approach to ‘Frankenstein’ China”, July 24, 2021, https://www.reuters.com/article/us-usa-china-pompeo-idUSKCN24O310.

的辩护，含蓄批评了特朗普的单边主义，并称赞妥协是国际社会的美德。[①]此外，特朗普在指责“欧盟是我们最大的敌人之一”时，考虑的是欧盟在贸易中占了美国的“便宜”；[②]在批评北约时，考虑的是其成员国没有足额支付“北约账单”，未承担起应该承担的军费开支；在指责德国时亦是如此，而非从价值观的本质出发强调欧美分歧。

拜登上台后，美国外交更是呈现出“泛意识形态化”，以“民主”定“亲疏”。国务卿安东尼·布林肯（Antony J.Blinken）于2021年2月24日在声明中指出，美国外交政策的中心是捍卫民主和保护人权，[③]3月10日，首次以国务卿身份出席国会众议院外交事务委员会听证会时，面对议员的质询时，布林肯再次明确表示“人权和民主是外交政策的中心”。[④]从欧洲方面来看，欧盟强化人权外交工具，2020年9月16日，欧盟委员会主席冯德莱恩发表任内首份年度盟情咨文，指出无论侵犯人权的行为在何时何地发生，欧盟都必须对其表态，并宣布欧盟将提出欧洲版的《马格尼茨基法案》，制裁侵犯人权者。[⑤]该法案最早由荷兰在2018年提出，后在2020年12月7日获得

---

① Reuters, “Merkel calls for global cooperation to reach ‘win-win outcomes’”, January 23, 2019, https://www.reuters.com/article/us-davos-meeting-germany-merkel-idUSKCN1PH1MD.

② Politico, “Trump: EU is one of United States’ biggest foes”, July 15, 2018, https://www.politico.eu/article/donald-trump-putin-russia-europe-one-of-united-states-biggest-foes/.

③ U.S. Department of State, “Putting Human Rights at the Center of U.S. Foreign Policy”, February 24, 2021, https://www.state.gov/putting-human-rights-at-the-center-of-u-s-foreign-policy/.

④ U.S. Department of State, “Opening Remarks by Secretary of State Antony J.Blinken Before the House Committee on Foreign Affairs”, March 10, 2021, https://www.state.gov/opening-remarks-by-secretary-of-state-antony-j-blinken-before-the-house-committee-on-foreign-affairs/.

⑤ European Commission, “State of the Union Address by President von der Leyen at the European Parliament Plenary”, September 16, 2020, https://ec.europa.eu/commission/presscorner/detail/en/SPEECH_20_1655.

欧盟理事会通过，欧盟将在此基础上建立全球人权制裁制度。[①]此外，2021年6月，德国联邦议院表决通过《供应链法》，更加关注供应链中的人权、环境保护情况等；欧洲议会于2020年10月投票通过了《供应链法》的立法倡议，计划推出《供应链法》，也将重点关注人权和环境等情况。可见，"民主""人权"等在欧美外交政策中占据了重要地位，双方对价值观的认识是共通的，都认可加强价值观联盟。

拜登上台后，更加强调跨大西洋伙伴关系是价值观联盟，加强价值观联盟的渴望更为突出。早在竞选期间，拜登就在《外交事务》杂志发文称"北约是美国国家安全的核心，是自由民主理想的堡垒——一个价值观联盟"，并提出若竞选成功，将在执政第一年召开全球民主峰会。[②]而拜登的确兑现了竞选承诺，2021年8月11日，白宫宣布，美国将在12月9日至10日为来自民主国家的政府社会和私营部门的代表举办一场视频峰会，旨在讨论民主面临的挑战并巩固民主复兴的基础，会议将聚焦威权主义、腐败、人权主题。[③]拜登在2021年慕尼黑安全会议上的讲话也是强调欧美价值观的一致性，拜登表示"跨大西洋联盟是我们集体安全和共同繁荣的坚实基础，欧美伙伴关系应该继续成为双方希望实现的目标的基石，就如同上个世纪双方所保持的

---

① European Parliament, "EU human rights sanctions: Towards a European Magnitsky Act", December 2020, https://www.europarl.europa.eu/RegData/etudes/BRIE/2020/659402/EPRS_BRI(2020)659402_EN.pdf.

② Joseph R.Biden, "Why America Must Lead Again", *Foreign Affairs*, Volume 10, No.2, 2020.

③ The White House, "President Biden to Convene Leaders' Summit for Democracy", August 11, 2021, https://www.whitehouse.gov/briefing-room/statements-releases/2021/08/11/president-biden-to-convene-leaders-summit-for-democracy/; U.S. Department of State, "The Summit for Democracy", https://www.state.gov/summit-for-democracy/.

那样”。[①]

在欧盟看来，欧美伙伴关系得以实现60年的繁荣是建立在共同价值观基础上的，包括双方对法治、民主、人权等的承诺。[②]欧盟委员会执行副主席兼竞争事务专员玛格丽特·维斯塔格（Margrethe Vestager）对2021年6月欧美峰会达成的成立贸易和技术委员会决定做出了如此评价：“我们拥有共同的民主价值观，也希望能将这种价值观转化为具体的行动，期待我们能够为构建以人为本的、数字化的、开放的、有竞争力的市场而努力。”[③]换言之，欧美试图通过贸易和技术委员会促进数字领域内的民主价值观，以及在更广的范围内推广西方民主原则，更有欧盟官员在贸易和技术委员会宣布成立之前就透露，欧盟与美国将宣布围绕技术和贸易建立广泛的伙伴关系，以反抗中国并促进民主价值观。[④]

跨大西洋同盟近些年在贸易、金融、防务等领域的合作实际上是在不断加强的，这一方面是基于历史，另一方面也是基于现实的需要，即欧美自2008年全球金融危机以来为应对国际格局变化所采取的战略调整。根据国际货币基金组织的数据，按照购买力平价计算，2013年发展中国家GDP占到全球的50.4%，超过发达国家，这是近百年来

① The White House, “Remarks by President Biden at the 2021 Virtual Munich Security Conference”, February 19, 2021, https://www.whitehouse.gov/briefing-room/speeches-remarks/2021/02/19/remarks-by-president-biden-at-the-2021-virtual-munich-security-conference/.

② European Union External Action Service, “The EU and the United States”, September 6, 2017, https://eeas.europa.eu/headquarters/headquarters-homepage/27291/united-states-and-eu_en.

③ European Commission, “EU-U.S. launch Trade and Technology Council to lead values-based global digital transformation”, June 15, 2021, https://ec.europa.eu/commission/presscorner/detail/en/IP_21_2990.

④ Politico, “U.S. and Europe to forge tech alliance amid China’s rise”, June 9, 2021, https://www.politico.eu/article/eu-us-trade-tech-council-joe-biden-china/.

的第一次，其中的关键原因在于中国综合国力的大幅上升。欧美精英对这一变化敏感异常。这个“再平衡”的关键就是积极推动发达国家间更紧密的合作，特别是要巩固和加强跨大西洋关系，通过权利、责任和利益的重新调整，以欧美为核心打造出一个制度化、机制化的发达国家间政治、经济和金融集团，同时联合一些价值观相似的发展中国家，重建对西方有利的国际经济政治新规则、新机制。美国前国家安全事务助理布热津斯曾对此有一个深刻的分析，他认为西方的衰落并非就意味着中国可以主导世界，如果美国和欧洲加强团结，就可以塑造出一个更广大和更具活力的西方。他认为这个“大西方”的地盘将从北美一直延伸到欧洲,然后再进入欧亚大陆拥抱俄罗斯和土耳其，接着跨越地理距离达到亚洲的日本和韩国。中国可以超越任何一个西方国家，却无法超越整个“大西方”。面对国际格局的深刻变革，发达国家正在加速形成一个对内开放、对外封闭的“大西方”，制定和推广新的国际规则，以期最大限度地利用对自身更为有利的、非中性的国际规则来约束或限制竞争对手。这一情形被称为“再全球化浪潮正在涌来”。正是在这一点上，无论是特朗普政府还是拜登政府，美国与欧洲并无根本性的分歧，它们都是“大西方”的支持者和推动者。

第八章

欧盟“印太战略”

2021 年 4 月 19 日，欧盟二十七国外长共同批准《欧盟印太合作战略》理事会结论文件，该文件明确了欧盟的“印太转向”。在印太地区逐渐成为世界的经济和战略中心，大国博弈态势明显的前提下，欧盟继法德等核心成员国先后出台《法国印太防务战略》《德国—欧洲—亚洲：共同塑造21世纪》之后公布了欧盟共同体层面的战略设想，并于 9 月 16 日正式发布印太地区合作战略文件，明确欧盟在该地区的七个优先领域及将采取的行动。本研究从欧盟“印太战略”的内容与进程出发，分析这一战略提出的动因，并以此为基础展望欧盟“印太战略”的未来。

一、欧盟“印太战略”的内容

欧盟“印太战略”评估了当前印太地区的地缘价值及面临的安全局势，阐明了欧盟加强其在印太地区的战略重点、存在和行动的意图。欧盟认为印太地区是世界的经济和战略重心，当前世界上 60% 的人口居住在印太地区，该地区的 GDP 占据世界的 60%，且对全球经济增长贡献达到了2/3。同时，印太地区的合作深刻影响了国际社会全球议程的实施，欧盟在该地区拥有重要的战略利益。然而，近年来印太地区地缘政治竞争激烈，地区安全与稳定受到冲击，这种紧张局势或将影响欧盟乃至世界的繁荣与稳定。因此，欧盟需要加强在该地区的存在，维护该地区的稳定、安全、繁荣与可持续发展。[①] 为达到该目标，欧盟制定的“印太战略”重点包含以下三个方面的内容。

第一，强调安全。这种安全不仅是地缘政治安全，也是经济安全。“该地区地缘政治竞争愈加激烈，贸易、供应链、技术及安全等领域的紧张态势,使得该地区甚至世界其他地区的稳定和安全都面临威胁，这将直接影响欧盟的利益。”[②] 在安全与防务领域,欧盟将会加强与“志同道合”伙伴的合作，应对国际安全挑战。例如，维护海洋安全，保卫自由而开放的海洋运输线；打击恶意网络活动、虚假信息；应对新兴的颠覆性技术的威胁；提高对恐怖主义、暴力极端主义和混合威胁的抵御能力；打击有组织的犯罪和非法贩运等。此外，欧盟也将在核不扩散、军备控制和两用技术出口控制等方面加强合作。具体到经济领域，欧盟希望与印太地区“志同道合”国家一同制定具有前瞻性的经济增长战略，其中供应链安全是重点关注的问题，欧盟强调要推动供应链多元化，减少关键原材料对他国的依赖。[③]

第二，强调国际合作。实际上，欧盟“印太战略”的公布就是欧盟内部消除分歧，达成共识，决定进行合作的具体体现。合作是欧盟

---

① European Commission, “The EU Strategy for Cooperation in the Indo-Pacific”, September 16, 2021, p.1.

② Council of the European Union, “Council Conclusions on an EU Strategy for Cooperation in the Indo-Pacific”, April 16, 2021, p.2.

③ European Commission, “The EU Strategy for Cooperation in the Indo-Pacific”, September 16, 2021； Council of the European Union, “Council Conclusions on an EU Strategy for Cooperation in the Indo-Pacific”， April 16, 2021, pp.7-9.

“印太战略”的主题词，这不仅体现在文件的公布上，更充分体现在文件内容上。促进合作是欧盟“印太战略”的核心，不仅是同与欧洲有着共同价值观的盟友合作，也是与有着互惠互利关系的第三国（非欧盟成员国以及其公民不享受欧盟自由迁徙原则的国家[①]）、印太地区多边组织的合作。[②]欧盟将寻求与印太伙伴就其新战略展开对话，与有着共同利益的第三国合作，加强与多边组织和地区组织的合作，保护基于规则的多边主义原则。同时，在欧盟“印太战略”的语境下，这种国际合作既包括上述为应对安全威胁而进行的政治、经济合作，也包括在海洋管理、研究和技术、数字化、公共卫生治理、加强互联互通，以及应对气候挑战、生物多样性等领域更大范围的合作。

第三，强调人权、价值观。近年来，欧盟对价值观的重视上升到了新高度，非常重视价值观外交，这也体现在欧盟的“印太战略”文件中。“人权”一词在文件中被多次提及，欧盟认为人权普遍性面临挑战，重申“人权都是普遍、不可分割、相互依存和相互关联的”这一观点，并寻求与印太地区“志同道合”的合作伙伴一起影响全球的人权议程。欧盟外交与安全政策高级代表博雷利（Josep Borrell）在2021年6月的讲话中，也强调了欧盟的“印太战略”目的不是制造敌对集团或强迫国家选边站，而是希望深化与民主、“志同道合”伙伴的合作。[③]未来，如何在“价值观”和“利益”之间寻求平衡，恐是

---

① European Commission, “third country”, https://ec.europa.eu/home-affairs/pages/glossary/third-country_en.

② Eva Pejsova, “The EU’s Indo-Pacific Strategy in 10 Points”, https://thediplomat.com/2021/04/the-eus-indo-pacific-strategy-in-10-points/.

③ European External Action Service, “The EU Approach to the Indo-Pacific: Speech by High Representative/Vice-President Josep Borrell at the Centre for Strategic and International Studies”, https://eeas.europa.eu/headquarters/headquarters-homepage/99501/eu-approach-indo-pacific-speech-high-representativevice-president-josep-borrell-centre_en.

摆在欧盟面前的一道难题。

二、欧盟“印太战略”的进程

“印太”一词最早是一种地缘概念，指的是印度洋、太平洋及其附近沿岸国家，而后随着该地区世界政治和经济战略地位的上升，“印太”逐渐被赋予了地缘政治含义，尤其是在日本、澳大利亚、美国的推动下，“印太战略”一词在各国官方文件中出现并被赋予了战略性意义。随着形势的变化，越来越多的国家开始更加重视印太地区，出台“印太战略”，欧盟也不例外。欧盟“印太战略”的出台经历了三个重要过程：欧盟在战略焦点上实现由“亚太”到“印太”的转变；法、德等成员国在出台本国“印太战略”后，积极推动欧盟出台“印太战略”；欧盟经过协商与妥协，使得“印太战略”最终得以确立。

（一）在战略焦点上实现了从“亚太”到“印太”的转变

欧盟的转向是渐进式的，从“亚太”到“印太”，一字之变是欧盟越来越重视印太地区的结果，体现了欧盟对印太地区与日俱增的世界影响力的肯定。

欧盟对“印太”一词的态度是谨慎的。在美、日、印、澳相继推出“印太战略”并重启四方对话时，欧盟对此是敏感的。国际社会舆论普遍认为四国的“印太战略”有明显的围堵中国的意味，这一点在后来特朗普公布的美国“印太框架”中也得到了证实。[①] 此时的欧盟认为对华关系是欧盟外交的重点，不论是在政治方面还是在经济方面，欧盟都没有必要与美国捆绑而影响中欧关系，因此，欧盟在官方场合中未

---

① Trump White House, “US Strategic Framework for the Indo-pacific”, https://trumpwhitehouse.archives.gov/wp-content/uploads/2021/01/IPS-Final-Declass.pdf.

正式使用“印太”一词。

随着印太地区地缘政治和经济重要性的上升，欧盟认识到有必要维护在该地区的利益，探索从“亚太”到“印太”的可能。印太地区在世界经济、政治中扮演的角色越加重要，而美国对印太的转向更是突出了印太地区的地缘政治重要性。研究显示，从1820年到1913年，以GDP为衡量标准的经济重心从亚洲转移到欧洲，“二战”结束后，经济重心跨越大西洋到达美国，而后在2000年到2010年的短短十年间，该重心逐渐重新回到亚洲。[①]也就是在2010年前后，美国开启“印太转向”，只不过当时的奥巴马政府重返亚太被国际社会更多地认为是“亚太再平衡”战略，而2016年特朗普上台后，则将美国的“印太战略”表现得淋漓尽致。美国的高调介入，使得原本复杂的关于印太地区的地缘政治竞争变得更加激烈。此时的欧盟知晓印太地区的重要性，但自“欧债危机”以后，联盟内对“欧盟存在本身”产生了怀疑，难民危机、英国脱欧等事件使得欧盟更多地关注自身的发展，不过，欧盟也表明了对亚洲安全的关注。2016年6月，欧盟发布全球安全战略文件并指出：“亚洲的安全紧张局势正在加剧，而欧洲的繁荣与亚洲的安全有着直接的联系，鉴于此，欧盟应深化经济外交和扩大在亚洲的安全作用。”[②]这是欧盟发布的第二份全球战略报告，上一次则是在2003年。也是在这份文件中，欧盟官方文件首次出现了“印太”

① The Guardian, “Global Power Is Shifting to Asia and Europe Must Adapt to That”, https://www.theguardian.com/commentisfree/2017/sep/09/global-power-shifting-asia-europe-must-adapt.

② European Union External Action Service, “Shared Vision, Common Action: A Stronger Europe—A Global Strategy for the European Union’s Foreign and Security Policy,” https://eeas.europa.eu/archives/docs/top_stories/pdf/eugs_review_web.pdf.

概念，指出欧盟将在印太和东亚地区促进人权并支持民主过渡。[①]不过值得注意的是，此时的欧盟并未形成真正意义上的对“印太”的战略定义，更多的是一种地理和经济上的含义。

之后，欧盟越加重视印太地区的安全，不仅是经济安全，更是政治安全，并在官方场合使用“印太”表述。欧盟重视印太地区的经济安全，尤其关注中国的“一带一路”倡议。2016 年 7 月，欧洲议会研究服务中心发布的一份研究报告表明了对“一带一路”倡议的怀疑，对“中国实行‘分而治之’投资战略”的担忧，认为在“一带一路”倡议下，中国与欧亚大陆、非洲等国的投资贸易关系将有利于中国对这些国家施加政治、经济影响，或将威胁欧盟的地缘政治、经济及地缘战略利益。[②]而在政治安全上，近年来，印太地区局势动荡，南海问题、朝核问题等此起彼伏，始终威胁着地区的安全与稳定，欧盟认为该地区发生冲突的风险相比过去有所增加，对印太地区局势表示担忧，希望相关国家能够增加合作，减少冲突风险。2018 年 11 月，欧盟前外交与安全政策高级代表费代丽卡·莫盖里尼在欧盟－澳大利亚领导论坛上发表的演讲中多次提到“印太”一词，并表示“我们的世界比以往任何时候联系都更为紧密，印太地区的安全对欧洲的安全至关重要，而欧洲是全球安全的提供者，将在印太地区发挥更大的作用，

① European Union External Action Service, “Shared Vision, Common Action: A Stronger Europe—A Global Strategy for the European Union’s Foreign and Security Policy”, https://eeas.europa.eu/archives/docs/top_stories/pdf/eugs_review_web.pdf, p.38.

② Gisela Grieger, “One Belt, One Road(OBOR): China’s Regional Integration Initiative”, https://www.europarl.europa.eu/RegData/etudes/BRIE/2016/586608/EPRS_BRI(2016)586608_EN.pdf.

同时希望印太地区关系是建立在合作和相互尊重的基础上的”。[①]与之前相比，“印太”的战略性意味更多。

（二）法德荷先后出台“印太战略”，积极推动欧盟版“印太战略”

2019年5月，法国成为欧盟首个发布“印太战略”的成员国，一年后，德国、荷兰紧随其后也发布了“印太战略”，尽管各成员国的“印太战略”侧重点有所不同，但是均积极推动欧盟发布“印太战略”。

作为欧盟第一个提出“印太战略”的成员国，法国在印太地区拥有重要的战略利益。法国在该地区有领土，93%的专属经济区位于印度洋与太平洋，150万法国人居住于此，约8000名士兵驻扎在此地。[②]尽管法国关于“印太”的讨论由来已久，但是“印太”一词在官方文件中第一次出现则是在2018年，当年3月，法国总统与印度总理莫迪在签署的联合声明《印度-法国在印度洋地区合作的联合战略构想》中使用了“印太”的表述。[③]不仅如此，法国还提出了“法澳印轴心”，2018年5月，马克龙在访问澳大利亚加登岛海军基地期间发表的演讲中，特别提出了包含巴黎、新德里、堪培拉的印度太平洋轴线，这也为后

---

① European Union External Action Service, “Remarks by High Representative/Vice-President Federica Mogherini at the EU-Australia Leadership Forum 2018”, https://eeas.europa.eu/headquarters/headquarters-homepage/54218/remarks-high-representativevice-president-federica-mogherini-eu-australia-leadership-forum_en.

② France Diplomacy-Ministry for Europe and Foreign Affairs, “The Indo-Pacific region: a priority for France”, https://www.diplomatie.gouv.fr/en/country-files/asia-and-oceania/the-indo-pacific-region-a-priority-for-france/.

③ Ministry of External Affairs, Government of India, “Joint Strategic Vision of India-France Cooperation in the Indian Ocean Region”, https://www.mea.gov.in/bilateral-documents.htm?dtl/29598/Joint+Strategic+Vision+of+IndiaFrance+Cooperation+in+the+Indian+Ocean+Region+New+Delhi+10+March+2018；German Institute for International and Security Affairs, “Will the EU Take View of the Indo-Pacific? Comparing France’s and Germany’s Approaches”, https://www.swp-berlin.org/fileadmin/contents/products/arbeitspapiere/WP_EU_Indopacific_Heiduk_Sulejmanovic.pdf, p.9.

来的法国在该地区的战略构想奠定了基础。[①]2019年5月，法国国防部发布了《法国印太防务战略》报告，全文共24页，全面分析了印太地区的安全形势、法国的印太防务战略和未来将采取的措施，强调在印太地区的防务事宜，维护法国的安全。[②]随着形势的发展，法国不断“更新”并明确自身在该地区的选择。2021年7月，法国外交部公布了《法国印太战略》文件，更为详细地论述了印太地区的地缘形势、法国在该地区的存在与影响、法国与该地区国家的伙伴关系、法国在该地区的目标和行动，以及强调强化欧盟关于该地区的共识。[③]

与法国不同的是，德国政府长期以来并没有在官方文件中使用“印太”一词，尽管有部分德国官员在演讲中提及该词，但是并没有赋予其独立的概念或战略内涵。在很长一段时间内德国不愿意使用该词，德国在印太地区并没有实质领土，而中国又是其重要的经济合作伙伴，德国不希望因为该词而影响与中国的关系。但是，随着形势的发展，越来越多的国家开始使用“印太”一词并发布关于该地区的战略构想或报告，特别是在2019年6月的第三十四届东盟峰会上，东盟国家通过并发布《东盟印太展望》文件之后，德国开始更加慎重地考虑本国的“印太战略”。2020年9月，德国继法国之后，发布了《德国–欧洲–亚洲：共同塑造21世纪》，成为欧盟第二个发布“印太准则”的国家，并表示德国支持欧洲扩大对该地区的参与，也希望德国的准则能够为未来欧盟的“印太战略”做出贡献。德国的“印太战略”文

① Reuters, “Macron Wants Strategic Paris-Delhi-Canberra Axis Amid Pacific Tension”, https://www.reuters.com/article/us-australia-france/macron-wants-strategic-paris-delhi-canberra-axis-amid-pacific-tension-idUSKBN1I330F.

② France Diplomacy, “France’s Defence Strategy in the Indo-Pacific”, https://apcss.org/wp-content/uploads/2020/02/France-Defence_Strategy_in_the_Indo-Pacific_2019.pdf.

③ France Diplomacy, “France’s Indo-Pacific Strategy”, https://www.diplomatie.gouv.fr/IMG/pdf/en_a4_indopacifique_v2_rvb_cle432726.pdf.

件长达72页，包含加强多边主义、应对气候挑战，以及强化基于规则、公平和可持续的自由贸易等领域，强调国际合作。①

2020年11月，荷兰也公布《印度－太平洋：加强荷兰和欧盟与亚洲伙伴合作的指南》并指出，世界地缘政治经济正在急剧变革，印太地区的重要性不断增长，欧盟应加紧制订“印太战略”计划，以维护在该地区的政治、经济利益。尤为特殊的是，荷兰的“印太战略”文件共10页，有近一半的篇幅都是在论述欧盟应该在印太地区采取哪些措施，这是与其他两国明显不同的。②

欧盟成员国，尤其是法德两个主要大国在发布印太地区战略报告后，积极推动统一的欧盟“印太战略”，这不仅体现在口头呼吁上，也体现在实际行动中。

首先，法国方面。法国重视印太地区，积极支持欧洲参与其中。当前国际形势不确定性上升、单边主义抬头，法国认为应建立一个基于法治、自由、公平、高效基础上的稳定的多极秩序，而印太地区则是这一战略的核心。③为此，法国近年来在印太地区投放更多的军事力量，加强与地区国家的“战略同盟”。2018年3月，马克龙与莫迪签署联合声明。根据声明，双方同意提供互惠后勤支持的协议，同意设立部长级年度防务对话机制，决定在国际协调、海军演习等方面进行合作。而在两个月之后访问澳大利亚时，法国提出“法澳印轴心”，

---

① Federal Foreign Office, “Policy Guidelines for the Indo-Pacific”, https://www.auswaertiges-amt.de/blob/2380514/f9784f7e3b3fa1bd7c5446d274a4169e/200901-indo-pazifik-leitlinien--1--data.pdf.

② Government of the Netherlands, “Indo-Pacific: Guidelines for Strengthening Dutch and EU Cooperation with Partners in Asia”, https://www.government.nl/documents/publications/2020/11/13/indo-pacific-guidelines.

③ France Diplomacy-Ministry for Europe and Foreign Affairs, “The Indo-Pacific Region: A Priority for France”, https://www.diplomatie.gouv.fr/en/country-files/asia-and-oceania/the-indo-pacific-region-a-priority-for-france/.

并于2019年访问日本时，建议日本加入该框架。[①]实际上，法国不仅身先士卒，而且积极动员其他成员国在出台欧盟“印太战略”上达成共识，与德国、荷兰一起推动欧盟“印太战略”的建设。由马克龙倡导的旨在促进成员国应对欧洲面临的多重安全和战略挑战，在政治、军事方面进行合作的“欧洲干预倡议”于2018年6月正式启动后平稳运行，[②]并在该倡议下成立了专门的印太地区工作组，促进成员国军事人员之间的务实合作。[③]

其次，德国方面。作为欧盟的实际“盟主”，德国对欧盟“印太战略”的支持是其出台的基础。德国外长海科·马斯在内阁通过“印太准则”后明确表示：“印太地区对我们很重要！不仅是对德国人，也是对欧洲人。德国正在寻求与欧盟合作伙伴，尤其是与法国人一起制定欧盟‘印太战略’。”[④]此外，德国积极倡议的“战略指南针”（Strategic Compass），希望在欧盟内部建立统一的战略文化，为欧盟安全防务政策的商讨提供政治方向。[⑤]该计划已经在2020年6月得到欧盟的认可并被研究与讨论，欧盟计划于2022年年底前向欧盟理事会提交最终文件，此举将促进欧盟形成共同安全防务文化，即一种基于共同的

① 《法国搅和“印太”欲何为》，载新华网，2021年4月27日，见http://www.xinhuanet.com/globe/2021-04/27/c_139890582.htm。

② Ministère des Armées, “European Intervention Initiative”, https://www.defense.gouv.fr/english/dgris/international-action/l-iei/l-initiative-europeenne-d-intervention.

③ Pierre Morcos, “France: A Bridge between Europe and the Indo-Pacific?”, https://www.csis.org/analysis/france-bridge-between-europe-and-indo-pacific.

④ Federal Foreign Office, “Foreign Minister Maas on the adoption of the German Government Policy Guidelines on the Indo-Pacific Region”, https://www.auswaertiges-amt.de/en/newsroom/news/maas-indo-pacific/2380474.

⑤ 《欧盟追求战略自主说易行难》，载新华网，2021年2月27日，见http://www.xinhuanet.com/world/2021-02/27/c_1127147908.htm。

价值观、目标以及尊重成员国特色的战略文化。[①]

最后，荷兰等其他欧盟成员国。推动欧盟“印太战略”出台的过程主要是以法德两国为核心，其他希望建立欧盟“印太战略”的成员国更多的是配合。在法国与德国的主导下，其他成员国通过加入“欧洲干预倡议”、讨论“战略指南针”等方式配合法德的联合行动。此外，也有成员国参与在印度洋、太平洋举行的军事演习活动。

（三）欧盟“印太战略”的确立

欧盟是否应该出台“印太战略”？对此，欧洲知名智库学者进行了辩论。学者们认为，“印太”一词是政治术语，不是一种纯粹的描述，也不是中立的价值观概念，欧盟不能跟随美国的“零和思维”，应该积极准确定义自己在该地区的经济、安全和规范性利益。[②]为应对地缘政治环境变化带来的挑战，欧盟应制定全面的“印太战略”，以指导行动并保持对该地区事务的参与。[③]更有学者在比较了法国与德国“印太战略”不同的基础上，认为在欧盟国家中，法国在印太地区的领土、防务等关系具有特殊性，因而，如若欧盟出台印太展望或战略，会更偏向于德国式以贸易为中心的路径。[④]不过，也有反对意见认为，欧盟使用“印太”话语乃至制定“印太战略”这一行为本身就有跟随美国、针对中国的成分，可能会对欧盟与中国的关系产生负面影响。

---

① Council of the European Union, “Council Conclusions on Security and Defence”, June 17, 2020.

② German Institute for International and Security Affairs, “From Asia-Pacific to Indo-Pacific: Significance, Implementation and Challenges”, https://www.swp-berlin.org/fileadmin/contents/products/research_papers/2020RP09_IndoPacific.pdf.

③ Centre for European Policy Studies, “How Can the EU Navigate the Indo-Pacific?”, https://www.ceps.eu/how-can-the-eu-navigate-the-indo-pacific/.

④ German Institute for International and Security Affairs, “Will the EU Take View of the Indo-Pacific? Comparing France’s and Germany’s Approaches”, https://www.swp-berlin.org/fileadmin/contents/products/arbeitspapiere/WP_EU_Indopacific_Heiduk_Sulejmanovic.pdf.

在这场辩论中，支持欧盟出台“印太战略”的占据优势，欧盟版“印太战略”似乎呼之欲出。

然而，欧盟推出“印太战略”同样面临内外压力。一是成员国在“印太战略”上意见不一，很难达成统一。从法德两国的“印太战略”可以看出，两国的战略重点是不一样的，法国在印太地区强调防务，而德国经济的繁荣严重依赖印太地区，没有能力也没有意愿在该地区采取强硬的安全战略并增加前沿军事存在。①其他成员国基于自己的国家利益，也会对欧盟的“印太战略”提出自己的看法与要求。想要协调 27 个成员国，达成统一的意见并形成最终文件实非易事。二是来自美国的压力。拜登 2021 年 2 月在慕尼黑安全会议上高调宣布“美国回来了，跨大西洋联盟回来了”，在拜登讲话之后，默克尔和马克龙发表的讲话更加强调了与中国合作的必要性。②当面对美国国务卿布林肯提出的“我们必须团结，共同对抗中国”时，欧盟也没有直接回应。欧盟不愿意做出承诺，而是希望寻求在中美之间的平衡与独立。③尽管有来自美国方面的压力，但是欧盟始终坚持从自身的利益出发定义印太地区。“欧盟外长”博雷利指出，世界重心向印太地区的转移在多年前就已经开始了，疫情危机正在加速这一重心的转移，无论是从地缘政治角度还是地缘经济角度，欧盟都应该重新审视转移的后果并界定在该地区的需求。④

---

① 王晓文：《德国默克尔政府的“印太战略”及对中国的影响》，《印度洋经济体研究》2021 年第 4 期，第 21-42 页。

② “US vs China: Biden Bets on Alliances to Push Back against Beijing”, https://www.ft.com/content/cf71feb2-297f-4e3a-8627-b89931cc6a80.

③ Reuters, “Despite Transatlantic ‘Love Fest’, EU Charts Third Way in Ties with US and China”, https://www.reuters.com/article/uk-eu-usa-china-idUKKBN2B401H.

④ European External Action Service, “The EU Needs a Strategic Approach for the Indo-Pacific”, https://eeas.europa.eu/headquarters/headquarters-homepage/94898/eu-needs-strategic-approach-indo-pacific_en.

经过内部的相互协商，欧盟最终推出了自身的“印太战略”。2021年4月，《欧盟印太合作战略》理事会结论文件正式获欧盟二十七国外长通过。6月，博雷利在战略与国际研究中心的圆桌会议上再次介绍了欧盟在印太地区的合作战略，并阐述了欧盟帮助建立开放和基于规则的地区秩序的坚定承诺。① 详细的印太合作联合公报也已于今年9月正式公布。实际上，欧盟“印太战略”的出台是欧盟对印太地区采取新态度的起点，表明了欧盟希望参与塑造该地区地缘政治形态的意图，但是欧盟成员国在如何对待印太地区的问题上，仍然存在分歧。②

三、欧盟推出“印太战略”的动因

欧盟“印太战略”经历了多方博弈的过程，最终得以出台，这是欧盟基于安全、经济、外交及战略自主等多方面的考量。

第一，维护安全的需要。印太地区的安全关乎整个世界的安全，维护安全是欧盟推出“印太战略”的首要目的，欧盟希望“塑造”更加符合自身利益的印太地区。印太地区是大国竞争的焦点，或将成为21世纪地缘政治竞争最激烈的场所。“后危机时代”中国、印度、东盟等印太地区行为体国际社会影响力上升，然而围绕该地的争端也越加凸显，尤其是作为印太地区的两大国，中美战略竞争态势明显，美国与日本、澳大利亚等国均推出各自的“印太战略”并加强彼此合作，都增加了该地区原本已经存在的冲突风险。换言之，印太地区大国竞

① European External Action Service, “The EU Approach to the Indo-Pacific”, https://eeas.europa.eu/headquarters/headquarters-homepage/99482/eu-approach-indo-pacific_en.

② European Council on Foreign Relations, “Moving closer: European views of the Indo-Pacific”, https://ecfr.eu/special/moving-closer-european-views-of-the-indo-pacific/.

争加剧。此外，印太地区地理位置重要，有着世界上最为繁忙的海洋航线，其中，欧洲对亚洲大约90%的货物出口都需要经过印度洋和太平洋，这也就意味着在该地区爆发的任何大规模冲突，都会影响到欧洲的繁荣与安全。在这样一个大国竞争的时代，欧洲认为自己不能当一个“旁观者”，而是应该积极维护该地区基于规则的秩序，维护自身利益。①

第二，经济多元化的考量。近年来，欧盟内部有越来越多的声音认为，欧盟过度依赖中国，这种依赖或将威胁到欧盟的经济安全。无论是法国还是德国，在制定本国“印太战略”或是推动建设欧盟“印太战略”时的一个重要考量因素就是中国，法德希望与印太地区的大国中国保持良好的关系，但是在印太地区地缘政治经济变化的背景下，中国的快速发展使法德感到不安，这也体现在两国对中国“一带一路”倡议的态度上。2017年5月，时任德国外交部长西格玛·加布里埃尔（Sigmar Gabriel）公开表示，“一带一路”倡议不只是类似于马可波罗时期的贸易观念，更是中国的地缘战略概念，用于在贸易政策、地缘政治乃至军事等领域内加强自己的秩序观。②2018年8月，马克龙在法国年度大使会议上发表讲话，认为中国的“一带一路”倡议尽管在一定程度上可以稳定地区局势，但是属于一个霸权体系，法国应通

① Global Public Policy Institute, “A European Approach to the Indo-Pacific?”, https://www.gppi.net/media/Mohan_2019_A_European_Approach_To_The_Indo_Pacific_final.pdf.

② Permanent Mission of the Federal Republic of Germany to the United Nations, “Europe in a Less Comfortable World—Speech by Foreign Minister Sigmar Gabriel at the Berlin Foreign Policy Forum at the Körber Foundation”, https://new-york-un.diplo.de/un-en/news-corner/20171205-gabriel-koerberfoundation/1212264.

过建设性行为来维护自身的国家利益。[①]对中国强大的不安使得法德加速推进欧盟层面的“印太战略”，借此形成统一力量，增强欧盟在该地区的存在感。新冠肺炎疫情危机的出现，使得欧盟的供应链安全问题再一次暴露出来，欧盟希望借助“印太战略”更多地关注到印太地区的其他国家，与东盟、印度、日本、澳大利亚等国保持更多的经济贸易关系，制定高标准的自贸协定，推动供应链的多样化，从而促进经济的多元化。

第三，加强战略自主的权衡。在内外危机交织的背景下，欧盟追求战略自主目标是其推出“印太战略”的重要原因。欧盟战略自主理念的变化以 2016 年为区分节点，可划分为之前的早期发展酝酿阶段和之后的明显充实与完善阶段，而其划分依据是 2016 年的欧盟战略文件，明确强调“战略自主”，并将之作为欧盟战略目标的重要组成部分。[②]实际上，随着形势的变化，欧盟加强战略自主的态度更为明确：2008 年金融危机引发了“欧债危机”之后，欧盟更多地将目光放在内部建设上；2016 年英国脱欧、美国特朗普上台以后忽视欧洲盟友的做法等事件，使得欧盟更加确信欧洲一体化才是其出路，欧盟需要加强战略自主；2018 年中美战略竞争加剧，国际社会“选边站”似乎成了常态，欧盟更加强调战略自主，强调在处理大国关系时依据自身的利益，而不是“选边站”。欧盟“印太战略”的推出是欧盟为加强战略自主而进行的权衡，尽管欧盟不希望恶化与中国的关系，但是其更不希望在未来更加激烈的中美竞争中被迫“选边站”，欧盟希望维持

---

① France Diplomacy, “Speech by President Emmanuel Macron-Ambassadors’ Conference 2018”, https://www.diplomatie.gouv.fr/en/the-ministry-and-its-network/news/ambassadors-week/ambassadors-week-edition-2018/article/speech-by-president-emmanuel-macron-ambassadors-conference-2018.

② 房乐宪、殷佳章：《欧盟的战略自主追求及其国际含义》，《现代国际关系》2020 年第 11 期，第 57-63 页。

自己在国际社会的“独立性”，不受其他大国的威胁，基于自身利益而发出欧盟声音。

四、欧盟“印太战略”实施展望

欧盟“印太战略”不可避免地将给印太地区安全局势增添新的不确定性。欧盟未来如何介入印太地区、如何处理与地区主要国家的关系等问题引起了广泛关注。根据目前的国际形势以及欧盟“印太战略”文件，欧盟“印太战略”或将呈现以下三大趋势。

第一，欧盟将成为印太地区重要的“安全提供者”。“海上安全问题是欧盟的基本战略利益之一，不管是在安全还是经济或贸易方面，”正如莫盖里尼 2019 年 8 月在赫尔辛基举行的欧盟国防部长非正式会议后的讲话中所言，“国际社会对欧盟作为海上安全提供者的期望不断上升，不仅是在欧洲地区，而且在遥远的亚洲、太平洋和印度洋地区，而这也是符合欧盟及其成员国利益的。”[①] 增强在印太地区的存在感，为该地区提供安全保护，不只是为了维护所谓的地区安全，更是为了维护欧盟的安全。未来，欧盟将会在“印太战略”的框架下，协调成员国的行动，最大限度地介入印太地区。事实上，在欧盟“印太战略”文件中也有相关表述：成员国“承认欧洲海军在印太地区‘有意义的存在’的重要性”。这标志着欧洲未来将会在该地区部署更多的军事存在。

---

① European External Action Service, “Remarks by High Representative/Vice-President Federica Mogherini at the Press Conference Following the Informal Meeting of EU Defence Ministers”, https://eeas.europa.eu/headquarters/headquarters-homepage_en/66784/Remarks%20by%20High%20Representative/Vice-President%20Federica%20Mogherini%20at%20the%20press%20conference%20following%20the%20Informal%20Meeting%20of%20EU.

第二，欧盟将加强与美日两国在印太地区的合作。美国总统拜登自上台以来，表现出明显地修复跨大西洋联盟关系的态势，对此，欧盟表示欢迎。美欧在2021年6月15日举行峰会后发表联合申明，强调将重塑美欧跨大西洋伙伴关系，双方将努力建立一个以法治和民主价值观为基础、具有包容性、自由而开放的印太地区。[①]同时，欧盟正在与日本走近，在2021年5月召开的第二十七届欧盟-日本峰会视频会议中，其与日本讨论了即将出台的欧盟"印太战略"，[②]会后发布的联合声明中也强调了要为建立一个自由而开放的印太地区而努力。与美欧峰会声明不同的是，欧日峰会声明还包含了希望该地区不应受到威胁，以及支持东盟在该地区的中心地位并寻求合作的态度。[③]从最近的欧盟与美国、日本的联合声明来看，加强在印太地区的合作是欧盟的现实要求，在未来会进一步强化合作举措。

第三，欧盟将更加关注印度、东盟等印太地区主要行为体。"印太"一词的兴起本就是对印度、印度洋地缘重要性认知提升的结果，地处其中的印度、东盟等国近年来引起国际社会的广泛关注，同样地，欧盟也十分关注该地区。自2020年7月第十五届欧印峰会通过线上的方式举办以来，欧印关系呈现了一个新的发展趋势，未来，欧印双边合作将更加紧密和实质化。[④]2021年5月8日，欧印召开领导人峰会并发表联合声明，双方同意恢复停滞的欧印自由贸易协定谈判，寻求

① The White House, "U.S.-EU Summit Statement", https://www.whitehouse.gov/briefing-room/statements-releases/2021/06/15/u-s-eu-summit-statement/.

② Takuya Mizorogi, "Japan and EU Name Taiwan in Joint Statement for First Time", https://asia.nikkei.com/Politics/International-relations/Japan-and-EU-name-Taiwan-in-joint-statement-for-first-time.

③ Council of the European Union, "EU-Japan Summit 2021 Joint Statement", https://www.consilium.europa.eu/media/49922/eu-japan-summit-may-2021-statement.pdf, p.4.

④ Centre for European Policy Studies, "EU-India Relations Set for a New Era", https://www.ceps.eu/eu-india-relations-set-for-a-new-era/.

在应对气候变化、新冠肺炎疫情及全球经济治理等领域更加紧密的合作，重申建立自由、开放、包容和基于规则基础上的印太地区。[①] 此外，欧盟也在提升与东盟的关系，2020 年 12 月，欧盟与东盟同意将双边关系升级为“战略伙伴关系”，这是双边关系迈出实质性的重要一步。德国对此表示：“东盟地区在政治和地理上都位于印太地区的中心，它正日益成为新的全球重心。”[②] 在欧盟“印太战略”理事会文件被批准的当天，欧盟驻东盟大使伊戈尔·德里斯曼斯（Igor Driesmans）即刻在评论文章中表示，东盟是欧盟“印太战略”的核心。[③] 鉴于此，欧盟的“印太战略”转向将更加注意与印度、东盟在印太地区的协调与合作。

总之，在未来，无论采取何种方式，欧盟都将会更加广泛地介入印太地区，如何平衡与中国的关系是欧盟必须慎重考虑的问题。欧盟也曾声明其“印太战略”不是为了针对中国，但言辞不代表行动，欧盟的介入本身就增加了印太地区的复杂性，使得中国面临着更为严峻的周边环境。

---

① Council of the European Union, “Joint Statement-EU-India Leaders’ Meeting”, https://www.consilium.europa.eu/media/49523/eu-india-leaders-meeting-joint-statement-080521.pdf.

② 《加强欧亚关系：欧盟和东盟建立战略伙伴关系》，载德国驻华使领馆官网，见 https://china.diplo.de/cn-zh/aktuelles/neuigkeiten/-/2422980。

③ European External Action Service, “ASEAN at the Centre of EU’s Indo-Pacific Strategy, Opinion Article by EU Ambassador Igor Driesmans”, https://eeas.europa.eu/headquarters/headquarters-homepage/96853/asean-centre-eus-indo-pacific-strategy-opinion-article-eu-ambassador-igor-driesmans_en.

参考文献

中文文献

曹静、周亚林：《人工智能对经济的影响研究进展》，《经济学动态》2018 年第 1 期。

陈新：《欧债危机：治理困境和应对举措》，《欧洲研究》2012 年第 3 期。

崔洪建：《欧美 TTIP: 由来、目标与影响》，《国际问题研究》2014 年第 5 期。

董一凡：《试析欧盟绿色新政》，《现代国际关系》2020 年第 9 期。

冯仲平：《欧盟发展前景与中欧关系》，《现代国际关系》2012 年第 9 期。

富景筠：《商业理念还是地缘政治？——欧美在欧洲对俄天然气进口依赖上的分歧根源及其影响》，《欧洲研究》2020 年第 2 期。

解楠楠、张晓通：《“地缘政治欧洲”：欧盟力量的地缘政治转向？》，《欧洲研究》2020 年第 2 期。

金玲：《跨大西洋关系：走向松散联盟？》，《国际问题研究》2018 年第 4 期。

刘明：《对 2017 年以来美欧日三方贸易部长联合声明的分析》，《国家治理》2019 年第 21 期。

刘作奎：《欧洲与“一带一路”倡议：回应与风险》，北京：中国社会科学出版社，2019 年。

[瑞典]斯迪克·塞雅德、廖凡、周凡森:《金融与财政危机对欧盟内外区域一体化的影响》，《国际法研究》2015 年第 2 期。

孙彦红：《欧盟“再工业化”战略解析》，《欧洲研究》2013 年第 5 期。

熊炜：《2016 年版〈德国国防白皮书〉评析——“来自中间的领导”困境》，《国际论坛》2017 年第 3 期。

杨春学：《如何压缩贫富差距？——美国百年历史的经验与教训》，《经济学动态》2013 年第 8 期。

杨海峰：《有原则的务实主义——欧盟外交与安全政策的全球战略评析》，《欧洲研究》2016 年第 34 期。

杨楠：《大国“数据战”与全球数据治理的前景》，《社会科学》（上海）2021 年第 7 期。
叶斌：《欧债危机下欧盟经济治理与财政一体化的立法进展》，《欧洲研究》2013 年第 3 期。
张骥：《法国外交的独立性及其在中美战略竞争中的限度》，《欧洲研究》2020 年第 6 期。
赵晨、赵纪周：《美欧防务再平衡评析》，《国际政治研究》2015 年第 2 期。
赵柯：《德国马克的崛起：货币国际化的政治经济学分析》，北京：中央编译出版社，2015 年。
赵柯：《德国外交“再平衡”及对中国的影响》，《国际问题研究》2017 年第 4 期。
赵柯：《德国在欧盟的经济主导地位：根基和影响》，《国际问题研究》2014 年第 5 期。
赵柯：《德国主导欧洲经济：能力还是运气？》，《中国投资》2018 年第 9 期。
赵柯：《货币国际化的政治逻辑——美元危机与德国马克的崛起》，《世界经济与政治》2012 年第 5 期。
郑春荣：《欧盟未来的发展前景预判》，《人民论坛》2016 年第 20 期。
中国人民银行：《2019 年人民币国际化报告》，2019 年 8 月。
中国人民银行：《2020 年人民币国际化报告》，2020 年 8 月。
中国人民银行、发展改革委、证监会：《绿色债券支持项目目录（2021 年版）》，2021 年 4 月。
中国信息通信研究院：《全球数字经济新图景（2020）——大变局下的可持续发展新动能》，2020 年 10 月。
周弘：《德国统一的外交》，北京：社会科学文献出版社，2021 年。
周弘：《欧洲国家公共养老金改革的路径选择：结构还是参数？》，《欧洲研究》2017 年第 5 期。
周弘、程卫东：《欧洲转型：趋势、危机与调整》，《欧洲研究》2013 年第 1 期。
朱玲、魏众：《包容性发展与社会公平政策的选择》，北京：经济管理出版社，2013 年。
[丹] 哥斯塔·埃斯平 – 安德森：《福利资本主义的三个世界》，苗正明、滕玉英，译，北京：商务印书馆，2010 年。
[德] 奥托·冯·俾斯麦：《思考与回忆》第二卷，山西大学外语系，译，北京：东方出版社，1985 年。
[德] 奥托马·伊辛：《欧元的诞生》，王琳，译，北京：中国金融出版社，2011 年。
[德] 格哈德·施罗德：《抉择：我的政治生涯》，徐静华、李越，译，南京：译林出版社，2007 年。

[德]汉斯－维尔纳·辛恩：《欧元陷阱：关于泡沫破灭、预算和信仰》，曹慧，译，北京：社会科学文献出版社，2016年。

[德]马库斯·布伦纳迈耶、[美]哈罗德·詹姆斯、[法]让－皮埃尔·兰多：《欧元的思想之争》，廖岷，等译，北京：中信出版社，2017年。

[德]斯蒂凡·柯内琉斯：《默克尔传：德国总理安格拉·默克尔和她的权力世界》，杨梦茹，译，北京：中信出版社，2015年。

[德]维尔纳·阿贝尔斯豪塞：《德国战后经济史》，史世伟，译，冯兴元，校，北京：中国社会科学出版社，2018年。

《欧洲联盟基础条约：经〈里斯本条约〉修订》，程卫东、李靖堃，译，北京：社会科学文献出版社，2010年。

[美]阿瑟·奥肯：《平等与效率——重大抉择》，王奔洲，等译，北京：华夏出版社，2010年。

[美]丹尼·罗德里克：《贸易的真相：如何构建理性的世界经济》，卓贤，译，北京：中信出版社，2018年。

[美]道格拉斯·诺斯、[美]罗伯斯·托马斯：《西方世界的兴起》，厉以平、蔡磊，译，北京：华夏出版社，2017年。

[美]詹姆斯·M.布坎南、[美]戈登·塔洛克：《同意的计算》，陈光金，译，北京：中国社会科学出版社，2000年。

[美]布莱恩·巴利：《社会学家、经济学家和民主》，舒小昀、周定瑛、谢军，译，舒小昀，校，南京：江苏人民出版社，2007年。

[美]斯蒂芬·A.罗斯，等：《公司理财精要（亚洲版）》，毕崇毅，译，北京：机械工业出版社，2016年。

[美]托马斯·潘恩：《常识》，李玉冰，译，哈尔滨出版社，2012年。

[美]沃尔特·沙伊德尔：《不平等社会：从石器时代到21世纪，人类如何应对不平等》，颜鹏飞，译，北京：中信出版社，2019年。

[美]约瑟夫·E.斯蒂格利茨：《欧元危机：共同货币阴影下的欧洲》，蔡笑、于晓潭、冯睿，译，北京：机械工业出版社，2017年。

[英]安东尼·吉登斯：《社会学》，赵旭东，等译，北京大学出版社，2003年。

[英]克里斯托弗·希尔：《变化中的对外政策政治》，唐小松、陈寒溪，译，上海人民出版社，2007年。

[英]柯林伍德：《历史的观念》，何兆武、张文杰，译，北京：商务印书馆，1997 年。
[英]罗纳德·欧文：《西欧基督教民主党》，吴章彬、韩瑞定、王宏周，译，上海译文出版社，1987 年。
[英]托尼·朱特：《论欧洲》，王晨，译，北京：中信出版社，2014 年。
[英]约翰·梅纳德·凯恩斯：《劝说集》，李井奎，译，北京：中国人民大学出版社，2016 年。

外文文献

Abhijit Banerjee, Paul Niehaus, Tavneet Suri, "Universal Basic Income in the Developing World", NBER Working Paper No. 25598, February 2019.
Aghion P, Caroli E, Garcia-Penalosa C, "Inequality and economic growth: the perspective of the new growth theories", *Journal of Economic literature*, 1999, 37(4): 1621-1630.
Anandi Mani, Sendhil Mullainathan, "EldarShafir, Jiaying Zhao. Poverty Impedes Cognitive Function" , *Science*, Volume 341, Issue 6149, 2013.
Bertelsmann Stiftung Policy Brief, "Geopolitical symptoms of COVID-19: Narrative battles within the Eastern Partnership", April 8, 2020.
Bertrand Candelon, Franz C.Palm, "Banking and debt crises in Europe: the dangerous liaisons", *De Economist*, 158, No.1, 2010.
Brahima S.Coulibaly, Dhruv Gandhi, Lemma W.Senbet, "Is sub-Saharan Africa Facing Another Systemic Sovereign Debt Crisis", Brookings, 2019.
Bruegel Policy Contribution, "Redefining Europe's economic sovereignty", June 2019.
Bundesverband der DeutschenIndustrie, "Partner und systemischer Wettbewerber-Wie gehenwirmit Chinas staatlichgelenkter Volkswirtschaft um?", January 2019.
Carl Bildt, "Europe Surrounded not by a Ring of Friends but by a Ring of Fire", Statesman Leaureate Lecture, at Center for Strategic and International Studies, April 2015.
Center for Economic and Policy Research, "The World Economy Needs a Stimulus: IMF Special Drawing Rights Are Critical to Containing the Pandemic and Boosting the World Economy", June 2020.
Christiane Hoffmann, "René Pfister. Biden braucht die Europäer", *Der Spiegel*, December 5,

2020.

Christopher A.Pissarides, *Equilibrium Unemployment Theory*, Second Edition, MIT Press, 2000.

Climate Bonds Initiative, "The Green bond market in European 2018", May 2018.

Commerzbank, "Companies Expect Improvement in Their China Business in 2021-Renminbi Continues to Gain Significance", March 2021.

Council of the European Union, "Council conclusions on an EU Strategy for cooperation in the Indo-Pacific", Brussels, April 16, 2021.

Dani Rodrik, "Globalization's Wrong Turn And How It Hurt America", *Foreign Affairs*, Volume 98, No.4, 2019.

Daniel Gros, Milan Elkerbout, "China's carbon neutrality goal spells competition for the EU in the market for low-carbon technology", *Thinking ahead for Europe*, 2020.

Daron Acemoglu, Pascual Restrepo, "Artificial Intelligence, Automation and Work", NBER Working Paper No. 24196, January 2018.

Daron Acemoglu, Pascual Restrepo, "Unpacking Skill Bias: Automation and New Tasks", NBER Working Paper No. 26681, January 2020.

David Dollar, Brexit aftermath, "The West's decline and China's rise", Brookings, June 27, 2016.

Deutsche Bundesbank, "Monatsbericht", January 20, 2020.

"Deutschlands Zukunft gestalten, Koalitionsvertragzwischen CDU", CSU und SPD, 18 Legislaturperiode.

Didi Kirsten Tatlow, "How 'Democratic Security' can Protect Europe from a Rising China", *DGAP Policy Brief*, July 2020.

"Divided we stand: why inequality keeps rising", OECD, 2011.

"Economic Report on Africa 2019", United Nations Economic Commission for Africa, 2019.

"Emissions Gap Report 2020", The United Nations Environment Program, 2020.

Era Dabla-Norris, Kalpana Kochhar, Nujin Suphaphiphat, Frantisek Ricka, Evridiki Tsounta, "Causes and Consequences of Income Inequality: A Global Perspective", IMF Staff Discussion, Notes No. 15/13, 2015.

European Central Bank, "The international role of the euro, June 2018", June 2018.

European Central Bank, "The international role of the euro, June 2021", June 2021.

European Central Bank, "What do We Know about the Global Financial Safety Net? Rationale, Data and Possible Evolution", September 2016.

European Central Bank, "Report on a digital euro", October 2020.

European Central Bank, "Eurosystem Report on the Public Consultation on a Digital Euro", April 2021.

European Central Bank, "Strengthening the Global Financial Safety Net", March 2018.

European Commission, "The European Economic and Financial System: Fostering Openness, Strength and Resilience", January 2021.

European Commission, "On Significant Distortions in The Economy of The People's Republic of China for The Purposes of Trade Defence Investigation", December 2017.

European Commission, "EU-China—A Strategic Outlook", March 2019.

European Commission, "EU-U.S.: A new transatlantic agenda for global change", Brussels, December 2, 2020.

European Commission, "A Stronger European Industry for Growth and Economic Recovery", COM (2012) 582 final, Brussels, October 2012.

European Commission, "A New Industrial Strategy for a Globally Competitive, Green and Digital Europe", COM(2020) 102.

European Commission, "An Integrated Industrial Policy for the Globalization Era—Putting Competitiveness and Sustainability at Centre Stage", Brussels, October 2010.

European Commission, "For a European Industrial Renaissance", COM(2014) 14 final, April 2014.

European Commission, "Investing in a smart, innovative and sustainable industry—A renewed EU industrial policy strategy", COM(2017) 479 final, September 2017.

European Commission, "Proposal for a COUNCIL REGULATION conferring specific tasks on the European Central Bank concerning policies relating to the prudential supervision of credit institutions", Brussels, September 12, 2012.

European Commission, "Towards a Stronger International Role of the Euro", December 2018.

European Commission, "State of the Union 2018:The Hour of European Sovereignty", September 2019.

European Commission, "The European Green Deal", December 2019.

European Council, "Statement by the Euro area heads of state or government", Brussels, December 9, 2011.

European External Action Service, "EU Strategy for Cooperation in the Indo-Pacific", 19

Council of the European Union, "Council conclusions on an EU Strategy for cooperation in the Indo-Pacific", Brussels, April 16, 2021.

European Investment Bank, "The EIB Group Climate Bank Roadmap 2021-2025", December 2020.

European Parliament, "EU Framework for FDI Screening", March 2019.

European Patent Office, "Patents and the Fourth Industrial Revolution—the global technology trends enabling the data-driven economy", December 2020.

Evridiki Tsounta, "Causes and Consequences of Income Inequality : A Global Perspective", IMF

Philippe Aghion, Peter Howitt, "Growth and Unemployment", *The Review of Economic Studies*, Volume 61, Issue 3, July 1, 1994.

"Fault Lines Widen in the Global Recovery", International Monetary Fund, 2021.

German Institute for International and Security Affairs (SWP), "Dealing with Debt Crises in the Eurozone-Evaluation and Limits of the European Stability Mechanism", SWP Research Paper, October 2011.

Habermas, Jürgen, "The crisis of the European Union: A response", *Polity*, 2012.

Hanna, Rema, Benjamin Olken, "Universal Basic Incomes Versus Targeted Transfers: Anti-Poverty Programs in Developing Countries", *Journal of Economic Perspectives*, Volume 32, No.4, 2018.

Herman Van Rompuy, "Towards a Genuine Economic and Monetary Union", Brussels, June 26 2012.

Holger Zemanek, "Competitiveness within the Euro Area: the problem that still needs to be solved", *Economic Affairs*, Volume 30, Issue 3, October 2010.

"ILO Monitor: COVID-19 and the World of Work Seventh Edition", International Labour Organization, 2021.

"IMF Fiscal Monitor:Tackling Inequality", October 2017.

"In It Together: Why Less Inequality Benefits All", OECD, 2015.

"Industry4.0: The new industrial revolution How Europe will succeed", Roland Berger Strategy

Consultants, March 2014.

James K.Jackson, Martin A.Weiss, Andres B.Schwarzenberg, Rebecca M.Nelson, Karen M.Sutter, Michael D.Sutherland, "Global Economic Effects of COVID-19", Congressional Research Service, 2021.

Jan Servaes, *The European Information Society: A Reality Check*, Intellect Books, 2003.

Jochen Kluve et al, "Active Labor Market Policies in Europe: Performance and Perspectives", *Springer*, 2007.

Jon Pareliussen, Hyunjeong Hwang, HeikkiViitamäki, "Basic income or a single tapering rule? Incentives, Inclusiveness and affordability compared for the case of Finland", OECD Economics Department Working Papers No.1464, April 2018.

Joseph R.Biden, "Why America Must Lead Again", *Foreign Affairs*, Volume 10, No.2, 2020.

Klaus Schwab, "The Re-emergence of Europe", World Economic Forum, p.83.

Lucas Chancel, "Ten facts about inequality in advanced economies", WID.world Working Paper, October 16, 2019.

Lucrezia Poggetti, "Germany: COVID-19 a catalyst for current trends in relations with China", at European Think-tank Network on China, "Covid-19 and Europe-China Relations: A country level analysis", pp.25-28.

Luigi Guiso, Paola Sapienza, Luigi Zingales, "Monnet's Error?", NBER Working Paper No.21121, April 2015.

Margarita Katsimi, Thomas Moutos, "EMU and the Greek crisis: The political-economy perspective", *European Journal of Political Economy*, Volume 26, Issue 4, December 2010.

Martin Feldstein, "For a Solution to the Euro Crisis, Look to the States", *The Washington Post*, May 18, 2010.

Martin Larch, Paul van der Noord, Lars Jonung, "The Stability and Growth Pact. Lessons from the Great Recession", *European Economy-Economic Papers*, 429 ed., European Union, December 2010.

Meyer, Henning, "The eurozone's critical design flaws", *The Guardian*, February 17, 2010, Opinion Piece.

Mikko Huotari, Jan Weidenfeld, Claudia Wessling edited, "Towards a 'Principles First Approach' in Europe's China Policy—Drawing lessons from the Covid-19 crisis", *Merics Papers on China*,

September 2020.

National Bureau of Economic Research, "A Fiscal Union for the Euro: Some Lessons from History", NBER Working Paper No. 17380, September 2011.

Nemat Shafik, "A new social contract: vercoming fears of technology and globalization means rethinking the rights and obligations of citizenship", *Finance&Development*, IMF, December 2018.

Niall Ferguson, Daniel Cohn-Bendit, Peter Lord Mandelson, *Has the European Experiment Failed?: The Munk Debate on Europe*, House of Anansi Press, 2012.

Paul A.Samuelson, "Where Ricardo and Mill Rebut and Confirm Arguments of Mainstream Economists Supporting Globalization", *Journal of Economic Perspectives*, Volume 18, No.3, 2004.

Paul De Grauwe, "The Governance of a Fragile Eurozone", Centre for European Policy Studies, No. 346, May 2011.

Peter A.Hall, "The Euro Crisis and the Future of European Integration", in the Search for Europe: Contrasting Approaches, BBVA, 2016.

Peter Rudolf, "The Sino-American World Conflict", Stiftung Wissenschaft und Politik, SWP Research Paper 2020/RP 03, February 2020, pp.31-32.

Philippe Aghion, Peter Howitt, "Growth and Unemployment", *The Review of Economic Studies*, Volume 61, Issue 3, July 1, 1994.

Richard Baldwin, Javier Lopez-Gonzalez, "Supply-chain-trade: A portrait of global patterns and several testable hypotheses", NBER Working Papers No.18957.

Richard E. Baldwin, Joseph F. Francois, Richard Portes, "The Costs and Benefits of Eastern Enlargement", *Economic Policy*, No.24, 1997.

Shannon Togawa Mercer, "The limitations of european data protection as a model for global privacy regulation", *American Journal of International Law*, Volume 114 (2020).

The Bank of Italy, "Offshore RMB Markets in Europe: Prospects for Greater Financial Integration between Europe and China 'Occasional Paper'", July 2016.

The Federal Government, "Germany-Europe-Asia: shaping the 21st century together", September 2, 2020.

The Federal Ministry for Economic Affairs and Energy, "National Industrial Strategy 2030",

February 5, 2019.

Tina Weber, John Hurley, Dragoş Adăscăliţei, "COVID-19: Implications for Employment and Working Life", European Foundation for the Improvement of Living and Working Conditions, 2021.

Thomas L. Friedman, "To deal with China, Trump should learn German", *The New York Times*, August 25, 2020.

Tony Barber, "The decline of Europe is a global concern", *The Financial Times*, December 27, 2015.

Wolfgang Münchau, "Five concurrent crises push Europe into the realm of chaos", *The Financial Times*, September 27, 2015.

后　记

本书虽然只署了我一个人的名字，但这绝非我一个人的成果，李刚、毕阳、张高胜、薛岩、张哲、曹飞翠等都参与了本书的讨论和部分章节的写作，李刚还承担了大量烦琐的修改和统稿工作，没有他们的宝贵贡献和努力付出，本书是不可能顺利完成的。

感谢西苑出版社社长赵晖女士，没有她热心地大力支持，就不会有这本书的出版；感谢西苑出版社的编辑汪昊宇老师，她一贯的专业和细致为这本书增色很多；还要感谢我的妻子王璇，她总是以为我的工作非常重要，包揽了所有的家务和照顾孩子的责任，她的包容和理解永远是我想象力的来源，这本书要献给她。

赵　珂

图书在版编目（CIP）数据

危机与转型：百年变局下的欧盟发展战略 / 赵柯著
. -- 北京：西苑出版社, 2022.6
ISBN 978-7-5151-0839-1

Ⅰ. ①危… Ⅱ. ①赵… Ⅲ. ①欧洲国家联盟一经济发展战略一研究 Ⅳ. ①F150.41

中国版本图书馆CIP数据核字(2022)第065294号

危机与转型：百年变局下的欧盟发展战略

WEIJI YU ZHUANXING: BAINIAN BIANJU XIA DE OUMENG FAZHAN ZHANLÜE

策划编辑	赵　晖
责任编辑	汪昊宇
装帧设计	黄　尧
责任印制	陈爱华
出版发行	西苑出版社 XIYUAN PUBLISHING HOUSE
地　　址	北京市朝阳区和平街11区37号楼　邮政编码：100013
电　　话	010-88636419
印　　刷	北京盛通印刷股份有限公司
开　　本	710mm×1000mm 1/16
字　　数	198千字
印　　张	14.25
版　　次	2022年6月第1版
印　　次	2022年6月第1次印刷
书　　号	ISBN 978-7-5151-0839-1
定　　价	68.00元

（图书如有缺漏页、错页、残破等质量问题，请与出版社联系）